西藏自治区哲学社会科学专项资金项目（项目编号：20CYY02）
西藏民族大学资助出版

微观形态理论视域下
英语基本助动词习得研究

The Acquisition of English Primary Auxiliaries Approached from the Micro-Morphological Theory

杨 臻 著

中国海洋大学出版社
·青岛·

图书在版编目(CIP)数据

微观形态理论视域下英语基本助动词习得研究 / 杨臻著. -- 青岛:中国海洋大学出版社,2024. 5

ISBN 978-7-5670-3780-9

Ⅰ. ①微… Ⅱ. ①杨… Ⅲ. ①英语－助动词－研究 Ⅳ. ①H314. 2

中国国家版本馆 CIP 数据核字(2024)第 035639 号

出版发行	中国海洋大学出版社		
社　　址	青岛市香港东路 23 号	**邮政编码**	266071
出 版 人	刘文菁		
网　　址	http://pub.ouc.edu.cn		
订购电话	0532－82032573(传真)		
责任编辑	林婷婷	**电　　话**	0532－85902533
印　　制	日照日报印务中心		
版　　次	2024 年 5 月第 1 版		
印　　次	2024 年 5 月第 1 次印刷		
成品尺寸	170 mm ×230 mm		
印　　张	18		
字　　数	276 千		
印　　数	1～1 000		
定　　价	69. 00 元		

总序（一）

中国海洋大学出版社将国内外国语言学及应用语言学博士研究生的优秀论文集中出版建立文库，对学界来说是件极好的事。目前已经出版了第一辑总计 15 本专著，在学界引起了很大的反响和广泛的关注。现在，第二辑论文专著正在筹划与编辑中。希望挑选出来的优秀博士学位论文能够丰富该文库的学术内容，促进该领域的学术争鸣。

作为一门学科，外国语言学及应用语言学涉及面极为广泛，几乎包罗万象。因此，要规划好第二辑论文主题，先要对该学科有个明确的范围界定，以期有的放矢地挑选相关的优秀论文。

外国语言学及应用语言学，顾名思义，是指与外国语言紧密相关的语言研究学说及用来解释语言问题的相关理论。这样界定似乎较为完整，但仔细分析发现，其中存在着概念界定模糊、内容划分不明等问题。

首先，学科名称“外国语言学及应用语言学”就值得商榷。外国语言学是个大概念，其他的语言学分支包含其中，如心理语言学、社会语言学、应用语言学，不应把语言学和其分支并列作为学科名称。因此，外国语言学及应用语言学似有概念混淆之嫌。其次，语言学有国内国外之分虽也说得过去，但时常造成共性语言现象研究的归类困难。而且应用语言学因涉及领域过于广泛而很难界定其确切的研究范围。当然，现在外国语言学及应用语言学作为学科名称已约定俗成，人们心目中也已经有了一个大概的范畴，但鉴于中国海洋大学出版社要出版此学科的第二辑博士学位论文专著，理应对这一学科有一个理性的解读。

语言学的研究（无论国内国外），大致分为理论层面的研究和应用层面的研究。理论层面的研究主要集中于对语言的描述以及人类语言的普遍规律或语言与某一领域的结合,如语音研究有音位学,词汇研究有词汇学,句子研究有句法学,还有语法学;与某一领域结合起来的研究有心理语言学、社会语言学、神经语言学、计算语言学、系统功能语言学等。应用层面的研究又可以分为宏观、中观和微观三个研究视角。宏观研究视角主要与语言政策及语言教育政策的研究有关,如语言的地位规划、语言的本体规划、语言的习得规划以及教育上使用何种语言等问题。中观研究视角大多关注语言在社会生活中的使用,如语言的翻译、语言的社会交际、语言的态度、专门领域中的语言使用以及方言、民族语言和外国语言的和谐共存与发展。而微观研究视角与外语教育教学有关,包括语言课程、教学方法、教学大纲、课堂教学、信息技术与外语教学、教育技术与外语教学等。综上所述,外国语言学及应用语言学与语言的理论研究和应用研究息息相关,并涉及上述的方方面面。

可见,学科研究范围的解读界定了博士文库所包含的内容。第一辑的15本博士论文专著主要涵盖两个方面:语言本体研究与语言教学研究,符合学科的理论研究和应用研究。即将出版的第二辑博士学位论文专著,除了涵盖第一辑的研究内容外,其研究焦点应集中在以下几个方面:语言和认知的结合、语言的普遍规律、语言的变化与发展(理论层面);语言政策与语言规划、课程开发与课堂教学、信息技术与语言教学、"互联网+"语言教学解决方案(应用层面)等。

博士文库的建立主要是为了把相关领域的最新研究成果集中展示,供人参考、研究和借鉴。因此,必须体现文库的开放性、内容的完整性、论述的创新性以及研究的科学性。这样才能充分发挥博士文库应有的学术价值!

中国海洋大学出版社以先进的编辑理念和敏锐的学术意识策划并设计了外国语言学及应用语言学博士文库,为广大的优秀博士人才提供了展示自己学术研究成果的交流平台。相信博士文库的不断丰富和完善,必将极大地促进该领域的研究和发展。

陈坚林
上海外国语大学教授、博士生导师
《外语电化教学》主编

总序（二）

在我国外语研究中，语言学自20世纪80年代后期开始蓬勃发展，先是作为英语语言文学、日语语言文学、俄语语言文学等二级学科的一个研究方向，之后外国语言学及应用语言学被列为外国语言文学一级学科下面的二级学科。当前，在外语语言学方面具有较强实力的院校一般拥有数个二级学科或一级学科。语言学蓬勃发展的另一个表现是研究生培养规模的扩大。90年代初，语言学硕士研究生还不多，博士研究生更是凤毛麟角。当时招博士研究生的只有北大、北外、上外、广外等院校，招生人数也是屈指可数。后来，增设外语博士点的院校数量稳步增加，现在招收外语语言学博士研究生的院校已经超过40所，每年招生人数在200人左右，学制一般为3～4年，最长不超过8年。随着高校对外语教师水平和学历要求的不断提高，广大教师考博的热情高涨，20余人竞争1个名额已属常见。报考语言学方面的博士研究生一般需要对语言学有一定的兴趣和热情，硕士研究生阶段已打下较好的基础，其后能经常研读相关学刊，最好有1篇或数篇较高质量的论文在外语类核心期刊上发表。被录取后，通常要刻苦钻研，潜心修炼。其博士学位论文要经过开题、预答辩、盲审、答辩等严格环节，所以往往具有较高水平，甚至能达到国内外的领先水平。对个人来说，博士学位论文也代表了学术生涯的一个高峰，其后要超越并非易事。正是因为博士学位论文的质量较高，对其加工出版能有效促进学术发展，国内外出版界也时常为之。这些以博士论文为基础的专著经常能为出版社赢得美誉。

在过去10多年间，国内几家出版社，如河南大学出版社、上海交通大学出版社、科学出版社、陕西师范大学出版社、中国海洋大学（简称中国海大）出版社出版了一系列外语方面的博士学位论文，其中有很大一部分属于语言学，产生了良好的影响。其中，中国海大出版社自2008年开始重视外语语言学研究，建立了外国语言学及应用语言学博士文库，共计15本，并通过多种方式进行推广，产生了良好的社会效益。

近几年来，我因工作关系与中国海大出版社邵成军老师交往较多。2015年下半年，邵老师打电话与我商量，想对外语语言学博士学位论文进行新的策划，后商定为“外国语言学及应用语言学博士文库（第二辑）”，以国内高质量的相关博士论文为对象，为专业性开放式学术系列，旨在为广大外语教师和研究生呈上丰盛的学术大餐。这套文库具有以下特点：① 加强策划——限定选题范围，请知名学者作序，统一开本、封面，加强后期宣传等；② 严把质量——对申请出版的博士论文呈送两位相关领域的专家进行指导，以进一步提高其学术水平；③ 精心编辑——由专业编辑对书稿进行高质量的编辑，确保其文字无差错，体例与规范等符合国家的出版要求；④ 立体推广——文库的专著出版后会通过书目推送、网络营销、会议赠送、撰写书评等多种方式向广大读者推介。

对广大外语教师和研究生来说，仔细阅读这套文库，将会在以下方面获益匪浅。

第一，能快速了解某一专题的国内外研究现状。博士学位论文要求有创新，前提是对国内外相关研究了如指掌。因此，通过答辩的博士学位论文的文献综述部分通常会对国内外相关论著进行梳理，并有的放矢地进行批判性评论。阅读这一部分可以使读者快速掌握某一专题的最新情况，为自己今后开展相关研究打下初步基础。

第二，了解所读专著的创新之处及创新思路。细读作者在对前人研究评论后所提出的研究内容、思路以及具体研究方法，可以窥见作者为什么选定某一专题的某个侧面，用什么理论框架及原因，研究方法有何创新等。了解这些内容并思考背后的原因能帮助读者提升在研究选题方面的功力，而好的选题对高质量研究而言是第一步。

第三，独立思考，发现其不足。阅读专著仅仅停留在吸收知识层面是不够的，还要对所读内容进行批判性思考。孔子也说过“学而不思则罔，思而不学则殆”，强调了思考的重要性。我们阅读专著时，只怀着学习的态度是不够的，还要有质疑和批判精神。可以思考以下问题:选题是否有意义?理论框架是否能为研究内容服务?受试是否有代表性?数据收集方法是否可靠?统计分析方法是否恰当?是否对结果进行了深入讨论?能否较好地解释所得出的结论?只有通过思考,发现所读专著存在的不足,我们才能在今后研究中予以克服,加以超越,学术才能发展。就阅读方法而言,读者适当关注博士学位论文的最后一章往往有事半功倍之效,因为作者通常会在该部分指出其研究的不足,并对以后的研究进行展望。

第四,写书评与综述,并进行原创研究。读了一本专著及相关论文,有些收获,对某个专题产生了兴趣,这是非常难得的。此时宜趁热打铁,有所行动。比较容易入手的是对所读专著撰写书评,写好后既可以向期刊投稿,也可以在网络上发布。此后,应进一步阅读相关文献,特别是最新论文,针对该专题撰写综述性论文。综述性论文要写好并不容易,首先选题要有意义,其次要具备全面性、逻辑性、批判性,若能适当采用一些新方法,如元分析、CiteSpace 软件,往往显得不落俗套。前两步只是做学问的“练手”步骤,更重要的是做原创研究,这最能体现一个学者的水平和贡献。原创研究一般具备以下特点:选题新、方法新、结论新,但如何实现要靠自己的琢磨与钻研,“纸上得来终觉浅,绝知此事要躬行”。

在中国海洋大学出版社推出“外国语言学及应用语言学博士文库(第二辑)”之际,我应约作序,很是惶恐,同时也为这份信任所感动,遂不揣浅陋,与大家分享一点治学的体会。

蔡金亭

上海财经大学教授、博士生导师

《第二语言学习研究》主编

序

自20世纪80年代，二语习得研究出现生成语法视角转向，理论探索与实证兼顾，不断发展，宏观层面结合生成语法理论亦步亦趋，微观实证聚焦句法形态等模块，一直致力于阐释二语习得过程中的生物属性（即语言官能），例如普遍语法可及性、二语参数设置、句法形态发展等问题。生成语法发展至最简方案（Chomsky，1995，2001，2005），理论构建以优化人类语言官能为目标，不断进行生物语言学探索。Chomsky（2001:37）在强式最简论中提出这样一种可能，V提升不属于狭义句法运算，而是音系运算。这一理据为从形态理论视角将中介语形态-句法屈折化发展过程归因于后句法形态层面（PF构件）提供了可能性。Marantz（2007:191）进一步在强式最简论框架下，从形态理论角度提出"词"层面存在语段循环域的可能性。秉承形态理论在狭义句法部分仅保留UG核心句法-语义结构，而将形态-句法屈折化置于后句法形态层面的做法，Marantz(2007)进一步在微观层面，将词语段循环域分为内部循环域与外部循环域，实现了在强式最简论框架下发展微观形态理论的构想。

鉴于最简方案发展阶段理论认识上的重大突破及纷争，本书尝试着在强式最简论框架下，兼容形态理论（Marantz，2001，2007），构建微观形态理论框架，提出了推论性假说——标记性形态-句法特征值习得排序假说（Markedness Morpho-syntactic Sequential Acquisition Hypothesis:MSAH）。本书论证了子句语段（Chomsky，2000，2001）与词语段（Marantz，2001，2007）的同质性，再利用词语段替代子句语段的方式进入句法推衍，使用语类化词根进一步降低语言官能的核心属性，从技术角度提升了预测力。微观形态理论的优势在于规避了前句法词库中特征理论视角下形式-形态分离观与联系观两派之争的弊端，和解了UG可及性与L1特征值迁移问题非此即彼的矛盾。在后句法形态层面上，针对中介语形态-句法屈折化的发展过程增强了预测力。本研究还利用形态理论视角下标记性特征值非等值性的特点，将其作为测量中介语屈折化发展过程的量化标准，使中介语发展全程具有了系统的可预测性。这一探索是生成语法视角下二语习得理论建设中迈出的一小步，表现出难能可贵的理论构建意识。

本书在推演出推论性假说的过程中，将理论构建应用于实证验证，选择了具有标记性特征值的英语基本助动词be、have、do作为研究对象，考察受试的基本助动词习得在中介语发展过程中的词语段循环域上是否具有由无标记性向标记性逐渐过渡的渐进性、替换性、单向性发展的特点。

本书选取了我国少数民族地区学生作为受试，为西部地区英语教学提供了语言内部视角的方法论与理论指导。本书是当前国内从生成语法视角研究少数民族地区学生英语形态-句法发展过程为数不多的专著之一。

希望本书能够引起学界关注西部地区少数民族学生英语（三语）学习过程，有更多的研究者从语言内部视角对中介语的发展进行探索，为我国少数民族英语课堂教学提供可资借鉴的理论指导。

是为序。

2023年8月

于北京外国语大学中文学院

自 序

本书是在笔者博士学位论文基础上修改而成的。承蒙恩师对笔者在北京外国语大学攻读博士学位期间的学业指导，在本书即将付梓之际，笔者首先要真诚地感谢导师戴曼纯教授。笔者资质平平，开悟较晚，然而导师的耐心着实让人感动！导师耐心地等待着笔者成长、开悟。同时，真诚感谢陈亚平教授、崔刚教授、封宗信教授、韩宝成教授、满在江教授、史宝辉教授、王建勤教授、邢红兵教授等二语习得界专家对笔者论文所做出的关键性指点，他们是那么宽容，却又不失学术严谨，让笔者受益终身。感谢中国海洋大学出版社的邵成军主任。在专著出版前的修改过程中，邵主任不顾及自己的休息，有问必答，耐心、高效地给予笔者无私的帮助。

感谢中国外语教育与研究中心的刘润清教授如同对待孙女般给予笔者的关怀。老人家一直循循善诱地强调勤奋、规律是好好读书的前提，心要沉下去，想法才能浮出来，才会有火花迸发出来。这给予了笔者莫大的信心，让笔者知道了读书并不一定是聪明人的事，只要勤奋、有规律，一定会达成目标。同时，要感激的另一位老人是笔者的外公——李祥春老人。老人家戴着花镜一点点完成了笔者论文所有文字的校对工作。在学业及生活上，他给予了笔者无数次鼓励和指导，像一盏灯塔，在笔者不知所措时，永远为其照亮前方的路。前面的路不只是学术，还有生活、工作，笔者会真正成长起来，请老人家放心。

感谢笔者的同门师兄毛眺源教授在麻省理工大学访学期间，一次次冒着严寒往返于住处与学校之间，为笔者传递文献，同时不顾时差和作息困难，无条件地给予笔者技术手段方面的答疑解惑。也要感谢 Slabakova 教授对笔者的帮助。她的敬业精神让人深受感动，工作效率惊人，对晚辈的指导亲力亲为，甚至直接帮助笔者查找相关文献。感谢 Marantz 教授、Halle 教授以及 Embick 教授在形态理论方面的钻研精神，为我们搭建如此之好的理论框架，以供实证检验。Embick（2015:212）用了“redo, undo, outdo”三个词描述自己对形态理论的期许。这种为了探求真理，不断地循环于公理与实证检验之间的科学探索精神，让笔者为之仰视、赞叹！

感谢中央民族大学宗教学博士扎西龙主在藏语教授、指导以及翻译方面给予笔者的帮助。感谢挚友、同事、学生们在实证过程中给予的帮助。如果没有他们的帮助，笔者根本无法完成这本专著。笔者曾经教过的藏族学生，现在都已经成为奋斗在民族教育领域最前沿的教育工作者。在此，向他们送上笔者最诚挚的敬意，感谢他们为民族教育事业所奉献的青春！他们是索朗扎西、仁增旺姆、巴桑普赤、米玛央宗、拉巴次仁、顿珠、嘎玛曲扎，等等。

感谢同门师兄弟姐妹及同窗好友在我前进过程中所给予的鼓励和陪伴。感谢我的家人。在做实证期间，笔者的两个儿子出生了。他们的出生是笔者的另一硕果。很多人说做科研和正常生活是相互冲突的，实则不然，只要保证研究时间、合理安排生活，科研生活实则无异于正常工作。笔者认为人生不该如此非此即彼的绝对，而应该在不断解决问题的过程中，回归常态。当然，“保证研究时间、合理安排生活”的背后是家人们的默默支持和巨大付出。感谢父母及其他家人默默付出的一切，这些都能化为一个“爱”字！笔者最为愧对的人是外祖母——齐淑芝老人，在笔者完成这本专著期间，老人家与世长辞了。如果可以重来一次，祈愿能有更多的时间陪陪她！最要感谢的是笔者的爱人，笔者想说：“谢谢你一直用生命爱着我，亦父、亦兄、亦友地视我为珍宝。”你的嘱托一直萦绕耳畔，“要好好照顾自己，因为我们有太多的事情要一起去做”。

至此，再次感谢我的导师、专家、挚友、同事、学生、家人给予我无私的帮助和鼓励。谨以此书向他们表示诚挚的谢意！

本书致力于生成语法微观理论研究前沿，以独特的视角在最简方案框架下兼容了形态理论，搭建了微观形态理论框架，进一步以更加微观的方式解读生物性器官——语言官能的核心属性。在研究中介语屈折化形态-句法系统化发展时，具有了系统性的预测力，并且预测力更加精准。同时，本研究选取了鲜为关注的我国西部地区少数民族学生作为受试对象，关注其中介语发展初始阶段的英语基本助动词发展规律，是我国国内三语习得领域，基于语言内部视角的研究成果。本书旨在帮助读者了解国内外中介语形态-句法发展的最新前沿理论，从而推动我国外语教学发展。

本书适合生物语言学、语言教学、心理语言学、二语习得等领域研究人员、教师以及研究生阅读及参考，望为其带来具有启发性的理论思考！

杨　臻

2023 年 12 月 20 日

前 言

英语基本助动词do、have、be习得研究一直是应用语言学研究领域备受关注的研究话题，本研究在微观形态理论视角下（Chomsky，2000，2001；Marantz，2001，2007；Harley & Noyer，2000；Embick，2010，2015），以词语段循环域作为工作假说，探究基本助动词do、have、be在后句法形态层面（PF构件）中介语形态变异性习得发展规律及其成因。

本研究采用强最简方案（Chomsky，2000，2001）与形态理论（Harley & Noyer，1999，2000；Marantz，2001，2007；Embick & Noyer，2007；Embick，2010，2015）兼容性整合方案，搭建了微观词汇化参数方案下的形态理论框架，简称微观形态理论。在该理论框架下，针对局部性词语段循环域的异干互补词汇项排序性插入，本研究提出了具有预测力的推论性假说——标记性形态-句法特征值习得排序假说（简称MSAH）。假说内容如下：在词语段循环域上，异干互补词汇项发生由无标记性特征值（unmarked feature，简称［*u*F］）到标记性特征值（marked feature，简称［*m*F］）的单向性、替换性、渐进式中介语习得发展规律，无法反向而置。

为了验证MSAH预测力，本研究采用横断面设计的大规模量化研究方法，分层抽样受试对象，配以个案分析进行实证研究，以诱导性书面产出任务考察处于中介语发展初始阶段，三组不同英语水平的124名藏族受试对以下目标句法项的掌握情况：在局部性词语段循环域上，受试在后句法形态层面（PF构件）各个层级结构的句法终端，由基本助动词do、have、be派生而成的功能语素Event (v/v^*)、AGR (T)、T、C，被异干互补词汇项列表插入后的习得排序规律，呈现为由［uF］到［mF］单向性、替换性、渐进式产出规律。

研究结果表明各个功能语素 Event (v/v*)、AGR (T)、T、C 所在局部性词语段循环域：受试在［uF］必要语境下，几乎没有逆序产出［mF］偏误现象发生；在［mF］所在必要语境下，仅有［uF］异干互补词汇项偏误产出现象发生，且偏误产出分布率呈降序排列（特征值标记性大小呈升序排列）；受试对［uF］与［mF］异干互补词汇项的习得程度与英语语言水平成正比；受试对异干互补词汇项［uF］与［mF］的习得程度与其标记性特征值大小成负相关，仅得到量化分析的部分验证：Event (v/v*)-be >> have >> do（低级组 20～30 分段／填空题）、AGR-are >> is >> am（中级预备组 32～42 分段／填空题）、T-［present］>> T-［present, progressive］>> T-［past］>> T-［present, perfective］>> T-［past, progressive］>> T-［past, perfective］（中级组 44～54 分段／填空题）、C-be >> have >> do（中级预备组 32～42 分段／句型转换题）；受试默认无标记性形态特征值［uF］产出率与整体错误率呈正相关。

本研究测试三组不同英语水平的藏族受试，在局部性单一词语段循环域与全局性多重词语段循环域的交互作用下，习得各个功能语素 Event (v/v*)、AGR (T)、T、C 异干互补词汇项排序时的中介语发展共时、历时数据，进一步提出了归纳性假说英语基本助动词之复合中心词——异干互补同位异体语素习得复杂度假说（hypothesis of complexity with complex heads—suppletive contextual allomorphy of English primary auxiliary in interlanguage development，简称 HCC-SCAEP）。研究表明，推论性假说 MSAH 对局部性词语段循环域上的异干互补词汇项线性化排序的预测力处于归纳式假说 HCC-SCAEP 之中。

研究结论主张藏族英语学习者三语基本助动词中介语形态变异性发展规律并非受制于一语、二语形态-句法特征值迁移影响，或者三语英语输入频次影响，而是受制于语言官能内部的普遍语法特征库（UFI），标记性句法-语义特征几何结构（Harley, 1994；Cowper, 2003）编码而成的标记性形态-句法特征值影响（Noyer, 1992, 1998），进一步驱动生物性器官语言官能在后句法形态层面上（PF 构件），以复合中心词提升构型多重词语段循环域的方式，在与循环-线性化操作构型局部性词语段循环域的交互作用下（Marantz, 2007；Embick, 2010），实现形态屈折化的过程。

本研究在微观形态理论视角下，论证了在语言关键期以后（Meisel，1997），藏族英语学习者习得英语基本助动词do、have、be中介语表征发展的过程，其实是在生物性器官语言官能混合式系统化理论构建式生长机制下（Embick，2010），被再次激活的过程，这一过程无异于母语习得过程中的语言官能生长机制。

Preface

The study on English primary auxiliaries *do*, *have*, *be*, has been long-term focus in the field of applied linguistics. Based on the approach of morphological theory (Chomsk, 2000, 2001; Marantz, 2007; Embick & Noyer, 2007; Embick, 2010, 2015), with word cyclic phase, the current study views systematic morpho-syntactic variability of inter-language to be the syntactical deficiency on post-syntactic morphological surface, the PF component, for further study on how the systematic morpho-syntactic variability of inter-language to be developed.

To combine MP (minimalist program) (Chomsky, 2000, 2001) and DM (distributed morphology) (Harley & Noyer, 1999, 2000; Marantz, 2001, 2007; Embick & Noyer, 2007; Embick, 2010, 2015), the current study is under the approach of micro-morphological theory, the current study deduces MSAH to predict the productive sequence of suppletive contextual allomorphies, which is also called suppletive vocabulary item in the inter-language development. The prediction of MSAH is that on the word cyclic phase, which is also the post-syntactic morphological surface, to say the PF component, the inter-language systematic morph-syntactic variability is from unmarked feature([*u*F]) to marked feature([*m*F]) with unidirectional, substitutional, and progressive procedure, without reversely backing development.

The current study is a quantitative study with cross-sectional design of starfield sampling, supplemented by case study, to testify the internal validity of the deductive MSAH. The subjects are 124 Tibetan English acquirers at the initial stage of the inter-language, which has been divided into three groups by the English proficiency, the preliminary group, the pre-intermediate group and the intermediate group. The written productive elicitation tasks are used to elicit how the subjects acquire the suppletive vocabularies inserted on the f-morphemes Event (v/v^*), AGR (T), T, C on the word phase cyclic domain, to testify the prediction of the MSAH.

The empirical study states the following results: on the word phase cyclic domain, suppletive vocabulary items inserted on f-morphemes Event (v/v^*), AGR (T), T, C. In the marked syntactic context, [*u*F] morpho-syntactic variability is present. By contrast, in the unmarked syntactic context, [*m*F] morpho-syntactic variability is almost not present. In the marked syntactic context, the error rates of [*u*F] is descendant ordering with the marked features ascendant ordering. The achievement of suppletive vocabulary items of [*u*F] and [*m*F] is directly proportional to the rate of the English proficiency. The achievement of suppletive vocabulary items of [*u*F] and [*m*F] is in inverse proportion to the markedness of the features is partially testified: Event (v/v^*)-be >> have >> do (preliminary group 20-30 rate/ blank-filling); AGR-are >> is >> am (pre-intermediate group 32-42 rate/ blank-filling); T-[present] >> T-[present, progressive] >> T-[past] >> T-[present, perfective] >> T-[past, progressive] >> T-[past, perfective] (intermediate group 44-54 rate/ blank-filling); C-be >> have >> do (pre-intermediate group 32-42 rate/ Sentence-pattern shifting). The default [*u*F] is in a positive correlation to the error rate.

By the diachronic and synchronic empirical data of the acquisition on suppletive vocabulary items inserted on Event (v/v^*)、AGR(T)、T、C f-morphemes, the inductive hypothesis HCC-SCAEP of English primary auxiliaries is proposed, in the inflectional process on the interaction of multi-word cyclic phase and single-word cyclic phase. The findings of the result state the prediction of MSAH is only systematically located in the prediction of HCC-SCAEP.

The conclusion claims that Tibetan English acquirers' morpho-syntactic systematic variability in inter-language development is not affected by L1 & L2 morpho-syntactic features, and L3 English input, but driven by asymmetric UFI features (Noyer, 1992, 1998) composed by syn-sem feature geometries (Harley, 1994; Cowper, 2003) in the language faculty.The inflectional f-morphemes on the post-syntactic morphological surface (PF component) is driven by asymmetric UFI features in language faculty, by means of hybrid systematic developmental mechanism (Embick, 2010) in a three-dimensional space built under the interaction of multi-word cyclic phase and a single-word cyclic phase (Embick, 2010).

The current study demonstrates the fact that the FL of Tibetan English acquirers' primary auxiliaries acquisition on inter-language development in a post-critical period (Meisel, 1997) is a position to be reactivated, in a way of hybrid systematic theoretical developmental mechanism (Embick, 2010) which is not distinctive to the language faculty mechanism in L1 acquisition.

目　录

第1章 绪 论

1.1 研究缘起

笔者在大学公共外语教学过程中发现，藏族大学生在掌握英语基本助动词do、have、be时，并没有受到藏语、汉语语序影响，产生负迁移，而是存在Ø、be、have、do之间相互替换的现象。(1)～(4)几个例句反映出藏族大学生在学习以上几个基本助动词时所产出的偏误现象。

(1) We should *Ø very careful. (be → Ø) (唐鑫，2015：36)

nga-tsho nges-par-du gzab-gzab nan-mo byed-dgos

ང་ཚོ ངེས་པར་དུ གཟབ་གཟབ ནན་མོ བྱེད་དགོས

我们 必须 小心 十分 (需要)

(2) I *am a headache. (have → am)

nga mgo na vdug

ང མགོ ན འདུག

我 头 疼 (在)

(3) Many people *Ø not like to read the book. (do → Ø) (李玲，2013：30)

mi-mang-po dpe-cha-lta-rgyu dgar-po-med

མི་མང་པོ དཔེ་ཆ་ལྟ་རྒྱུ དགའ་པོ་མེད

许多人 看书 不喜欢

（4）What *<u>is</u> Danny *studies in the university?　(does → is)

tan-ne	slob-grwa-chen-mo-ru	ci-zhig-la	slob-sbyong	yod-dam
ཏན་ནེ	སློབ་གྲྭ་ཆེན་མོ་རུ	ཅི་ཞིག་ལ	སློབ་སྦྱོང་	༼ཡོད་དམ།༽
丹尼	在大学里	什么	学习	?

英语基本助动词变异性不具备题元动词屈折化过程中的显性变异现象。具体而言，无法通过人称、时态屈折化形态的省略与否反映出中介语形态变异性与抽象句法之间的关系。然而，McCarthy（2008）主张不能将中介语屈折形态的默认形式（default form）等同于零语素（null morpheme）。也就是说，中介语发展过程中的形态-句法变异性还包括英语学习者产出的不充分标注的（underspecified）形态-句法特征值。英语基本助动异干互补式自由变异体之间会发生替换性产出，这个过程可以通过特征值的大小体现出英语学习者在形态-句法方面的中介语系统性持续变异与排序性特点。

1.2　研究现状

英语基本助动词习得研究在 1960—1970 年为前理论时期（pre-theoretical study）（Flynn，1985），与英语基本助动词相关的研究出现在语法语素（grammar morpheme）排序性研究之中，例如关于英语学习者在产出语法语素 -ing、be、-ed 时的排序性研究（Bailey et al.，1974；Cancino et al.，1978；Dulay & Burt，1973，1974；Milon，1974；Markino，1980）。

自从生成语法应用于二语习得研究以来（Chomsky，1981），国内外研究者们较为关注不同时期、不同母语背景、不同年龄段英语习得者在学习英语基本助动词时，其否定句、疑问句，时、体、态屈折化形态-句法变异性的规律及特点。下面我们采用错误分析（error analysis）（Corder，1967，1981）梳理这些研究，进一步指出在当前生成语法框架下，采用特征理论视角解读英语基本助动词变异性的弊端所在。

在儿童母语英语习得早期发展过程中，存在以下基本助动词变异性现象。Rowland & Theokston（2009）发现在早期儿童母语英语习得者语料产出中，出现了 does…is 双标记（double-marking）现象，例如："What else *does the Phoenix *is called?”（Theokston，2009：1477-1487）。Theakston & Rowland（2009）在早期儿童英语习得研究中发现，受试存在将疑问句中的助动词 do 替换为其他基本助动词的偏误现象（auxiliary substitution error），例如：受试在疑问句“*Is the Piglet move the chair?”（Theakston & Rowland，2009：1449-1455）中，将 does 替换成 is，而基本助动词 do、have 对 be 的替换性偏误产出现象却不见发生。在 Stromswold（1991）关于儿童早期英语习得者的研究中发现，受试在句子“I *bes very careful.”（Stromswold，1991：340-344）中产出了 *bes 非规则语素变体。Theakston et al.（2005）关于早期儿童英语学习者助动词 BE 的习得研究显示，被试 is 产出率显著高于 am（is：mean=61.9%，am：mean=32.7%；t=3.52，*df*=9，*p*<.01）。

不同母语背景的二语英语学习者在基本助动词产出过程中存在以下变异性现象。母语为阿拉伯语的二语英语学习者在产出基本助动词时存在变异性现象，Rasinger（2005）研究发现阿拉伯语受试存在用 has+do 光杆形式替代 has+done 的现象，例如：“He has *work...”（Rasinger，2005：1916）。Kiraz（2010）关注土耳其语使用者英语习得的过程。研究发现在诱导性书面产出任务中，受试在使用基本助动词构型时、体、态时，存在以下排序性产出规律：T-[present]>>[1]T-[past]>>T-[present, progressive]>>T-[present, perfective]>>T-[present, passive]。Samad & Hussein（2010）关注马来西亚小学生英语基本助动词的产出现象。Samad & Hussein（2010）研究表明在 T-[present] 必要语境下，受试存在过度产出 is+verb 光杆现象，例如：“He *is like music.”（Samad & Hussein，2010：168）。在 T-[past] 必要语境下，存在受试过度产出 was+verb 光杆变异性现象，例如：“I *was go to Tioman and they *was buy many things for me.”（Samad & Hussein，2010：168-171）。

在三语习得研究领域中，英语基本助动词存在以下中介语变异性现象。巴斯克-西班牙语双语儿童在习得三语英语基本助动词时，会产出 is+verb 光杆变异性现象，例如：“the kid *is open the door.”（García Mayo et al.，2005：447）。Housen（2002）研究发现，法语、荷兰语非母语英语学习者存在使用空语类 Ø 对 are 或 is 进行替换的变异性现象，例如：“What *Ø you doing”以及“...and he *Ø eating at the grandmother...”（Housen，2002：91）。Rankin（2009）关注操 V2 结构语言的德语、荷兰语英语学习者在习得英语基本助动词的过程中，产出疑问句时存在使用基本助动词短语结构与主语倒装的变异性现象have+been，例如：“How would *have been the women's situation today?”（Rankin，2009：55）。

国内部分学者关注中国英语学习者习得基本助动词的研究。刘绍龙（2000）对中国学龄前儿童进行了个案跟踪调查研究，时间跨度为5～8年不等。研究表明受试在习得英语基本助动词时，存在be冗余变异性现象，例如：“Where *are you come from?”以及“They *aren't very like it.”（刘绍龙，2000：84-85）。王娟（2009）在对中国英语学习者的研究中发现，受试倾向于产出verb (Ø)+doing光杆形式的基本助动词变异性现象，例如：“... for another thing, I *verb (Ø) teaching and...”（王娟，2009：33）。吴清茹（2014：36）对中国英语专业大学生基本助动词的研究表明，受试存在are对is替换性产出变异性现象，例如：“... money *are using to build...”。

国内外研究者关注不同时期英语学习者习得基本助动词构型的否定句、疑问句，时、体、态产出时的形态-句法变异性现象具有趋同性特点。也就是说，母语与非母语背景英语学习者的基本助动词变异性具有相同特点。这一现象说明中介语形态变异性既不受制于二语英语语言输入的影响，也不会受到来自一语母语迁移的影响。英语基本助动词变异性应归因于基因天赋驱动的内在语法语类（grammatical category）发展过程（Stromswold，1991）。然而，在当前生成语法框架下，采用特征理论解读英语基本助动词变异性现象最大的弊端在于，其关注点仅仅是对UG-可及性问题以及非母语特征值迁移问题的争论（Travis，2008），实质上并无法对英语基本助动词形态-句法变异性发展规律做出理论预测。如此一来，生成语法原本构建在独立属性理论之上，采用分级方法解构语言结构，从语言内部视角揭示语言习得过程的发展规律，揭示其现象背后本质的优势几乎废弃（Slabakova，2012）。

在当前生成语法框架下，仅有少数国内外学者尝试性地对英语基本助动词习得发展规律做出理论预测，却存在理论范式不统一的弊端。例如，Hawkins & Casillas（2008）采用分布形态学理论（Halle & Marantz，1993）对受试对象的英语基本助动词与实义动词习得顺序进行排序：be（系动词）>>be（助动词）>>动词 -ed>>动词 -s(3p)。常辉、马炳军（2006）基于双机制理论（Pinker，1999）与分布形态学理论(Halle & Marantz,1993),针对中国英语学习者基本助动词习得发展规律做出理论预测:is>> 动词 -s>>has>>does。戴曼纯、郭力(2007)采用特征理论(Chomsky,1995)与移动理论(Roberts,1998;Radford,2000)对 be 动词习得发展规律做出预测:be(系动词)>>be(半助动词)>>be(助动词)。戴曼纯、王严(2008)采用特征理论(Chomsky,1995)对中国英语学习者 have 习得规律做出排序性预测:have(主动词)>>have(半助动词)>>have(助动词)。以上针对基本助动词习得发展规律做出的理论预测无法统一在同一个理论框架之下。在多种理论框架下实施理论预测过于烦冗,这种研究范式违反了微观原则与参数方案框架下旨在解决描写充分性与解释充分性之间张力(tension)的初衷,更无法达到超越解释充分性,从而满足语言官能外接口于其他生物器官的意旨(Chomsky,2004,2005,2008)。

1.3　研究必要性

首先,在理论建设方面,建立中介语变迁理论的实质性目的是为了提供一种可供验证的,并且具有预测力的理论模式(Slabakova,2009)。在生成语法框架下亟须采用大一统的语言学理论作为基础,才能真正实现构建具有预测力的中介语形态-句法变迁理论模式。在强最简方案框架下(Chomsky,2000,2001)兼容微观词汇化形态理论(Marantz,2001,2007;Embick & Noyer,2007;Embick,2010,2015),这种方式为我们提供了一种可能性。本研究选取微观形态理论(Micro-Morphological Theory)(Chomsky,2000,2001;Marantz,2001,2007;Embick & Noyer,2007;Embick,2010,2015) 作为研究英语基本助动词 be、have、do 中介语形态-句法表征习得发展规律及其成因的理论视角,能够以语类化词根(Categorized Root)替代前句法词库中的屈折化词项进入句法推导(Embick,2015),在后句法处进行屈折化,具有以下理论优势。

中介语语法表征发展过程可以全部转化为系统性变异(systematic variability)(Ellis,1994),也就是说,中介语发展过程完全具有了预测力。非母语形态特征值迁移问题不复存在,和解了形态特征值迁移性归纳式学习问题与 UG 特征库可及性推论式习得问题之间非此即彼的争论(Lardiere,2009a,

2009b; White, 2009; Montrul & Yoon, 2009; Liceras, 2009; Slabakova et al., 2014),两者合二为一,实现了将特征选择与特征组装均纳入参数框架下的构想(Montrul & Yoon, 2009: 299),实现了生成语法框架下二语、三语习得研究在微观参数化方案下的理论统一。与此同时,外化于句法运算的后句法屈折化形态特征值确保了 UG 辖域的核心句法-语义结构无损(Harley & Noyer, 2000)。标记性使形态特征值具有了非等值性,从而进一步产生了排序性(Noyer, 1992; Harley, 1994),这一点可以用作判别普遍语法特征库可及性的量化标准(Borer & Rohrbacher, 1997),成为对英语基本助动词中介语屈折化形态发展规律实施理论预测的前提条件。简言之,微观形态理论的选取统一了生成语法框架下二语、三语习得研究的理论视角,为进一步对中介语系统性形态变异性发展规律实施理论预测提供了可行性的前提条件。

其次,在方法论方面,国外生成语法框架下的英语基本助动词习得研究存在一些研究方法上的弊端,通常受试人数较少,由于数据达不到统计学要求,需要谨慎对待研究结果的信度、效度(Hawkins & Liszka, 2003: 32)。国外研究的纵向追踪研究偏多(Lardiere, 2005, 2007a, 2007b; White, 2003b; García Mayo & Villarreal Olaizola, 2011),虽然凭借在自然语境下长期追踪的自然产出数据(spontaneous productive data)能够构建更加精确的习得研究范式,然而,其弊端在于由于追踪时间较长,被追踪对象在自然语境下产出目标句法项的频次可能较低,研究者不足以凭借这些数据进行研究与分析(Rowland & Theokston, 2009)。除此之外,学者们通常情况下会将英语基本助动词习得研究与题元动词习得研究进行比较,英语基本助动词研究存在孤立且零碎化(piecemeal)的研究现状。研究者们还通过关注英语基本助动词的习得研究,解读 UG 可及性问题,并对其进行探讨(Hawkins & Casillas, 2008; Hawkins & Liszka, 2003; Lardiere, 1998a, 1998b, 2000, 2007; Haznedar, 2001; Ionin & Wexler, 2002)。在相关研究中,研究者们通常只考察英语基本助动词的一种结构类型,致使彼此之间的研究结果相互矛盾(Rowland & Theokston, 2009)。Radford(1990)甚至将英语基本助动词中介语发展过程视为自由变异性过程。本研究主张在生成范式下应该将相关研究置于英语基本助动词的系统性研究之中进行论证(Theakston & Rowland, 2009)。

基于以上述评，本研究采用定量研究方法，以分层抽样的方式进行大规模横断面实验研究，配以个案质性分析，有的放矢地以诱导性书面产出任务(elicited written productive task)对处于中介语发展初始阶段三组不同水平的藏族英语学习者进行考察，依托词语段循环域，探究其英语基本助动词 be、have、do 在后句法形态层面各层级结构句法终端功能语素上，构型否定句、疑问句，时、体、态等等不同句式时，受试对象中介语形态特征值的习得发展规律及其背后的成因。

最后，从实践意义方面来讲，受制于师资力量、地域条件、经济发展等诸多因素影响，西藏教育水平整体较低(陈•巴特尔，赵志军，2021)。相关研究表明英语基本助动词 do、have、be 出现在中介语语法表征习得发展的初始阶段(Stromswold，1991；Schütze，1997；Theakston et al. ，2005；Rowland & Theokston，2009；Ionin & Wexler，2002；García Mayo et al. ，2005)，基于此，本研究选取整体上英语水平较低、处于中介语发展初始阶段的藏族受试作为研究对象，恰巧能够反映出在中介语发展初始阶段，英语基本助动词 be、have、do 形态变异性屈折化所经历的发展过程，同时，也为我国西部地区英语教学提供语言内部视角的微观理论指导。

1.4 研究目标

本研究在局部性词语段循环域上，研究英语基本助动词 be、have、do 各个功能语素(Event (*v*/*v**) 功能语素、AGR (T) 功能语素[2]、T 功能语素、C 功能语素)被后插入(late-inserted)异干互补词汇项列表之后(suppletive vocabulary items)，其中介语形态-句法特征值的习得排序规律，并对其做出相关理论预测。

在前人研究与相关理论推导下，本研究在微观形态理论视角下，提出了有待验证的推论性假说——标记性形态-句法特征值习得排序假说(MSAH)(详见第 2. 3 章节理论推导)：

> 在后句法形态层面上，中介语形态变异性发展规律遵循由无标记性形态特征值 [*u*F] 到标记性形态特征值 [*m*F] 单向性、渐进性、替换式发展顺序，这种顺序无法反向而置。

推论(corollary):

(一)在无标记性必要语境下与在标记性必要语境下,形态-句法特征值的产出有本质性差异;

(二)无标记性形态-句法特征值 [*u*F] 与标记性形态-句法特征值 [*m*F] 习得程度存在本质性差异;

(三)默认无标记性形态-句法特征值 [*u*F] 过度产出。

本研究旨在关注具有形态-句法独立属性的基本助动词 do、have、be(Warner, 1995; Harley, 1995b; Chomsky, 2001; Embick & Noyer, 2001; Embick, 2010)。进一步在词语段循环域上,验证由基本助动词派生而成的各个异干互补功能语素及词汇项列表,其中介语发展规律是否受制于句法-语义特征几何结构形成的标记性形态-句法特征值驱动(Harley, 1994; Cowper, 2003; Noyer, 1992, 1998),产生符合推论性假说——MSAH 的理论预测力,从而进一步验证该假说的内部效度。

1.5 研究内容

第 1 章为绪论,包括研究缘起、研究现状、研究必要性、研究目标、研究问题以及研究结构等等。本研究缘起于藏族大学生在习得英语基本助动词时,不受制于藏语与汉语形态特征值的迁移性影响,而是受到来自普遍语法特征库的标记性特征值排序性影响。在当前生成语法框架下,通过梳理基于特征理论视角的英语基本助动词研究,本研究发现存在着特征理论不具有理论预测力的弊端,这违背了生成语法通过解构语言层级性,从而产生理论预测力的优势和初衷。在研究必要性方面,本研究从方法论及实践层面,阐述了将藏族大学生选为受试对象的原因。这是由于基本助动词 be、have、do 是中介语发展初始阶段的语言现象,西藏地区教育资源、师资力量较为薄弱,整体英语水平较低,藏族大学生能够体现出中介语发展的初始阶段状态。本研究采取大规模横断面量化实证研究的方法,弥补了国外研究普遍存在受试少、耗时长的研究弊端。在研究目标上,明确提出了本研究的推论性假说——MSAH,并进一步通过不同水平受试对象在词语段循环域上产出基本助动词 be、have、do 构型而成否定句、疑问句与时、体、态屈折化发展过程中的规律，验证该理论假说预测力的内部效度。

第 2 章为文献综述及理论框架搭建。在本章第一部分，我们首先在形态-句法层面对英语基本助动词 be、have、do 语法功能进行述评。具体而言，通过进一步关注在生成语法框架下不同理论时期，英语基本助动词在（非）基础域位置上的生成，对其进行述评，用以论证基本助动词 do、have、be 是具有形态-句法独立属性的。这为本研究进一步在形态层面上，探寻中介语习得发展规律提供了可行性的前提条件。其次，在分布形态学（Halle & Marantz，1993）[3] 理论视角下，论述了在确保 UG 核心句法-语义结构无损的前提条件下，真正实现形式-形态分离观（White，2003a；戴曼纯，康悦，2009）的可行性及可能性。最后，述评了从微观形态理论视角（Chomsky，2001；Marantz，2007；Embick & Noyer，2007；Embick，2010，2015）研究英语基本助动词中介语形态变异性的必然性与必要性。

本章第二部分为微观形态理论框架搭建。首先，我们在强最简方案框架下（Chomsky，2000，2001）兼容了形态理论（Marantz，2007；Embick & Noyer，2007；Embick，2015），搭建了微观参数化方案下的形态理论。其次，本研究进一步在微观形态理论视角下推导出有待验证的 MSAH 假说。

第 3 章为 MSAH 对英语基本助动词的具体理论预测。为了验证本研究推论性假说 MSAH 内部效度，本章进一步以词语段循环域（Marantz，2007；Embick，2015）为工作假说，在后句法形态层面，针对由英语基本助动词 do、have、be 派生而成的各个功能语素 Event (*v*/*v**)、AGR(T)、T、C，以及后插入的异干互补词汇项进行标记性形态特征值的排序规律理论预测。

第 4 章为实证研究。在本章中提出具体研究问题及研究假设，提出如何选取受试对象、如何选择测试工具，以及进行数据收集及数据分析的过程与方法。

第 5 章为研究结果报告。本章在局部性词语段循环域上，分别报告了在后句法形态层面上，各个功能语素 Event (*v*/*v**)、AGR(T)、T、C 异干互补词汇项习得排序的实证数据，验证相关假设，回答研究问题，从而进一步检验推论性假说 MSAH 的理论预测力。

第 6 章为研究发现与讨论。通过进一步整合本研究受试在词语段循环域上习得功能语素 Event (*v*/*v**)、AGR (T)、T、C 的共时、历时数据，提出归纳性假说英语基本助动词之复合中心——（异干互补）语境同位异体语素习得复杂度假说（HCC-SCAEP）。研究发现表明，MSAH 假说的预测力仅仅是处于 HCC-SCAEP 假说在语言官能三维生长空间之中两个系统性预测力的其中之一，MSAH 是在全局性多重词语段循环域与局部性单一词语段循环域的交互作用下（Embick，2010），在局部性词语段循环域上，对异干互补形态语素变体的线性化排序。HCC-SCAEP 验证了 Embick（2010）关于语言官能混合式（hybrid）系统化理论构建的预测力，论证了非母语习得者在语言习得关键期后开始语言学习（Meisel，1997），其生物性器官语言官能的生长机制无异于母语习得者。

第 7 章为结论。本章论及研究发现、研究贡献以及研究局限。

注：

1. “>>”表示前者习得程度优于后者。

2. 在英语中，AGR(S) 仅由弱语类特征组成，在定式子句中不发生投射。因此，这里将核查关系“嫁接”于 T 完成，省略了 AGR(S) 功能语类（Chomsky，1995）。

3. 本研究将分布形态学（DM：Distributed Morphology）（Halle & Marantz，1993；Harley & Noyer，1999；Embick & Noyer，2007）简称为形态理论，术语界定以 Embick & Noyer（2007）与 Embick（2010，2015）为准。

第2章

微观形态理论视角下基本助动词研究理论框架搭建

本章首先从传统语法视角与生成语法视角分别述评基本助动词 do、have、be 具有形态-句法独立属性这一事实，为在形态层面探寻基本助动词中介语形态-句法变异性成因及其发展规律提供可行性的前提条件。其次，在微观形态理论视角下，以词语段循环域作为工作假说，以语类化词根进入词语段循环域的方式进行语段推导，在词语段外部循环域实现形态-句法屈折化，针对 do、have、be 在词语段循环域上屈折化而成的功能语素，进行中介语形态变异性发展规律的理论预测，并对此提供理论框架搭建。

2.1　基本助动词 do、have、be 语法功能

英语里包含两类助动词：情态助动词（modal auxiliaries）和基本助动词（primary auxiliaries）（Huddleston，1980；Quirk et al.，1985；Warner，1995；Klammer et al.，2013）。从动词的形态-句法角度考虑，情态助动词不具有屈折变化，相比之下，基本助动词具有屈折变化（表 2.1），例如时态变化（一般现在时 -es，过去时 -ed）、分词变化形式（过去分词 -en，现在分词 -ing），本研究仅关注具有屈折变化的基本助动词。

表 2.1　英语基本助动词屈折变化形式一览表

have	be	do
have has had having	am is are was were been being	do does did done doing

（援引自 Klammeret al.，2013：108）

有定子句(finite clause)是由主语和谓语构成的，谓语至少由一个动词短语组成。助动词具有语法意义，但不具有词汇意义，助动词的形态－句法不同于完整动词(Warner，1995)，不可以单独作为谓语动词使用(Quirk et al.，1985)，其形态－句法独立属性限制了它在复合动词短语中的排序(Warner，1995)，在英语中排序如(5)所示。

（5）Modal-perfect(have)-progressive(be)-passive(be)-main verb
　　情态动词—完成体(have)—进行体(be)—被动语态(be)—主动词

（援引自 Warner，1995：33）

2.1.1　时、体、态相关语法功能

Klammer et al.（2013）与 Warner(1995)运用基本助动词在句法中的成分结构表示英语中的时、体、态构型，Klammer et al.（2013）则将助动词 have、be 视为主动词的短语成分(图 2.1)。

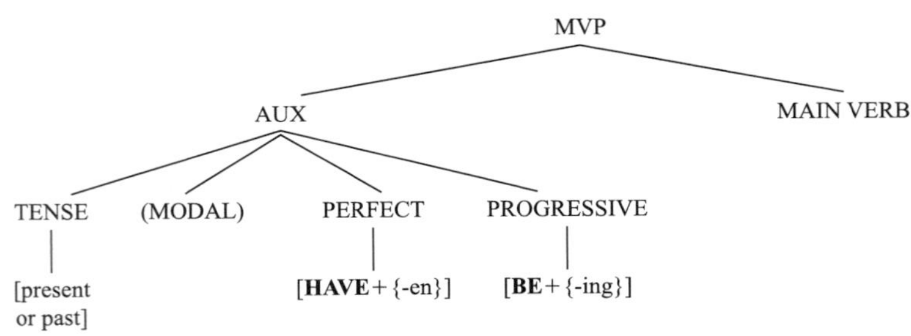

图 2.1　主动词短语中的助动词时、体语类化语法功能示意图

（援引自 Klammer et al.，2013：190）

2.1.2　疑问句、否定句相关算子功能

算子（operator）是助动词 be、have、do 最为重要的功能之一。在构型否定句、疑问句、省略句、强调句时起到至关重要的作用（Quirk et al.，1985；Celce-Murcia & Larsen-Freema，1998；Nelson & Greenbaum，2016）。

be 可以用作助动词与系动词。be 动词用作系动词时，无须附加 do 作为算子，本身就可以虚化为算子，构成否定句和疑问句等；在接续形容词作表语时，在人称、数、时态等方面具有独特的形态变化形式（Celce-Murcia & Larsen-Freeman，1998）。鉴于此，本研究将系动词 be 并入助动词 be 研究框架之中，一并进行研究。例句（6）表示 be 动词作为系动词与助动词的使用情况。

（6）a. *Is* it very expensive?（系动词 be）
　　　它很贵吗？（Nelson & Greenbaum，2016：12）
　　b. She *is* calling him now.（助动词 be）
　　　她正在给他打电话。（Quirk et al.，1985：97）
　　c. *Are* you still working?（助动词 be）
　　　你仍然在工作吗？（Parrot，2000：176）

have 可以用作助动词和主动词。当 have 作为助动词时，与动词过去分词相结合构成完成体，have 自身可用作算子，以倒装形式构成疑问句。在有定子句中，当 have 处于主动词短语的第一个助动词位置时，则可以在 have 后面辅加否定词 not 构成否定句。然而，当 have 用作主动词时，则具有句法变异性，既可以与无语义算子 do 连用，也可以自身作为算子，构成否定句或者疑问等（Quirk et al.，1985），例句（7）表示 have 作为主动词及助动词的使用情况。

（7）a. *Have* you any brothers?（主动词 have）
　　　你有兄弟吗？
　　b. *Do* you *have* any brothers?（主动词 have）
　　　你有兄弟吗？（Quirk et al.，1985：132）
　　c. I *don't* have a headache any longer.（主动词 have）
　　　我不再头疼了。

d. I *haven't* a headache any longer.（主动词 have）
我不再头疼了。（Quirk et al.，1985：132）

e. *Have* you been crying?（助动词 have）
你已经哭了（很久）吗？（Parrot，2000：96）

f. I *haven't* seen her.（助动词 have）
我还没看见她。（Quirk et al.，1985：130）

do 可以用作助动词与主动词。当 do 用作助动词时，是无语义算子（dummy operator）。当 do 作为主动词时，可与代词宾语（pronoun object）结合，作为前置谓词（pro-predicate），指代一些不十分具体的行为，例句（8）是 do 用作主动词的使用情况。

（8）a: I am throwing these books away.
我正在扔一些书。

b: Why are you *doing that*?（do 主动词）
你为什么那么做？（Quirk et al.，1985：133）

do 作为助动词，当所在的有定子句表示否定句、疑问句时，虚指 do（do-support）起到无语义算子作用，也就是说助动词本身可虚化为算子，发生时态、人称、数的屈折变化（Thomson & Martinet，1980；Nelson & Greenbaum，2016），例句（9）是助动词 do 用于否定句、疑问句的使用情况。

（9）a. I *didn't* like mathematics at school.（屈折化助动词 do 用于否定句）
在学校里我不喜欢数学。（Quirk et al.，1985：133）

b. *Does* he love you?（屈折化助动词 do 用于疑问句）
他爱你吗？（Thomson & Martinet，1980：112）

2.2 生成语法框架下基本助动词 do、have、be 生成位置界定

从管约论的宏观参数化时代到最简方案微观参数化时期，在生成语法框架下解读英语基本助动词 do、have、be 屈折化的方式一直有着两种定义方法。一

种是在 VP 基础域内生成，另一种是在 VP 基础域外生成。

2.2.1　英语基本助动词在 VP 基础域生成

Pollock（1989）主张英语基本助动词在 VP 基础域内生成，在英语里的 AGR 形态属性呈现为弱特征，无法驱动题元动词移动至 AGR 分配题元角色给论元，只有无须分配题元角色的 be、have 可以提升至 T(I)，而前置动词 do 复制了主动词的题元格，也就是说，只有基本助动词 do 的生成方式不同于 be 和 have。Chomsky（1995）也在早期最简方案中主张 be、have 在 VP 基础域内生成，强语类特征（move F）驱动其提升至 T，跟弱语类特征发生特征核查，当题元动词在有定子句中发生否定时，虚指 do 在 T 基础域内生成，弥补了 T 中心词悬置（stranded）现象。

2.2.2　英语基本助动词在 VP 非基础域内生成

Ouhalla（1990）主张 be 与 have 并不在 VP 基础域内生成（Pollock，1989；Chomsky，1989），而是主张英语基本助动词作为体语类（aspectual categories）在 VP 之外生成最大投射，而且为了避免违反相对最小化原则（relativized minimality）（Rizzi，1990），先于 NEGP 节点发生投射。在最简方案微观词汇参数化时期，Embick & Noyer（2001）从形态理论视角对基本助动词 be、have、do 生成位置进行界定，主张以上基本助动词不在 VP 基础域内生成，而是在具有功能性的轻动词 *v* 位置上生成。Marantz（2007）在形态理论视角下，引入 Harley（1995）轻动词 *v* 作为事件语义（eventuality），主张轻动词 *v* 自身并非论元结构的携带者，当表示词汇动因的词根语类与轻动词 *v* 合并时，生成具有事件语义性质的修饰语，提供给功能中心词 Event (*v*) 一组 UG 特征值 [CAUSE] 与 [BE]（图 2. 2）。

本研究依照 Chomsky（2001）在强最简方案中的主张，将中心词提升操作视为 PF 构件语音式操作，而不再将其视为狭义句法操作的一部分，进一步采用微观形态理论视角，在后句法形态层面界定基本助动词 be、have、do，将其构成否定句、疑问句与时、体、态句式的过程均视为语音词缀驱动的中心词提升操作，也就是说，将其看作发生在后句法形态层面 PF 构件上的形态操作（Chomsky，

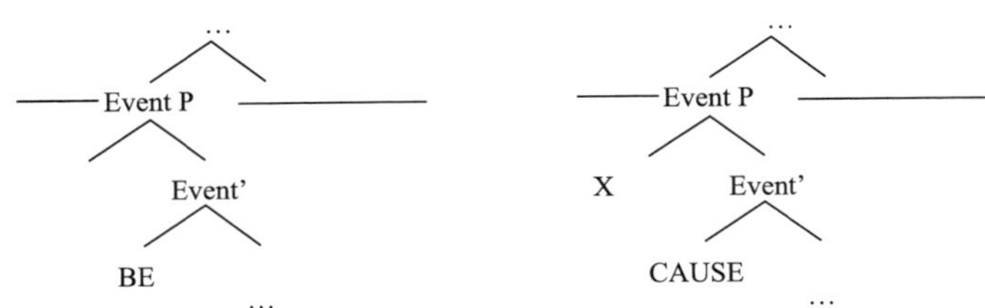

图 2. 2　英语基本助动词非 VP 基础域生成示意图(最简方案时期)

(援引自 Harley, 1995b: 99)

2001; Marantz, 2007; Embick & Noyer, 2001; Embick, 2015)。

2.2.3　小结

本研究着眼于微观形态理论视角,采用基本助动词 be、have、do 在非基础域生成的方式(Chomsky, 2001; Marantz, 2007; Embick & Noyer, 2001),界定英语基本助动词 do、have、be 在功能中心词 *v* 位置上生成,将英语基本助动词的形态-句法属性置于后句法 PF 构件上进行讨论,为进一步在后句法形态层面上考察基本助动词 do、have、be 中介语表征习得发展规律提供可行性的前提条件。

2.3　生成语法框架下微观形态理论框架搭建

最简方案(MP: the minimalist program)并不是一种语言学理论,而是以优化人类语言官能为目的的理论框架(Chomsky, 2000, 2001, 2004, 2005, 2008),任何语言学理论都应该以在强最简方案框架下得到实现为目标。正如 Schütze (1997)与 Franceschina (2001: 17)当年所尝试的一样,微观形态理论也需要在最简方案理论框架下(Chomsky, 2000, 2001)兼容分布形态学理论(DM: distributed morphology)(Harley & Noyer, 1999, 2000; Marantz, 2001, 2007; Embick & Noyer, 2007; Embick, 2015)。

> ……在本研究中,理论假设采用的是最简方案(Chomsky, 1995)框架结合(coupled)分布形态学理论(Halle & Marantz, 1993, 1994)。

> 显而易见,这两个理论的主要矛盾(major conflict)在于最简方案假定词项插入先于句法运算,而分布形态学至关重要的特点是后插入理论(late insertion theory),这里在细节上,我们没有对两个理论做兼容性工作,然而,我们认为(assume)以最简方案的精神(spirit),一定会兼容"后插入"的分布形态学理论…… (Schütze,1997:17)

Franceschina (2001:224)同样指出"若想在最简方案框架下(Chomsky,1995)采用分布形态学理论(Halle & Marantz,1993),鉴于两者有太多不兼容性,需要更多的论证"。鉴于此,我们在强最简方案框架下(Chomsky,2001)完成对形态理论的兼容性整合方案,最终实现微观形态理论框架搭建(Chomsky,2001;Harley & Noyer,1999,2000;Marantz,2001,2007;Embick & Noyer,2007;Embick,2010,2015;Harley,2015)。

2.3.1 形态理论与强最简方案兼容性整合方案

形态理论核心属性是形态-句法受制于同一个派生系统(Marantz,2001)。强最简方案与分布形态学兼容性整合方案的实施过程,面临词库取消所带来的亟须解决的两大难题:论元结构搭建与特征核查问题。

2.3.1.1 论元结构搭建、题元角色分配以及T功能语素后句法化

首先,解决词项在前句法阶段无法实施论元结构搭建,论旨角色(θ-role)无从分配的问题。由于论旨角色分配隶属于基础域而不是核查域(Chomsky,1995),这里采用分裂式VP(split-VP)拟作解决方案,分别进行第一语段基础域VP搭建与第二语段非基础域*v*P投射(Harley & Noyer,2000)。外论元结构搭建在[Spec, *v*]完成,论旨角色分配由轻动词*v*选择[CAUSE]或[BE]特征值完成(Harley,1995b:98-99),生成功能语素(functional morpheme,简称*f*-morpheme)。与此同时,位置较低的V仅生成词汇语素(lexical morpheme,简称*l*-morpheme)。在剔除了词项的屈折特征后,DP论元可以通过形态格(morphological case,简称*m*-case)(Marantz,2001)对周围句法环境可见,完成狭义句法运算的特征匹配。

其次,词库取消所导致的特征核查问题亟待解决。我们的解决方案是在完

成基础域 VP 句法结构搭建后，进一步解构 T 复合功能语类，将 T 功能语素后句法化。爱尔兰语、冰岛语中存在的特殊语言现象表明 DP 论元移位至 [Spec, T] 允准主语受制于 T-[*u*EPP] 语义驱动，DP 移位与 T 格匹配无关(Marantz，1991；Harley，1995a，1995b；Harley & Carnie，1997；Sigurðsson，2000，2001；McFadden，2004)。Chomsky(2001)通过尽早原则(earliness principle)完成局部域 T-[*u*Φ]…DP[Φ] 赋值并删除 *u*Φ，这一操作也为结构格不驱动 DP 论元移动至 [Spec, T] 提供了理据。Sigurðsson(2000)进一步以冰岛语古怪格(quirky case)现象为例，推论出 *v*P 壳假说，论证 T 不具有赋格能力，主张格赋值仅在 *v*P 域内完成的语言事实，条例(10)是壳赋值假说的内容。

(10) 在 *v*P 壳内，Nom 和 Acc 由同一位置 *v* 赋值，即值 1 和值 2(+/-Acc)。

由于结构格与形态格相互分离，众多学者建议取消格理论[1](Marantz，1991；Harley，1995a；McCloskey，1996；MacFadden，2004；Sigurðsson，2000，2001)，Sigurðsson(2001)指出如果取消结构格，可以用论元允准[2]替代结构格，进行论旨角色分配，DP 论元仅凭借形态格就可以对周围句法环境可见(Sigurðsson，2000)。根据语段不可渗透条件(phase-impenetrability condition，简称 PIC)(Chomsky，2001)，在语段二循环域的探头 T 功能中心词从 C 承袭了 [*u*EPP] 特征之后，将语段一循环域已赋值形态格的 DP 论元作为目标，驱动 DP 论元移动至 [Spec，T] 允准主语，仅凭光杆 T-[*u*EPP] 完成一致性匹配操作。语段一内部循环域 *v*P 由 DP 论元驱动的形态格赋值与语段二外部循环域 T-[*u*EPP] 驱动的 DP 论元移位操作相互分离，光杆 T-[*u*EPP] 驱动 DP 论元发生移位操作，实际上是语段二在外部循环域上对后句法 PF 构件的形态操作(Sigurðsson，2000)。T 功能语类进一步被解构为 T-[person，number，T] (Sigurðsson，2000)，形式特征与功能中心词在狭义句法结构中一一对应，微观参数化复合功能语素的操作仅发生在后句法 PF 构件上(Sigurðsson，2000)[3]。依据特征断裂假说(Embick，2000：188)，在确保 UG 核心句法–语义结构(Harley & Noyer，2000)无损的前提条件下，进一步将中介语形态变异性均归于后句法 PF 构件的形态–句法特征值屈折化生长过程，通过相关形态操作，在语段二外部循环域的后句法形态层面，将 [person]、[number] 屈折化成为 AGR 功能语素（Embick & Noyer，2007）。最终，在形态层面上完成 v*、T (AGR)、T/ C[4] 功能语素的后句法化。

2.3.1.2 词汇-句法、句法-句法以及边界语类

Mararntz（2007）将 Hale & Keyser（1993）对语法模块的界定引入形态理论中，进一步将其分为句法-句法（syntactic-syntax，简称 S-syntax）与词汇-句法（lexical-syntax，简称 L-syntax）两个层面（Harley，1995b；Travis，2000；Marantz，2007）。根据 Travis（2000：167-183）致力于将事件语义短语（Event phrase，简称 Event P）引入短语结构的事实，Marantz（2007：196）进一步推论出 Event P 是介于 TP 与 VP 之间性质同为句法-句法与词汇-句法的边界语类（boundary binding）。与此同时，Travis（2000）主张 [CAUSE] 与 [BECOME] 两个动因特征在谓语动词中应该出现在语法模块的不同层面，也就是说，句法-句法产出句法-动因语素，词汇-句法产出词汇-动因语素。据此，Marantz（2007）进一步主张用 v 引入事件语义。当 v 附着于语类化词根时成为词汇-动因语素；当 v 附着于 vP 时成为句法-动因语素。

Event P 具有绑定论旨角色的功能（Travis，2000），表示句法-动因的 Event P 应携带另一个 Event P 做补语（Harley，1995b），进一步将两者结合，将 Event 嵌套在 T 与 V 之间功能中心 v(*) 位置上，边界语类 Event P 同时对应于词汇-动因语素与句法-动因语素所在的不同语法层面，内论元、外论元结构分别落在 [Spec, Event (v/v*)] 位置上，就性质而言，Event (v/v*) 作为边界语类既是词汇-语素，又是功能-语素。

2.3.1.3 子句语段与词语段同质化

Marantz（2001，2007）在 Chomsky（2001）子句语段理论基础之上，提出了词[5]语段循环域（word phase cyclic domain）。在词语段内外循环域上，词语段中心词 x=v, n, a 均会发生通过中心词提升进行合并的操作 [[[√ROOT-V] v] T]。当完成第一次词语段循环时，在词语段内部循环域的语段中心词位置上 x=v, n, a，会发生 PF 构件与 LF 构件的语音、语义解读。然而，由于语类化词根对应的词位（lexeme）无法发出声音（no utterance），需要通过中心词提升操作，合并至词语段外部循环域的屈折化非循环功能中心词 y=T, AGR(T)，才能实现形态语音拼读（图 2.3）。

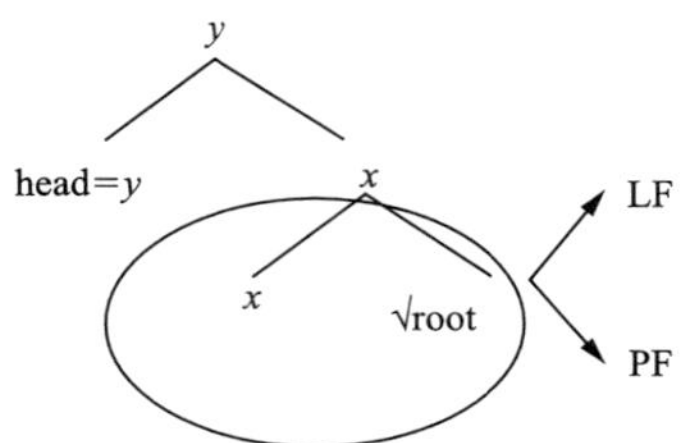

图 2. 3　词语段循环域示意图

（Marantz，2001：6–7）

Chomsky（2000，2001）在词汇论视角下，以词项上的不可解读特征驱动核查，完成狭义句法运算，将屈折化形态特征值在强语段处送交 PF 构件、LF 构件进行语音、语义解读，完成一次语段循环。词语段则是基于非词汇论视角下的形态理论（Marantz，2001，2007），以词的内部结构具有句法层级性作为必要条件（Embick & Noyer，2007：303），将词根循环域（root cyclic domain）的语类化词根 [[√Root] *x*] → [*x*,-Ø] 与 UG 核心句法–语义结构相对应，将不附着在词根上的词语段外部循环域（non-root cyclic domain）对应于后句法形态层面的屈折化功能中心词，从而发生形态–语音词缀拼读 [[[√Root] *x*]*y*]。根据 PIC，词语段与子句语段在界定语段循环域的限制条件方面，呈现出一一对应关系，如（11）所示。

（11）a. H 域无法被 HP 以外的域操作，只有 H 和它的边沿（α）能够执行 H 域以外的操作

b. $[_{zp}[\text{Z}\ldots [_{HP}\underline{\alpha}\ [\text{H YP}]]]]$　（适用于子句语段循环域）

c. $[[[_{y}[_{x}[\surd\text{ROOT(H)}\ ]\underline{x(\alpha)}]\ y(\text{Z})]]]$[6]　（适用于词语段循环域）

Chomsky（2001）指出语段一循环域（ph=1）在语段二循环域（ph=2）被赋值或解读。若 ph=1 是 HP，则语段的形态–语音赋值应发生在 ph=2 所在 ZP 循环域内。Marantz（2007：196）有关词语段形态–语音赋值的主张与 Chomsky（2001）的主张不谋而合。Marantz 将 *x* (α) 视为词语段 ph=1 语段中心词，并将其类比为词位，主张在 ph=1 循环域上，*x*(α) 可以发生语音解读、语义解读，然而，如果不在 ph=2 循环域内 *y* (Z)，则无法触发 ph=1 循环域发音

[[√ROOT(H)] x(α)]。在(12)中,进一步以公式化形式对子句语段与词语段的语音赋值作出对比说明。

(12) a. ph=1 在 ph=2 被赋值或解读

b. $[_{zp}$ [Z…$[_{HP}$ α[H YP]]]]　当且仅当 HP 是 ph=1;ZP 是 ph=2

c. $[[[_y[_x$[√ROOT(H)]x(α)] y(Z)]]] 当且仅当 √ROOT (H) 是 ph=1;y(Z) 是 ph=2

为了降低语音运算负担,词语段与子句语段在每个语段循环域仅实现一个语音拼读,公式(13)表明子句语段依靠特征核查完成语音拼读。相比之下,词语段则依靠语音驱动复合中心词提升操作,完成语音拼读。词语段与子句语段的语音拼读实现方式也存在着异曲同工之妙。

(13) a. [~~u~~F]…..[iF]

b. [[[√Root P]x-Ø]y-Infl.]

子句语段通过不可解读特征被赋值并删除的方式完成狭义句法运算,在每个语段循环域将不可解读特征送交至 PF 构件进行语音处理,完成形态-语音拼读。A-A 中心词移动或 A-A' 论元移动是将不可解读特征送交至 PF 构件进行语音解读的触发条件(Chomsky,2001:6)。相比之下,词语段实现语音拼读的方式是通过满足循环域-线性化条件(cyclic locality concatenation linear adjacency,简称 C-LIN)[7](Embick,2015:178-179),在局部性词语段循环域,通过线性化毗邻语音串联方式,在满足附着于词根的形态-语音变体具有透明度可见的(transparency-Ø)前提条件下,以屈折功能中心词 y (Z) 对词根可见的方式,实现局部性词语段循环域的形态-语音拼读,以复合中心词提升至语段中心词的方式作为送交 PF 接口的触发条件(Embick,2015)。在这里进一步修订 ph=1 语段中心词成为 v(Marantz,2007:197-203)。根据 PIC 规定,被抽取的要素可以提升至语段边沿,出现在这个域的语音成分(phonological component)不用等到下一个语段循环域,就可以即刻实现语音拼读操作(Chomsky,2001),(14)中的公式是将 PIC 公式套用在边界语类上。

（14）$[[_{T/C}\ [_{Event(v*)}$ [√ROOT (H)]Event (*v*)](α)Event(*v**)] T/C(Z)]

Event (*v**) 句法–语义特征值可以作为 *v*P 语段边沿抽取物 α，在 ph=1 循环域立刻发生语音运算，而不是进行形态–句法拼读的特征赋值。Marantz（2007：196）主张如果将 *v* 中心词引入事件语义，而它本身不携带论元，那么，DP 与 *v* 合并时则要求在 LF 接口处提供额外的语义操作，产生可解读性结构。基于此，Event (*v**) 化身成为功能语素，为 Event (*v*) 提供外论元结构。由于边界语类 Event P 既有词汇–语素性质，又有功能–语素性质，进一步将 Event（*v*/*v**）的特征值 [BE]/ [CAUSE][8] 同时化身为词汇–语素，也就是语类化词根。然而，由于 Event P 是概念性的，并非实际存在的（Harley，1995b：134），Event (*v**) 仅为 [[√ROOT] Event (*v*)] 提供外论元结构。实际上，作为具有句法–语义特征值的语段间（inter-phase）边沿抽取物发生语音应用，并不发生形态–语音拼读，直到在局部性词语段循环域上与非循环屈折化功能中心词 T[9] 构型 [[[DP[√ROOT] Event (*v*)] Event (*v**)]T][10]，才会触发词语段外部循环域的形态–语音拼读发生（Marantz，2007：196）。局部性词语段循环域的 ph=1 语段中心词是 *v*[11]，而 Event (*v**) 并非语段中心词，仅作为语段间边沿要素 α，具有语义性质。

在形态理论与最简方案兼容性整合方案下，词语段完全满足 PIC 对语段条件各方面的界定要求。这里可以实现用词语段替代子句语段，以语类化词根进入句法推衍，更加微小化语言官能的核心属性，实现微观参数化方案下的词语段与子句语段同质化。

2.3.1.4　微观形态理论框架搭建

至此，我们实现了微观形态理论框架搭建（Chomsky，2000，2001；Marantz，2001，2007；Embick & Noyer，2007；Embick，2015），在词汇–句法与句法–句法象限图上（Hale & Keyser，1993；Harley，1995b；Travis，2000）同质化了子词语段和子句语段，两者同指一物。

在词语段循环域上，附着于词根的词语段内部循环域与词语段外部循环域分别对应于词汇–句法与句法–句法（Marantz，2007：195）。在词语段循环域上，语类化词根，也就是词汇–语素所在的语段一循环域（ph=1）对应于 UG 核心句法–语义结构，成为“孤岛”（Chomsky，2005：11），异质于语段二循环域（ph=2）

在后句法形态层面的各个功能语素 Event (*v*/*v**)、AGR(T)、T/ C 屈折化的形态－句法特征值(Sigurðsson，2000，2001；Embick & Noyer，2001，2007)。Event (*v*/*v**) 用作 ph=1 与 ph=2 循环域边界语类，*v*P 既是词语段内部循环域，又是子句语段内论元 UG 核心句法－语义结构，ph=2 既是不附着在词根上的词语段外部循环域，又是子句语段外论元结构(Hale & Keyser，1993；Harley & Noyer，2000；Travis，2000；Marantz，2001，2007)。简言之，词根循环域，也就是说，词语段内部循环域与词语段外部循环域分别对应于子句语段内论元结构与外论元结构(图 2.4)。

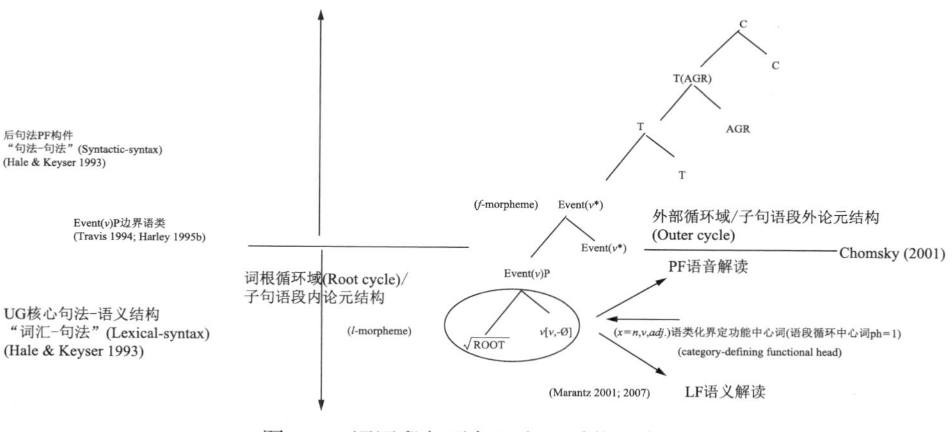

图 2.4　词语段与子句语段同质化示意图

简言之，词语段内部循环域、外部循环域分别对应于子句语段内论元结构、外论元结构[12]。本研究以词语段循环域替代子句语段循环域进入句法推衍，以此作为工作假说，实施具体理论预测。

2.3.2　形态－句法特征层级排序与句法－语义特征几何结构的引入

本节引入形态－句法特征层级排序(Noyer，1992，1998)与句法－语义特征几何结构(Harley，1994)，论证非等值性形态－句法特征的标记性关系(Battistella，1990)，在确保 UG 核心句法－语义结构无损的前提条件下，在词语段外部循环域，也就是子句语段后句法形态层面，针对具有非对称性形态特征值的异干互补形态语素变体，也就是异干互补词汇项排序性插入，提供具有预测力的方法及手段。

2.3.2.1　词语段循环域上的语境同位异体语素变体

在词语段循环域上有两种语境同位异体语素变体(contextual allomorphy)。根据描述性概念界定,我们需要厘清哪种变体才是微观形态理论框架下,中介语形态-句法变异性的预测对象。

在局部性词语段循环域上发生线性化语音串联时(concatenation),会产生两种语素变体(allomorphy),分别是异干互补形态语素变体(suppletion allomorphy)与(形态)语音语素变体(morpho-phonological allomorphy)。在词根具有相同语义值的情况下,两者属于处在不同层面的语素变体产物,性质截然不同(Embick,2015)。(形态)语音语素变体是储存在记忆库中具有语义值的列表式成分,也就是说,是外化于语法而不是经由句法推导而来的语素变体,不具有形态特征值,相应地也不具有预测力。异干互补同位语素变体必须形成具有竞争性的词汇项列表,在列表中的词汇项要对功能语素形成竞争性排序插入,功能语素被普遍性特征定义,是受制于普遍语法的句法-语义语类(syntactico-semantic category)(Embick & Marantz,2008)。真正的异干互补对能够反映出句法-语义优先性拼读(Harley & Noyer,2000),换言之,词汇项形态-语音配对性后插入是一种竞争关系,属于在功能语素层面展开的语法性竞争(Embick & Marantz,2008),是微观形态理论视域下中介语形态-句法变异性的理论预测对象。

在局部性词语段循环域上,异干互补词汇项(也就是,异干互补形态语素变体)成了后句法形态层面PF构件上形态-句法特征值屈折化发生之处,相应地成了中介语形态-句法变异性发展规律的预测对象。

2.3.2.2　标记性形态-句法特征值与一价、二价特征值的应用

在词语段循环域上,针对异干互补词汇项之间的竞争性排序式插入进行理论预测时,存在句法-语义特征值的非对称性关系所带来的标记性问题。标记性(markedness)是一种结构关系,通过特征值之间的非对称性(feature asymmetry)与语义广度(semantic breadth),辅以句法分布的(distribution)融合性(syncretism)形式加以界定(Battistella,1990)。McCarthy (2007)主张标记性驱动特征值的标注性(feature specification)。具体而言,无标记性特征对应于

不充分标注的默认形态特征值。结构较多、更为复杂的标记性特征对应于充分标注性特征值(full specified feature)。在普遍语法特征库中,标记性句法-语义特征值进一步编码(encode)形态-句法特征值,由于标记性形态-句法特征值具有肯、否相对性的特点[13],本研究更倾向于采用一价特征进行理论预测,这是由于二价特征违反直觉,并且过于复杂,尤其在构建句法-语义特征几何结构时,依附关系导致我们无法使用负价特征值(Harley,1994)。Noyer(1992)在进行形态-句法特征层级排序时使用了二价特征,在形态操作层面设置 α- 记号,强迫这种具有代价的移动发生,导致负值出现在了自然语类系统之中,产生了 α- 记号生成能力过剩的现象发生。基于二价特征的种种弊端,本研究采用一价特征进行理论预测。当某一功能语素屈折形态特征值缺失时,采用 Harley & Ritter(2002b)构建特征几何结构时所采用的方式,在节点(nodes)不充分标注引起特征值未被激活的情况下,将其视为默认解读节点 Ø。

下面,我们进一步引入形态-句法特征层级排序(Noyer,1992,1998)与句法-语义特征几何结构(Harley,1994;Harley & Ritter,2002a;2002b;Cowper,2003,2005)相结合的方式,描述非对称性形态-句法特征值的标记性关系。

2.3.2.3　形态-句法特征层级排序的应用

形态-句法特征层级排序(morpho-syntactic feature hierarchy)是判别异干互补词汇项竞争性排序插入的一种补充性判别标准。当异干互补词汇项之间发生特征脱钩或者部分特征重叠时,也就是说,当子集原则(subset principle)[14](Halle,2000)无法对异干互补词汇项列表的竞争性插入进行排序时,我们需要求助形态-句法特征层级排序(Noyer,1992,1998)。规则(15)表明形态-句法特征层级排序是如何通过缺省操作(impoverishment)实现特征删除与特征激活的。

(15) 当 [F] 和 [G] 同为形态-句法特征时,[F] 位置在特征等级排序上比 [G] 更高([F] > [G]),

a. 若 *[F, G] 在形态结构上同时激活(active)不符合语法性,则 [F, G] 需要被缺省为 [F];

b. 若两个拼读规则,一个指称 [F],另一个指称 [G] 而非 [F],且当两者之间有脱钩或重叠结构描述发生时，则论及 [F] 的规则先被应用。

（Noyer，1992：49）

当组成词汇项的语音词缀位于形态-句法特征层级排序较低位置时，需要过滤掉（filtered）标记性较大的词汇项形态-句法特征值，处于较高位置上标记性较小的异干互补词汇项优先对功能语素进行插入，完成语音词缀屈折化。

众多学者进一步主张形态特征集合并非以无结构特征束（unstructured bundles）形式存在，而是以具有依附关系、结构稳定的句法-语义特征几何结构形式存在（Harley，1994；Bonet，1995；Cowper，2003，2005；Cowper & Halle，2002；Harley & Ritter，2002a，2002b）。

2.3.2.4　句法-语义特征几何结构的辅助作用

句法-语义特征几何结构[15]（syn-sem feature geometric structure）（Harley，1994；Harley & Ritter，2002a，2002b；Cowper，2003，2005）以具有依附关系的句法-语义特征组合对形态-句法特征值的非对称性关系进行描述（Harley，1994）。在句法-语义特征几何结构中，自然语类（natural class）节点以有组织的方式呈现，标记性通过节点计数的方式计量，依附关系结构越多，表征越复杂，标记性越大。也就是说，内嵌节点越深，标记性越强。与之相反，节点越高，标记性越小。

总而言之，句法-语义特征几何结构是对形态-句法特征层级排序非对称性依存关系的（aysmmetric dependency）特征值编码。句法-语义特征几何结构因其具有描写性质，应该作为辅助形态-句法特征层级排序的方式存在。为了对具有非对称性形态特征值的异干互补词汇项进行中介语系统性变异理论预测，本研究将两者结合并用。

2.3.2.5　形态-句法特征层级排序与句法-语义特征几何结构的兼容方式

微观形态理论以语素[16]进入句法推衍。然而，本研究认为语素特征的内部结构不应该是简单的无序排列（unordered），而应该是以句法-语义特征几何结构编码的形态-句法特征值，用以描述标记性形态-句法特征的非等值（Battistella，1990）。正如 Carroll（2009：247）所主张的，"如果以原子值似的形式特征作为句法运算的初始要素，那么，形式特征值应该由具有可解读性的语义语类特征几何结构组成”。换言之，形态－句法特征的非等值性可以借由句法－语义特征几何结构进行编码。在词语段循环域上，句法－语义特征几何结构是针对句法终端功能语素的过滤性操作，而形态－句法特征层级排序则是针对词汇项语音词缀的释放性操作（discharging operation）（Harley，1994）。例如：当我们探寻 T 复合功能语素的时、体、态中介语形态－句法特征值习得发展规律时，由于 -s、-ed 这类同位异体语素变体处于灰色区域（gray area），也就是说，它们既可以被看作系统性融合下的词汇项形态－语音拼读，也可以被看作偶发性的同音异义语音语素变体（Embick，2015：176－178）。换言之，这时的显性形态变异性并不能作为可靠的判别指标（indicator）（Prévost & White，2000；McCarthy，2007，2008），我们仅能凭借句法－语义特征几何结构编码 T 复合功能语素的标记性形态－句法特征值，从而实施理论预测。

句法－语义特征几何结构不具有形态－句法特征层级排序的特征统治关系（govern），句法－语义特征几何结构相互之间仅仅具有支配关系（dominant），无法直接进入句法推衍。对此我们提出以下解决方案，将句法－语义特征几何结构视为“葡萄串式”的组态（configuration），在构成标记性大小不同的形态－句法特征值时，依据形态－句法特征值大小截取位置高低各不相同的句法－语义特征几何结构，用以配置（configure）标记性大小不同的非等值性形态－句法特征值（图 2. 5）。

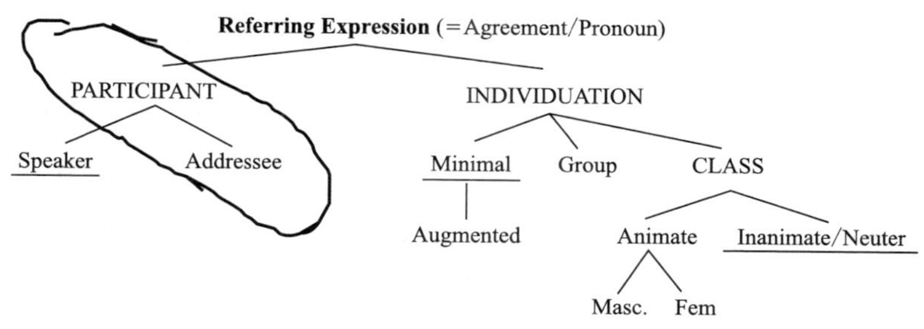

图 2. 5　句法－语义特征几何依附性结构：人称、数

（援引自 Harley & Ritter，2002a：26）

处于形态–句法特征层级排序较高位置的形态特征值对应无标记性特征值(unmarked feature，简称 [*u*F])，位置较低的形态特征值对应于标记性特征值(marked feature，简称 [*m*F])。Harley & Ritter(2002a: 30)提出结构构建假说(structure building hypothesis)，主张"UG 提供了最小化的初始结构(minimal initial structure)，习得顺序自上而下，统治节点的习得的发生先于依附节点(dependent node)"。据此，在句法–语义特征几何结构中，处于位置较高的独立节点对应于 [*u*F]，内嵌较深的依附性节点对应于 [*m*F]，句法–语义特征几何结构可以凭借以上方式配置标记性大小不同的形态–句法特征值，由于两者工作假说异曲同工，不存在兼容性方面的问题，可以将两者结合并用，提升理论预测力(表 2. 2)。

表 2. 2　形态–句法特征层级排序与句法–语义特征几何结构工作假说对比表

名称	特征值的标记性	普遍性句法–语义特征集合	应用范围	中介语形态–句法变异性预测方式
形态–句法特征层级排序(Noyer，1992，1998)	位置高——无标记； 位置低——标记性	无序特征集	针对词汇项语音词缀的形态特征值实施释放性操作	位置较高、标记性较小的形态–句法特征值被先习得，且出现频率较高
句法–语义特征几何结构(Harley，1994；Bonet，1995；Harley & Ritter，2002a，2002b；Cowper，2003，2005)	位置高——独立性、词根节点——无标记性； 位置低——内嵌性、依附性节点——标记性	依附与支配关系	针对句法终端功能语素进行过滤性操作	统治节点、独立节点标记性较小的句法–语义特征值被先习得，且出现频率较高

形态–句法特征层级排序与句法–语义特征几何结构两者工作假说具有同向性，本研究在词语段循环域上，采用两者相结合的方式，针对英语基本助动词形态–句法特征值系统性变异发展规律作出排序性理论预测，旨在提升理论预测力。

2.3.3　标记性形态–句法特征值习得排序假说

Noyer(1998)利用缺省原则，针对特征删除(feature-deleting)与特征改变

(feature-changing)形态操作过程，提出了标记性缺省转换原则(impoverishment markedness conversion principle)，如(16)所述。

(16) 当缺省原则对形态-句法特征进行特征删除时，会进一步发生语类反转(category-conversion)，在持续性冗余规则(redundancy rules)支配下，在缺省操作删除掉标记性特征值后，无标记性特征值会被再次插入(reinserted)([*m*F] → Ø → [*u*F])，所产生的直接作用是由标记性特征值转换为无标记性特征值([*m*F] → [*u*F])，反向而置的情况不会发生。

(Noyer，1998：269–270)

McCarthy(2007，2008)结合其研究发现，提出了形态不充分标注性假说(underspecified morphological hypothesis)，如(17)所述。

(17) 中介语形态-句法变异性产生的偏误是不充分标注性偏误(underspecified feature errors)，而不是特征冲撞式偏误(feature clash errors)。也就是说，在无标记性必要语境下，不会产生标记性形态变异性偏误；与之相反，在标记性必要语境下，则会产生无标记性形态-句法变异性偏误。

本研究以标记性缺省转换原则为前提条件(Noyer，1998)，结合形态不充分标注假说(McCarthy，2007，2008)，以 Chomsky(2001)语段推导理论作为划分 UG 原则辖域的狭义句法结构与后句法形态层面之间界限的理论依据，用词语段循环域(Marantz，2001，2007；Embick & Noyer，2007；Embick，2015)作为工作假说，以形态-句法特征层级排序(Noyer，1992，1998)与句法-语义特征几何结构(Harley，1994；Cowper，2003，2005；Harley & Ritter，2002a，2002b)相结合的方式作为预测手段，将异干互补词汇项(Embick，2015)作为预测对象，在确保 UG 核心句法-语义结构无损的前提条件下，进一步在后句法形态层面，针对具有非对称性形态特征值的异干互补词汇项中介语习得发展规律，提出本研究的推论性假说——标记性形态-句法特征值习得排序假说，如(18)所述。

（18）在局部性词语段循环域上，二语习得者对后句法形态层面的异干互补词汇项习得发展规律呈现为：受制于普遍语法特征值的非对称性驱动，无标记性形态－句法特征值（默认特征值）（[*u*F]）对标记性形态－句法特征值（[*m*F]）产生单向性（unidirectional）、替换性、渐进式习得发展规律（[*u*F]>>[*m*F]），这种发展规律无法反向而置。

推论（corollary）：

① 在无标记性必要语境下（[*u*F]）与在标记性必要语境下（[*m*F]），二语习得者形态－句法特征值的产出有本质性差异；

② 二语习得者对无标记性形态－句法特征值（[*u*F]）与标记性形态－句法特征值（[*m*F]）的习得存在本质性差异；

③ 二语习得者默认无标记性形态－句法特征值（[*u*F]）过度产出。

注：

1. Chomsky（2000）在接受 Belletti & Rizzi 采访时指出“抽象结构格或者说论元关系中的特征没有真正内容”（转引自 Sigurðsson，2001：31）。

2. 抽象格分别对应于论元关系 AR1（Argument 1，简称 AR1）、AR2……，其结构匹配叫作论元允准（argument licensing）（Sigurðsson，2001）。

3. Sigurðsson（2000：88–89）援引 Cinque（1999）主张“在 CP 域内，UG 功能中心词具有固定排序：(AgrS) person- (AgrO) num-mood-T-Asp-voice-*v*”。

4. T 承袭语段中心词 C 的特征（Chomsky，2001）。因此，T 功能中心词与 C 功能中心词呈异干互补式出现。

5. Embick（2015：82）指出“我们非正式地使用‘词（word）’，是为了获取一系列句法实体与语音词‘（phonological word）’之间的关系”。

6. $[[[_{y(Z)}\ [_{x(\alpha)}\ [\sqrt{\text{Root}}(\text{H})\ (\text{HP})\ [_{v}\ [_{\text{V}}\ [\sqrt{\text{Root}}\ ]\ \text{V}]\ (\text{YP})\ v\ ]]]\ x(\alpha)]\ y\ (\text{Z})]]$ 为整体公式，由于过于烦冗，为了突出重点，本研究将其简化为正文中的公式，在这里采用复合中心词形式表意公式。

7. 循环线性化条件是指“若在（C1）局部性循环上，为了实现两个语素变体可以彼此互见，当且仅当它们在相同的词语段循环域被激活，则在（C2）语音串联线性化毗邻条件下，一个语素 X 可以看见语素 Y，当且仅当 X 与 Y 进行语音串联，即 X ⁀ Y 或者 Y ⁀ X”

(Embick, 2010:49–50, 2015:178)。

8. 在 VI 对 CAUSE morpheme [BE]/ [CAUSE] 进行竞争性后插入时，采取缺省形态操作(Noyer, 1998)。

9. T 承袭 ph=2 语段中心词 C 的特征。

10. 如果 ph=1 是非宾格动词结构，那么，ph=2 非循环屈折中心词仅触发 ph=1 内论元结构 Event (*v*) 发生形态语音拼读 [[[DP [√ROOT] Event (*v*)] ~~Event (*v**)~~] T]。

11. Marantz(2007)论证了非宾格动词 *v* 格允准发生在 *v*P 层面，不需要等到更高一级语段再发生格分配。

12. Travis(2000:172–179)援引 Hale & Keyser(1993)主张“在英语中有两种类型的动因语素：① 非宾格动词(unaccusative verbs)所对应的词汇－动因(lexical causative)，组成子句内论元结构(internal argument structure)；② 句法－动因(syntactic causative)通过附加动因动词，例如：make、have 作为谓语的结果产出，对应于子句的外论元结构(external argument structure)”。

13. Battistella(1990:16)主张“基于标记性的非对称性特质，相对性(opposition)分为：① 等同价值相对性(equipollent opposition)，这里不是指特征值的缺失与否，而是 A 和 B 两个正数特征值(positive features)相对，即 A 与 B 之间的相对，A=not B；B=not A，例如：单数、复数之分；② 肯定、否定相对性(privative oppositions)，这种相对性(opposition)是指特征的存在、缺失(presence & absence)之间的相对性”。

14. Halle(2000:128)主张“子集原则(subset principle)，又称他处原则(elsewhere principle)或阻碍原则(blocking principle)：词汇项的语音说明被插入到功能语素上时，这个词汇项的形态特征值需要与句法终端功能语素标注的所有或部分形态－句法特征值相互匹配，如果词汇项包含的特征值没有出现在句法终端功能语素上，插入不会发生。如果有几个词汇项都满足插入条件，则与功能语素形态－句法特征值相匹配且标注最充分的特征值胜出”。

15. Harley(1994)将其称之为形态特征几何(morphological feature geometry)。Cowper(2005)将其称之为形态－句法特征几何(morpho-syntactic feature geometry)。Cowper(2005)将其界定为“构形为依附结构的形式，或者称之为特征几何”，这种理念受到语音特征几何的启发(Sagey, 1986)。我们期待凭借这种特征具有的依附性，解读语言间变异性存在于这种特征(句法)语义之中”。本研究认为在 Cowper(2005)的界定中，所指称的命名对象为“形态-句法特征”,而组成这种依附性结构的单位实则是普遍语法特征库中的句法-语义特征值,因此本研究认为将其命名应为“句法-语义特征几何”更为合理。

16. 微观形态理论下的语素分为两类:① 词汇语素,也就是语类化词根(Harley & Noyer,1999);② 功能语素,作为进入句法推导的初始要素(Embick,2015)。

第3章

MSAH对英语基本助动词的理论预测力

为了验证本研究推论性假说 MSAH 的理论预测力，本章在后句法形态层面进一步依托局部性词语段循环，对英语基本助动词 do、have、be 在词语段外部循环域屈折化而成各个功能语素 Event(*v*/*v**)、AGR (T)、T、C 后插入的标记性异干互补词汇项习得排序规律，进行理论预测。

3.1 Event(*v*/*v**) 功能语素标记性句法－语义特征值习得发展规律预测

在 Event (*v*/*v**) 词汇－动因语素与句法－动因语素构型的局部性词语段循环域上，进一步整合英语基本助动词的结构分布性(occurrence in auxiliary construction)(Harley，1995b：106–111)，如(19)所示。

(19) 插入 Event (*v**/*v*) 动因语素的备选词汇项列表

[CAUSE, BE] ←→ do{ [CAUSE][+external argument] }

←→ have{ [CAUSE]+Prep. }

←→ have{ [BE]+Prep. }

←→ be/{[BE] existential, locativity, possessive,

[-external argument]}

←→ Ø/ elsewhere

根据子集原则（Halle & Marantz，1994；Harley & Noyer，1999；Halle，2000），竞争性词汇项列表所标注的特征值应为待插入功能语素的子集特征，然而，在规则（19）中，备选词汇项的特征与 Event (*v*/*v**) 动因语素 [BE，CAUSE] 产生了特征冲撞，进一步应用缺省原则（Noyer，1992，1998；Bonet，1991，1995），缺省掉动因语素上的冗余特征，根据标记性缺省转换原则（Noyer，1992，1998），被删除掉的特征是位于形态-特征层级排序上位置较低、标记性较大的特征，动因语素 Event (*v**) 默认形态拼读形式是 do（Harley，1995b；Embick & Noyer，2001），相对应的 [CAUSE] 特征值照比 [BE] 特征值而言，处于特征层级的更高位置，是无标记性特征，因此需要先删除位置较低、标记性较大的特征值 [BE]，再依次删除 [CAUSE] 及 [BE、CAUSE]，如（20）所示。

（20）Event (*v**/ *v*) 动因语素标记性特征值、无标记性特征值缺省形态操作

[CAUSE morpheme] BE → Ø/ { [CAUSE, ~~BE~~] _ do & have }

CAUSE → Ø/ { [~~CAUSE~~, BE] _ have & be }

CAUSE, BE → Ø/ { [~~CAUSE, BE~~] _ Ø }

同理，在插入功能语素的备选词汇项列表中，标注最充分、标记性最大的特征值是处于特征层级排序最低位置的词汇项 Ø，标注最不充分、标记性最小的词汇项是处于位置最高的默认词汇项 do。应用子集原则（Halle，2000）对抽象语素进行竞争性插入的词汇项进行排序，标注最充分、标记性最大的词汇项胜出，依次递减（Embick，2015：95）。进一步实施标记性缺省转换原则（Noyer，1998），最终，完成异干互补词汇项 do、have、be 中介语屈折形态变异性习得排序，符合 MSAH 假说理论预测中所描述的由 [*u*F]>>[*m*F] 单向性、替换性、渐进式产出，如（21）所示。

（21）Event (*v*/*v**) 动因语素的异干互补词汇项 do、have、be 习得排序

Event (*v*)-Ø>>Event (*v*)-be>>Event (*v*/*v**)-have>>Event (*v**)-do ([*u*F]>>[*m*F])

由于 Event P 是概念性的(conceptually)，而非实际发生的(empirically)(Harley，1995b)，在这里，Event (*v*)/ Event (*v**) 动因语素在局部性词语段循环域的中介语形态变异性并没有发生实际上的形态-语音拼读。换言之，形态-语音拼读需要落实在 Event (*v*)/ Event (*v**) 所在词语段外部循环域的功能语素 T-[Event (*v**)] 位置上，才能实现形态-句法特征值的屈折化。

3.2 T 复合功能语素标记性形态-句法特征值习得发展规律预测

Event (*v**) 句法-动因语素仅为语段间边沿要素(Embick，2010)，换言之，Event (*v**) 仅有句法-语义特征值，当复合中心词(multi-word)提升 [[[√BE] Event (*v*)] Event (*v**)]，合并至下一个强语段循环中心词 T 时(T 承袭强语段循环中心词 C 的特征)，与其构型成语境同位异体语素，才能触发下一个词语段循环域 T-[Event (*v**)] 发生形态-语音拼读(Embick，2015)。

3.2.1 词语段循环域上的词汇语素 √BE 与功能语素 CAUSE 构型语境同位异体语素

在微观形态理论视角下，Event (*v*/*v**) 作为边界语类，既可以化身为词汇-动因语素，也可以化身为句法-动因语素。在同一个局部性词语段循环域上，以边界语类 Event(*v**)/Event(*v*) 自身叠加的方式，构成词汇-句法与句法-句法的界限，既构建起了词语段内部循环域的词汇-句法 *v*P，又构建起了词语段外部循环域的句法-句法功能语素 Event(*v**)。功能语素 Event (*v**) 与词汇语素 Event (*v*)，也就是语类化词根 √BE+*v* 构型成同一个词语段循环域上的语境同位异体语素。

在词语段循环域上，Event (*v**) 功能语素作为功能中心词，在对词根循环域 [√BE+Event (*v*)] 可见的前提条件下，异干互补词汇项默认拼读形式 do 与动因动词 have 共同对 Event (*v**) 句法-动因语素展开竞争性插入(Harley，1995b；Travis，2000；Embick & Noyer，2001)，触发该词语段循环域的形态-语音拼读。相比之下，异干互补词汇项列表中的系动词 be 与助动词 have(Harley，1995b)则是对词根循环域的 Event (*v*) 词汇-动因语素展开竞争性插入。正如 Harley

(1995b: 110–111)所主张的:"实际上助动词 have 本质上与助动词 be 相同,都仅仅包含了一个介词要素(propositional element),助动词 have 是非外论元选择(non-external argument selection)事件中心词的拼读实现。"因此,这里将这个中心词标注为 be。

也就是说,在词汇–动因语素与句法–动因语素 Event (*v*)/ Event (*v**) 构型的同一个局部性词语段循环域上,分别在词语段内部循环域及词语段外部循环域上,发生具有排序性的异干互补词汇项 do、have、be 竞争性插入。

3.2.2　异干互补词汇项 AGR-are、AGR-is、AGR-am 标记性形态–句法特征值习得排序规律预测

这里我们采用 AGR 嫁接于 T 的方式(Chomsky,1995;Embick,2015),实现 AGR 与 T 在同一个局部性词语段循环域上形成异干互补式的功能语素 AGR (T) 与 T。在 T 所在词语段循环域上,异干互补词汇项 AGR-am、AGR-is、AGR-are 插入 AGR (T) 功能语素,通过修剪 T-[present, -Ø] 透明度可见的方式实现语音串联线性化,也就是说,AGR (T) 在该词语段循上可见词根 √BE,而在这里 √BE 已经由习得者在上一个词语段循环域 [[[√BE] Event (*v*)] ~~Event (*v**)~~] 做出了选择,通过子集原则实施不充分标注的方式,对 [[[[√BE] Event (*v*)] ~~Event (*v**)~~] (T) AGR] 词语段循环域上的 AGR (T) 功能语素展开竞争性插入,实现异干互补词汇项列表 AGR-are、AGR-is、AGR-am 排序性插入。进一步根据形态–特征层级排序(Noyer,1992,1998)与句法–语义特征几何结构(Harley & Ritter,2002b)的标记性,在词语段循环域上排序异干互补词汇项 AGR-am、AGR-is、AGR-are 对 AGR (T) 功能语素发生竞争性排序插入时的中介语习得规律,从而验证本研究推论性假说 MSAH 的理论预测力。

在微观形态理论视角下,由于后句法 PF 构件上的句法终端功能语素是由普遍语法特征库中句法–语义特征值线性化打包而成的形态–句法特征值构成,并且是充分标注的,因此针对所要匹配形态–语音的功能语素而言,后插入的词汇项可以被不充分标注(Embick,2015)。按照系统性融合(systematic syncretism)支配下的词汇项最小化生成、最大化表达的要求,AGR-are 词汇项在对充分标注的句法终端功能语素 AGR ([person][number]) 进行后插入时,表

示复数的屈折化词汇项 AGR-are 仅由系统性融合化的不充分标注特征值 are [pl]/{...} 构成。依照子集原则规定，在竞争性插入的词汇项列表中，经由系统性融合而成的、标注最不充分的词汇项 AGR-are/ {[pl]} __⌒胜出，对 AGR 功能语素进行插入 AGR ([per][number]) ←→ are/ {[pl]}__⌒。由于剩余词汇项 AGR-is、AGR-am 无法依据子集原则产出先后排序，只能求助形态-句法特征层级排序，确认词汇项的竞争性插入顺序，剩余的备选词汇项 AGR-is、AGR-am 形态特征值无法通过系统性融合产生不充分标注性，具体呈现为 is ←→ *[3][sg] 与 am ←→ *[1][sg]。在形态-句法特征层级排序上，词汇项 AGR-is、AGR-am 形态特征 [person]、[number] 是位于层级排序较低位置、标记性大的特征值，需要被缺省掉，如(22)所示。

（22）人称、性、数、类别的形态-句法特征层级排序

[person] >[number] > [gender] > [class] ([*u*F] > [*m*F][1]) （Noyer，1992：46）

由于 [person] 照比 [number] 而言，位于特征层级排序的位置更高，属于无标记性特征值，因此根据标记性缺省转换原则，需要删除掉处于较低位置上标记性较大的形态特征值 [sg]，进一步将词汇项 is ←→ *[3][sg] 与 am ←→ *[1][sg] 缺省为 is ←→ [3] 与 am ←→ [1]，再参照句法-语义特征几何结构，使用普遍语法特征库中提供的句法-语义特征值，作出与人称相关的形态特征层级排序。从语义上讲，第三人称 [3] 不同于第一人称 [1] 以及第二人称 [2]，仅仅表示客观所指，独立出现在 INDIVIDUATION 节点上，属于无标记性特征值 [*u*F]（Harley & Ritter，2002b）。相比之下，第一人称 [1] 是默认光杆、不充分标注的 PATICIPANT 节点，接受默认解读。第二人称 [2] 被表征时，是依附于 addressee 节点的标记性特征值 [*m*F]，排序如(23)所示。

（23）形态特征标记性特征值排序：人称特征

[3] > [1] > [2] ([*u*F] > [*m*F])

以标记性缺省转换原则的实施作为必要条件，is [3] 词汇项胜出，排序第二进行插入，am [1] 则为最后插入的词汇项。在词语段循环域上，AGR (T) 功能

语素被后插入的异干互补词汇项中介语习得发展规律呈现为下列排序规律，符合推论性假说 MSAH 理论预测（图 3.1）。

局部性词语段循环域上的 AGR (T) 功能语素异干互补词汇项习得排序
AGR-are>>AGR-is>>AGR-am ([*u*F]>>[*m*F])

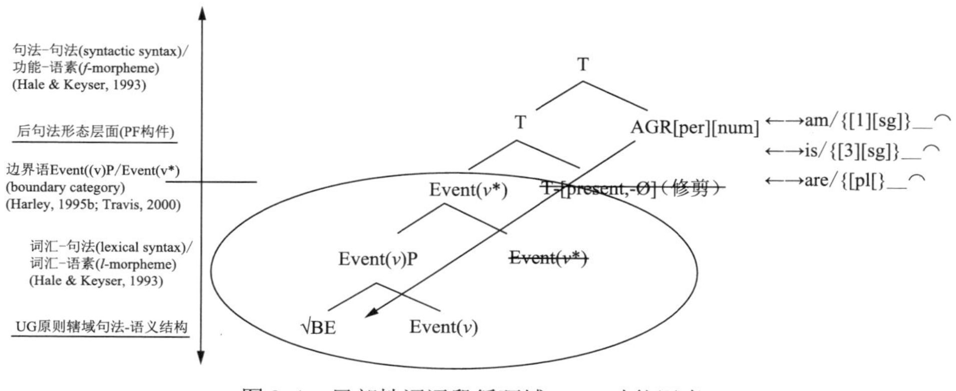

图 3.1　局部性词语段循环域 AGR 功能语素：
异干互补词汇项 are、is、am 排序性插入示意图

也就是说，在局部性词语段循环域上，无标记性词汇项 AGR-are 对标记性异干互补词汇项 AGR-is、AGR-am 产生了单向性、替换性、渐进式习得排序发展规律。

3.2.3　T-[tense, aspect, voice] 标记性形态-句法特征值习得排序规律预测

T-[tense, aspect, voice] 在构型 T-[Event (*v**)] 复合功能语素形态-句法特征值时，无法在满足 T-[present, -Ø] 透明度可见的情况下对其进行修剪（pruned）。根据激活推论（Embick，2010）[2]，这是由于英语基本助动词构型而成的复合功能语素 T-[T, aspect, voice] 上后插入的词汇项列表为显性语音拼读，无法被修剪，进一步阻隔了 AGR (T) 功能语素对同一词语段循环域上的词根可见所致。

3.2.3.1 词语段外部循环域的T复合功能语素词汇项列表配对儿性后插入

T复合功能语素所在词根循环域的循环中心词 v，也就是说，语类界定功能中心词 v 对词根语类化的语音实现可能存在两种情况。第一种情况是外化于语法记忆列表式的形态-语音语素变体(Embick & Marantz, 2005, 2008)[3]，第二种情况则是在跨词语段循环域(cross cycle)实质性识别支配下(Embick, 2003)[4]，由T功能中心词与Asp功能中心词之间发生映射，建立起句法与形态之间的映射关系，构成T复合功能语素后，在词根循环域的循环中心词 v 位置上，由Asp词汇项列表1进行竞争性插入，实现形态-语音赋值拼读(Embick, 2003)，再在词语段外部循环域T功能节点插入Asp备选词汇项列表2。换言之，T复合功能语素实则是由分离式的两个词汇项复合而成，在词语段外部循环域T功能中心词上插入的Asp备选词汇项列表2与插入词根循环域的Asp功能节点备选词汇项列表1发生部分重叠后形成T复合功能语素，再经由裂变形态操作[5]，实现T-[tense, aspect, voice]时、体、态形态-语音拼读(图3.2)。

综上所述，在T复合功能语素词汇项配对儿性插入的过程中，其形态-语音拼读情况十分复杂多变，词汇项列表形态-语音变体无法作为可靠的衡量指标(McCarthy, 2007, 2008)。鉴于此，我们不能以T复合功能语素在词语段循环域上被后插入的异干互补词汇项作为依据，进行理论预测，而仅能在后句法形态层面PF构件上，求助表示时、体、态的句法-语义特征几何结构，针对英语基本助动词在后句法PF构件上的句法终端T复合功能语素构型而成的中介语时、体、态习得发展规律进行理论预测。

3.2.3.2 T复合功能语素之时、体、态特征几何构型标记性形态-句法特征值习得排序

根据Cowper(2003)基于时、体、态句法-语义特征几何结构对英语动词屈折化的系统性描述，对句法终端T复合功能语素上由相关时、体、态构型而成的标记性形态-句法特征值中介语习得发展规律做出排序性理论预测：

在词语段循环域上，一般现在时(T-[present])、一般现在时被动语态(T-[present, passive])、现在进行时(体)(T-[present, progressive])、现在完成时(体)(T-[present, perfective])、一般过去时(T-[past])、一般过去时被动语态

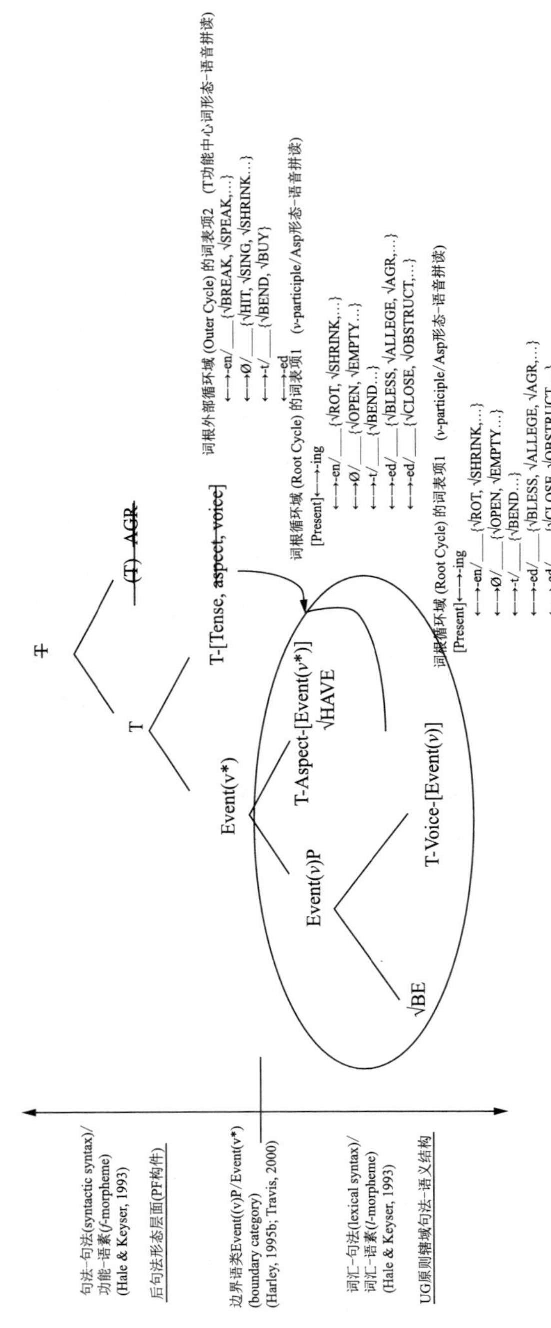

句法-句法(syntactic syntax)/
功能-语素(*f*-morpheme)
(Hale & Keyser, 1993)
后句法形态层面(PF构件)
边界语类Event((v)P/Event(v*)
(boundary category)
(Harley, 1995b; Travis, 2000)
词汇-句法(lexical syntax)/
词汇-语素(*l*-morpheme)
(Hale & Keyser, 1993)
UG原则辖域句法-语义结构
~~T~~
T
~~(T) AGR~~
Event(v*)
T-[Tense, ~~aspect, voice~~]
Event(*v*)P
T-Aspect-[Event(*v**)]
√HAVE
√BE
T-Voice-[Event(*v*)]
词根外部循环域 (Outer Cycle) 的词表项2 (T功能中心词形态-语音拼读)
←→-en/____{√BREAK, √SPEAK,…}
←→Ø/____{√HIT, √SING, √SHRINK…}
←→-t/____{√BEND, √BUY}
←→-ed
词根循环域 (Root Cycle) 的词表项1 (*v*-participle/Asp形态-语音拼读)
[Present]←→-ing
←→-en/____{√ROT, √SHRINK,…}
←→Ø/____{√OPEN, √EMPTY…}
←→-t/____{√BEND…}
←→-ed/____{√BLESS, √ALLEGE, √AGR,…}
←→-ed/____{√CLOSE, √OBSTRUCT,…}
词根循环域 (Root Cycle) 的词表项1 (*v*-participle/Asp形态-语音拼读)
[Present]←→-ing
←→-en/____{√ROT, √SHRINK,…}
←→Ø/____{√OPEN, √EMPTY…}
←→-t/____{√BEND…}
←→-ed/____{√BLESS, √ALLEGE, √AGR,…}
←→-ed/____{√CLOSE, √OBSTRUCT,…}

图 3.2　词语段循环域：T 与 Asp 功能中心词节点（形态－句法－形态－语音）分离式发展示意图

(T-[past, passive])、过去进行时(体)(T-[past, progressive])与过去完成时(体)(T-[past, perfective])8 种由时、体、态句法-语义特征几何结构型而成的句法终端 T 复合功能语素依存性结构树形图,如图 3. 3 所示。

进一步统计出由英语基本助动词构成的 8 种相关时、体、态句法-语义特征几何结构节点数量,如表 3. 1 所示。

表 3. 1　句法-语义特征几何依存结构之时、体、态屈折系统的节点数量

名称	屈折节点(Infl)	统治节点(dominant node)	依附节点(dependent node)	独立节点(independent node)	节点数量(node-accounting)
一般现在时(T-[present])	1	1	1	0	3
一般现在时被动语态(T-[present]+[voice-en])	1	2	1	1	5
现在进行体(T[present]+[aspect-ing])	1	2	2	0	5
一般过去时(T-[past])	1	2	1	1	5
现在完成时(T-[present]+[aspect-en])	2	3	1	1	7
一般过去时被动语态(T-[past]+[voice-en])	1	3	1	2	7
过去进行时(体)(T-[past]+[Asp-ing])	1	3	2	1	7
过去完成时(体)(T-[past]+[aspect-en])	2	4	1	2	9

表示时、体、态的句法-语义特征几何结构通过节点计数(node-accounting)方式进行计量(metric)(Cowper,2003),对标记性大小不同的非对称性形态-句法特征值进行编码,也就是说,所表征的形态-句法特征值标记性越大,需要使用到的句法-语义特征组合节点数量越多,用来对其进行表征。如表 3. 1 统计的节点计量数所示,以时、体、态句法-语义特征几何结构(Cowper,2003)构型而成的 T 复合功能语素形态-句法特征值,其非对称性标记关系表现为结构越多,表征越复杂。据此,在词语段循环域上,后句法 PF 构件上所形成的由时、体、

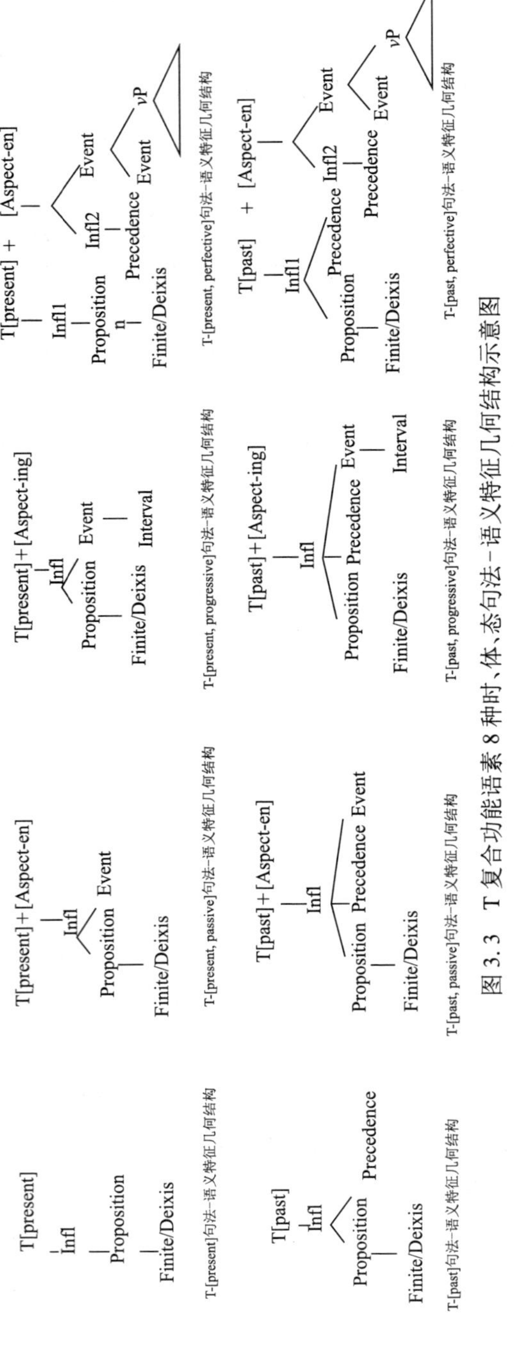

图 3.3 T 复合功能语素 8 种时、体、态句法-语义特征几何结构示意图

（援引自 Cowper，2003：12–21）

态句法-语义特征几何结构(Cowper, 2003)构型而成的 T 复合功能语素,其中介语习得发展排序规律如(24)所示[6](MSAH 理论预测)。

(24) 词根外部循环域上的 T 复合功能语素标记性形态-句法特征值习得排序:

T-[present]【3】>>T-[past]【5】>>T-[present, progressive]【5】>>T-[past, progressive]【7】>>T-[present,perfective]【7】>>T-[past, perfective]【9】([*u*F]>>[*m*F])

3.3 C 复合功能语素标记性形态-句法特征值习得发展规律预测

在词语段循环域上,C 复合功能语素由 T 复合中心词经过提升操作后合并至 C 功能中心词节点构型而成 [[√ROOT…T]C]。C 复合功能语素属于全局性多重词语段循环域复合中心词,它外化于派生语法模块(non-derivaitonal grammar),不具备形态-语音拼读性质,对句法终端 C 功能语素词汇项 C-be、C-have、C-do 形态-语音拼读不产生直接性预测力。

3.3.1 循环中心词 Event(*v*) 与 C 功能语素构型核心句法-语义结构

如果在派生语法模块内部局部性词语段循环域上实现对 C 功能语素异干互补词汇项 C-do、C-have、C-be 非对称性特征值的习得排序理论预测,那么首先需要以 Event (*v*) 与 C 功能中心词节点在同一局部性词语段循环域上构型语境同位异体语素,才能够实现对竞争性插入的异干互补词汇项习得排序规律做出理论预测。在循环-线性化条件下,进一步根据激活推论(Embick, 2010),推论出习得者基本助动词 do、have、be 在中介语发展初始阶段,仅有词根循环域 [[√BE] Event (*v*)] 所对应的子句语段内论元结构存在,如(25)所示。

(25) 在 [[…*x*]*y*] 中,当 *x*=Event (*v*),*y*=C 均为循环性中心词,若 *x*=Event (*v*) 语音成分在 PF 构件上未激活,则 *y*=C 被拼读。

也就是说，在仅有 UG 核心句法-语义结构存在时，就会在 [[√BE] Event (*v*)…C] 局部性词语段循环域上，产生由两个循环中心词 *x*=Event (*v*) 或 *y*=C 触发的非此即彼的词汇项配对性后插入形态-语音拼读，换言之，会产生 Event (*v*)-am、Event (*v*)-is、Event (*v*)-are 或 C-am、C-is、C-are 异干互补词汇项形态-语音拼读。

3.3.2　异干互补词汇项 C-Ø、C-be、C-have、C-do 标记性形态-句法特征值习得排序预测

实际上，在局部性词语段循环域上，[[√BE] Event (*v*)] 核心句法-语义结构与后句法形态层面 C 功能语素形态-句法特征值呈现出分离式发展状态。根据构型语境同位异体语素的激活推论拼读规则（Embick，2010），合并循环中心词 *y*=C 触发了 *y* 所在词语段循环域发生拼读，*x*=Event (*v*) 作为 *y*=C 循环域的补语成分，*x* 循环中心词的补语 [[√BE]V]、循环中心词 Event (*v*) 以及循环域边沿要素 Event (*v**) 在由循环中心词 *x* 引领（headed）的循环域上，均发生了词汇项插入触发的形态-语音拼读。如果词语段循环中心词 *x* 相关语音材料（material）已经被拼读，那么在后续 PF 构件上进行循环中心词拼读时将不再活跃。也就是说，当与循环中心词 *x* 相关的语音材料 [[[√BE] Event (*v*)] Event (*v**)] 在与下一个较高循环中心词 *y*=C 合并时，在 PF 构件上不再被拼读。换言之，当预测习得者在 C 功能语素位置上英语基本助动词相关习得发展规律时，会出现 Event (*v*) P 核心句法-语义结构与 C 功能语素形态-句法特征值分离式发展的现象，习得者会产出 [[[[[√BE]~~Event (*v*)]~~ Event (*v**)]T(AGR)] C][7] 公式化表征式。

根据循环-线性化理论预测规则（Embick，2010：47-48），当循环中心词 *y*=C 发生词汇项插入时，只要满足 *y*=C 与调节要素（conditioning element）之间发生线性化串联条件 [[[[…] *x*] *W*] *y*]，那么 *y*=C 形态-语音拼读的语素变体就会满足由循环中心词 *x*=Event (*v*) 决定，或者由非循环中心词 *W*=T (AGR)[8] 决定的要求。当非循环中心词 *Z*=Event (*v**) 是循环中心词 *x*=Event (*v*) 的边沿要素，并且在任何情况下该语素变体都不会被外部域循环中心词 *y*=C 调节时 [[[…*x*]*Z*]*y*]，那么该语素变体就可以被非中心词 *W*=T-[tense, aspect, voice] 调节

[[[...*x*]*Z*]*W*]。以上论述表明 C 功能语素上唯一一个可以插入 do、have、be 的位置（Radford，2009）并非通过直接插入词汇项 do、have、be 实现，而是在语音词缀驱动下提升 T 复合中心词至 C 功能中心词（Embick，2015），以循环中心词 Event (*v*) 词汇－动因语素，或者 Event (*v**) 句法－动因语素与 C 功能中心词构型语境同位异体语素，并且在两者处于线性化语音串联的情况下实现的，也就是说，在 √BE ⌒ Event (*v*), Event (*v*) ⌒ T (AGR), T (AGR) ⌒ C ([[[[[√BE] Event (*v*)] ~~Event (*v**)]T (AGR)~~]C])，或者 √BE ⌒ Event (*v**), Event (*v**) ⌒ C([[[[[[√BE]~~Event (*v*)~~] Event (*v**)]T-$_{[\text{tense, aspect, voice}]}$]C]) 的情况下，进一步实施对 C-be、C-have、C-do 异干互补词汇项形态语素变体排序性理论预测，如图 3. 4 所示。

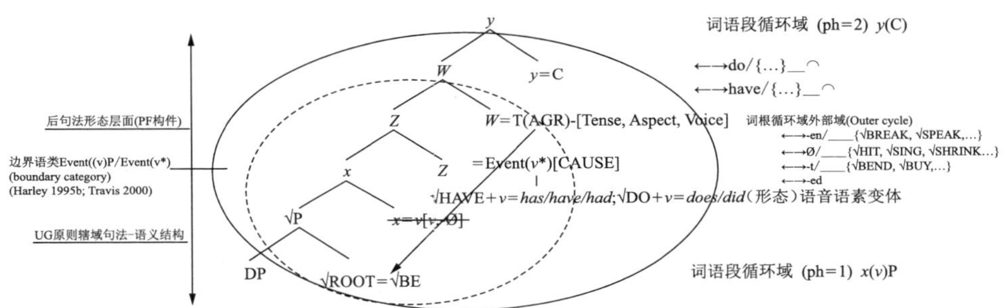

图 3. 4　C-be、C-have、C-do 异干互补词汇项排序性插入示意图

综上所述，如果想实现对 C 复合功能语素在派生语法内部的预测力，那么需要以 Event (*v*) 词汇－动因语素或者 Event (*v**) 句法－动因语素与 C 功能语素构型语境同位异体语素，在局部性词语段循环域上对后插入的词汇项进行形态－语音拼读，才能够进一步实现 C-do、C-have、C-be 在 C 复合功能语素上的标记性形态－句法特征值习得排序理论预测。依照形态－句法特征层级排序在不同层级位置对应的非对称性形态特征值（Noyer，1992），应用标记性缺省转换原则（Noyer，1998）作为必要条件，在 C 功能语素异干互补词汇项发生形态－语音拼读后，其中介语习得排序规律实现为由无标记性形态特征值到标记性形态特征值单向性、替换性、渐进式习得发展排序，也就是说，如同 MSAH 理论预测在（26）中所示。

（26）C-Ø>>C-be (Infl.)>>C-have(Infl.)>>C-do (Infl.)([*u*F]>>[*m*F][9])

3.4 小结

在 3. 1～3. 3 节中，在局部性词语段循环域上，依据本研究提出的推论性假说——标记性形态-句法特征值习得排序假说（MSAH），本研究关注基本助动词 do、have、be 在后句法形态层面 PF 构件上各层级结构句法终端生成的功能语素 Event (*v*/*v**)、T、AGR(T)、C，如何通过标记性形态-句法特征值驱动实现异干互补词汇项竞争性排序插入规律，并进行了相关理论预测。在局部性词语段循环域上，基本助动词形成的异干互补词汇项在句法-语义特征几何结构与形态-句法特征层级排序的驱动下，呈现出无标记性形态-句法特征值对标记性形态-句法特征值单向性、替换性、渐进式习得排序发展规律。

在下一章中，本研究进一步提出具体研究问题与研究假设、研究方法、受试对象、数据收集以及数据分析过程，用以检验本研究推论性假说 MSAH 预测力的内部效度。

注：

1. “>”代表从无标记性形态-句法特征到标记性形态-句法特征的排序，表示前者位置高于后者。

2. Embick (2010:56) 提出激活推论(activity corollary)，主张“在 [[…*x*] *y*] 中，当 *x*=Event (*v*), *y*=C 均为循环性(cyclic)，若 *x*=Event (*v*) 语音成分在 PF 构件上未激活，则 *y*=C 发生拼读”。

3. Embick & Marantz (2008:13) 指出：“附着于词根内部循环域的语类界定中心词是非语法化的，它不通过句法推衍而来，是不具有竞争性质的形态-语音同位异体语素变体。相同词根 √COVER 构型的 cover 与 coverage 仅具有不同的语义解读(semantic interpret)，而不具有不同的语法解读(grammatical)。也就是说，与词根 √COVER 关联的语类界定中心词 -Ø 与 -age 是隶属于外化语法、记忆列表式的非句法实体，因而不具有预测力。”

n ⟷ -Ø/ LIST 1_

LIST 1_ = √DOG, CAT, √COVER …

n ⟷ -age/ LIST 2_

LIST 2 _ = √MARRY, √BOUND, √COVER …

4. Embick(2003:163)提出实质性识别(substantive identity),指出:“当两个词语段循环域在满足以下必要条件时:① 发生语音识别;② 发生形态特征识别,若负责插入的词汇项形态特征集合完全相同,且相同形态特征集以相同语音说明进行配对性插入,则两个词汇项表现出跨循环词语段循环域的实质性识别。”

5. Embick(2015:216–218)主张“裂变(fission)是指当几个形态特征源于同一个功能语素时,次级功能语素照比主功能语素而言,包含较少的特征。裂变出的两个次级功能语素,均隶属于词汇项插入,词汇项插入重复发生,直至所插入的词汇项不再匹配终端次级语素上的任何特征为止”,例如:复合功能语素T-[T, Aspect, Voice]、主功能语素(main functional morpheme)可以被分裂(split)成两个次级功能语素(subsidiary functional morpheme)。

6. 形态理论(Halle & Marantz,1993)主张在英语中,主动分词(active participle)与被动分词(passive participle)两者都有体(aspect)含义。经由分词(participle)构型而来的体(aspect)、态(voice)功能节点,由相同的形态-句法特征组成。后插入的词汇项列表也是同一个。换言之,主动分词、被动态分词并无区分(Halle & Marantz,1993;Embick,2003;Embick,2004),且由于被动语态的表面效度(face validity)不高,鉴于此,本研究不对被动语态给予考察。

7. Chomsky(2001:12)主张:“C功能语素与T功能语素呈现为异干互补式产出,T承袭循环中心词C的特征。”

8. Embick(2010:45)指出:“*x*及*y*为循环中心词(cyclic head),也就是语类界定中心词(category-defining head);*W*及*Z*为非循环功能中心词(non-cyclic functional heads),也就是非语类界定中心词。”

9. C-Ø所指T复合中心词尚未发生中心词提升操作至C功能中心词时的默认无标记性特征值。

第4章 实证研究

本章内容包含研究问题、研究假设、受试对象、测试工具、数据收集过程及数据分析方法。

4.1 研究问题及研究假设

为了验证推论性假说MSAH预测力的内部效度(internal validity),本研究以词语段循环域作为工作假说,依据MSAH假说对基本助动词do、have、be在后句法形态层面句法终端各个功能语素Event (v/v^*)、AGR (T)、T-[T, aspect, voice]、C异干互补词汇项列表习得排序规律所作出的理论预测,进一步提出以下具体研究问题。

研究问题1:Event (v/v^*) 功能语素的异干互补词汇项Ø、be、have、do在局部性词语段循环域的习得排序规律是否呈现为由[*u*F]到[*m*F]单向性、替换性、渐进式发展?

研究问题2:AGR功能语素的异干互补词汇项are、is、am在局部性词语段循环域的习得排序规律是否呈现为由[*u*F]到[*m*F]单向性、替换性、渐进式发展?

研究问题3:T复合功能语素的异干互补形态-句法特征值T-[present]、T-[past]、T-[present,progressive]、T-[past, progressive]、

T-[present, perfective]、T-[past, perfective] 习得排序规律是否呈现为由 [*u*F] 到 [*m*F] 单向性、替换性、渐进式发展？

研究问题 4：C 复合功能语素的异干互补词汇项 C-Ø、C-be、C-have、C-do 在局部性词语段循环域的习得排序规律是否呈现为由 [*u*F] 到 [*m*F] 单向性、替换性、渐进式发展？

下面进一步将研究问题量化为以下研究假设：

研究假设 1：在 [*u*F] 必要语境下，不存在 [*m*F] 异干互补词汇项逆序产出偏误现象；

研究假设 2：在 [*m*F] 必要语境下，仅有 [*u*F] 异干互补词汇项偏误产出，且偏误产出分布率呈现降序排列 $[uF_0{}^{n}]$, $[mF_1{}^{n-1}]$…$[mF_n{}^{0}]$（研究假设 1、研究假设 2 验证 MSAH 推论 1）；

研究假设 3：三组受试在习得 [*u*F]、[*m*F] 异干互补词汇项时，目标句法项的习得成绩与英语语言水平均呈正比；

研究假设 4：受试对象对 [*u*F]、[*m*F] 异干互补词汇项的掌握程度与其形态特征值标记性大小成负相关（研究假设 3、研究假设 4 验证 MSAH 推论 2）；

研究假设 5：默认无标记性形态特征值 $[uF_0]$ 产出率与错误率呈正相关（研究假设 5 验证 MSAH 推论 3）。

4.2 受试对象

本研究对三组不同英语水平的藏族受试进行分层抽样（stratified sampling）。低级组（preliminary group）是来自西藏自治区某大学附中高一、高二年级的藏族学生，共 41 人；中级预备组（pre-intermediate group）是来自西藏自治区某大学公共外语部大一、大二年级的藏族学生，共 72 人；中级组（intermediate group）是来自该大学大一、大二年级英语师范专业的藏族学生，共 38 人。全部受试人数总计 151 人。为了避免发生对比谬论（comparative fallacy）（Lakshmanan & Selinker，2001），本研究仅采用了实验组，而没有采用控制组。

为了保证受试对象的组内同质性，进一步将干扰变量变为控制变量，我们针对藏族英语学习者藏、汉、英三语习得及使用情况进行问卷调查。依据表4.1信息，受试对象开始学习藏语、汉语的时间均为幼年时期，英语学习基本始于小学三至五年级，属于关键期以后（Meisel，1997）开始英语学习的成人三语学习者，并且受试没有出国留学或海外居住经历，三语英语学习均来自课堂教学。

表4.1　藏、汉、英三语习得者语言使用情况调查表

语言	语言习得起始年龄	语言使用环境		
		家里	学校	社会
藏语	2～3岁[1]	100%	92.9%	81%
汉语	4～5岁	35.71%	100%	95.2%
英语	10～12岁	/	100%	21.4%[2]

为了更好地控制干扰变量，也就是受试的英语水平，以确保实验的内部效度，本研究采用牛津大学开发研制的英语水平分级测试（English placement test，简称EPT）对受试三语英语水平再次进行分组确认。EPT测试由50道单选题组成，每题2分，满分总计100分。中介语语法表征习得发展阶段分为初始阶段、发展阶段以及最终阶段（White，1998：350），由于藏族受试英语水平整体较低，本研究将其划归为中介语发展初始阶段的英语学习者，结合受试作答目标句法项的测试任务产出情况，最终将划分三组受试英语水平的分数段界定为低级组20～30分段、中级预备组32～42分段、中级组44～54分段。经由再次调整不符合各组分数段的试卷，排除掉无效试卷，最终计入统计分析的有效试卷分别为低级组34份、中级预备组57份、中级组33份，总计124份。

本研究进一步使用SPSS软件（24.0版）单因素方差分析（one-way ANOVA），对计入统计分析的受试对象在英语水平分级测试中的成绩进行分析。方差齐性p值为.862，大于.05，可以进行单因素方差分析。结果显示，三组受试英语分级测试成绩存在显著性组间差异，三个水平组分组恰当（$F=338.055$，$df=2$，$p=.00^{*}<.05$）。经过事后检验，低级组、中级预备组与中级组两两之间存在极其显著的差异性，低级组得分最低，中级组得分最高，如表4.2所示。

表 4.2　受试信息：英语水平分级测试成绩(EPT)三组间显著性差异

组别	人数	EPT 分数段	EPT 平均分	标准差	英语学习时间（年限）	平均年龄
低级组	34 人	20～30 分段	26.059	3.634	5～7	17.87
中级预备组	57 人	32～42 分段	36.702	3.454	8～10	21.79
中级组	33 人	44～54 分段	48.667	3.663	8～10	22.45
方差齐性 *p* 值	.862	/	/	/	/	/
F	338.055	/	/	/	/	/
df	2	/	/	/	/	/
p 值	.00*	/	/	/	/	/

$p<.05$

4.3　测试工具

本研究采用诱导性书面产出任务(written productive elicitation task)[3] 作为测试工具，任务题型如表 4.3 所示。在考察每个功能语素时均设置了两项诱导性书面产出任务，两项任务的设置理据相同，目的是为了对受试在作答两项任务产出时的目标句法项结果进行有效对比(valid comparison)，如果受试已掌握了目标句法项，那么两项任务的作答结果应具有一致性趋势，从质性研究角度而言，互为三角验证。

表 4.3　Event (*v*/*v**)、AGR、T、C 功能语素之诱导性书面产出任务题型 [4]

	诱导性书面产出任务题型一	诱导性书面产出任务题型二
Event (*v*/*v**) 功能语素	填空题(*v*-T)	翻译题(*v*-F)
AGR 功能语素	填空题(AGR-T)	单选题(AGT-X)
T 复合功能语素	填空题(T-T)	判断题(T-P)
C 复合功能语素	句型转换题(C-Z)	翻译题(C-F)

4.3.1　题目设计

本研究测试题目均摘自相关文献及经典语法书籍(Thomson & Martinet,

1980；Quirk et al.，1985；Celce-Murcia & Larsen-Freeman，1998；Parrot，2000；Klammer et al.，2013；Nelson & Greenbaum，2016），确保实验内容效度。测试目标是以句法知识为目的，提供了超纲词汇的汉语解释，有些句子经过笔者简化降低了难度，否则较难的词汇辨识度会掩盖受试已经习得相关目标句法项的事实。

为了防止藏族受试产生理解上的偏误，在该藏族大学从教 12 年的藏文教师对题目要求进行了藏、汉双语设置。

4.3.2 先导测试

测试工具经过先导性测试检验（pilot study）[5]，进一步调整测试任务题量大小、测试题目实施顺序、测试题目难易程度、受试对题目要求理解程度是否准确等等。通过先导测试考察测试工具的信度系数是否达标，并对以上各方面进一步做出相应调整，例如：在先导测试中，我们发现 T 复合功能语素的填空题诱导性书面产出任务（T-T）对 AGR (T) 功能语素填空题诱导性书面产出任务（AGR-T）产生了启动效应（priming effect），当 T 复合功能语素相关时、体、态诱导性产出任务先行测试时，受试会在后续 AGR-am、AGR-is、AGR-are 诱导性填空题任务作答过程中产出进行体表征式。经由对测试任务题目顺序的部分调整，最终确认测试任务的实施顺序以避免产生启动效应为准。先导测试结果表明测验工具总体信度系数较高（Cronbach's Alpha=. 982, 150 items），可以用于实际测试。

4.3.3 题目总数及任务类型

本研究在局部性词语段循环域上测试各个功能语素 Event(*v*/*v**)、AGR(T)、T、C 异干互补词汇项排序性插入时，采用了诱导性书面产出任务，目的是以能够诱导（elicit）受试产出所考察的内在语法知识为准。为了避免随机变异，每个目标句法项均设置了 5 个测试题目，题目总数为 150 题，由于题目数量较多，同时掺杂了干扰题目，实际测试次数为 4 次，目标句法项具体测试题目的题号与题目总数在表 4.4 中进行标注，题目编排随机排序。

表 4.4 Event (v/v^*)、AGR、T、C 功能语素异干互补词汇项测试工具题目总数

<table>
<tr><td rowspan="2">功能语素</td><td rowspan="2">题型</td><td colspan="6">异干互补词汇项(词语段循环域之语境同位异体语素)</td><td>总计</td></tr>
<tr><td colspan="2">v-be</td><td colspan="2">v-have</td><td colspan="2">v-do</td><td></td></tr>
<tr><td rowspan="2">Event (v/v*)
功能语素</td><td>v-T</td><td colspan="2">60/170/176/178/180</td><td colspan="2">57/59/61/169/179</td><td colspan="2">56/58/168/174/177</td><td>n=5 * 3</td></tr>
<tr><td>v-F</td><td colspan="2">2/70/89/183/187</td><td colspan="2">5/65/91/92/193</td><td colspan="2">64/67/94/185/190</td><td>n=5 * 3</td></tr>
<tr><td rowspan="3">AGR
功能语素</td><td></td><td colspan="2">AGR-are</td><td colspan="2">AGR-is</td><td colspan="2">AGR-am</td><td></td></tr>
<tr><td>AGR-T</td><td colspan="2">77/86/109/199/205</td><td colspan="2">72/79/200/201/212</td><td colspan="2">74/84/196/203/208</td><td>n=5 * 3</td></tr>
<tr><td>AGR-X</td><td colspan="2">37/40/140/144/156</td><td colspan="2">33/36/137/149/152</td><td colspan="2">34/42/138/143/145</td><td>n=5 * 3</td></tr>
<tr><td rowspan="3">T 复合
功能语素</td><td></td><td>T-[present]</td><td>T-[pre, prog]</td><td>T-[past]</td><td>T-[past, prog]</td><td>T-[pre, perf]</td><td>T-[past, perf]</td><td></td></tr>
<tr><td>T-T</td><td>7/16/99/
104/106</td><td>9/12/97/
114/115</td><td>8/11/98/
103/110</td><td>14/17/100/
105/112</td><td>15/18/107/
111/113</td><td>10/19/102/
108/116</td><td>n=5 * 6</td></tr>
<tr><td>T-P</td><td>20/21/118/
120/125</td><td>26/30/
123/127/133</td><td>23/29/
117/119/124</td><td>24/25/128/
129/132</td><td>28/31/122/
131/134</td><td>22/32/126/
130/135</td><td>n=5 * 6</td></tr>
<tr><td rowspan="3">C 复合
功能语素</td><td></td><td colspan="2">C-be</td><td colspan="2">C-have</td><td colspan="2">C-do</td><td></td></tr>
<tr><td>C-Z</td><td colspan="2">51/54/159/161/167</td><td colspan="2">49/55/160/163/166</td><td colspan="2">48/52/158/162/165</td><td>n=5 * 6</td></tr>
<tr><td>C-F</td><td colspan="2">1/71/87/93/189</td><td colspan="2">3/64/88/186/191</td><td colspan="2">66/68/95/96/184</td><td>n=5 * 6</td></tr>
<tr><td colspan="9">n=150</td></tr>
</table>

4.3.4 任务类型及题目设置理据

下面进一步对本研究中实证测试工具的任务类型、题目设计及设计理据(rationale)进行论述。

4.3.4.1 Event (*ν*/*ν**) 功能语素两项任务题型测试理据

Event (*ν*/*ν**) 功能语素以填空题(*ν*-T)与翻译题(*ν*-F)两项诱导性书面产出任务[6]作为测试工具,两任务题型互为三角验证。在后句法形态层面PF构件上,考察 Event(*ν*/*ν**) 功能语素的异干互补词汇项 Ø、be、have、do 习得排序规律。

在 Event (*ν*/*ν**) 功能语素任务类型一填空题中(*ν*-T),受试被要求选取 Ø、be、have、do 中任意一个词汇项,然后,对所选取的语类化词根进行适当的屈折化形态变体,用于填空及补全句子。具体指令为“请选择 do、have、be、Ø 中的一个,且用所选词的适当形式填空,补全句子(do、have、be、Ø དག་ལས་གང་རུང་ཞིག་འདེམ་ནས་དེའི་རྣམ་པ་འོས་འཚམ་གྱིས་བརྗོད་པར་ཁ་སྐོང་དགོས།)”。其中设置了“题 172 The cloth ___feels smooth.”这样的干扰项,其目的是不与指令中“选取 Ø、be、have、do 中任意一个”的提示语发生冲突,避免误导受试进行作答的情况发生,具体作答步骤如(27)所示。

(27)【题 168】Carol_____(not eat) fruit. 【考察 Event(*ν**)-do】

作答步骤:① 选取 do;② 屈折化形态为 does;③ 填写 doesn’t eat

题目设计理据如下所述,根据 MSAH 由无标记性到标记性形态-句法特征值的单向性、替换性、渐进式习得发展排序规律,在 Event (*ν*/*ν**) 内论元、外论元结构所在局部域词语段上,根据以下题例测试受试对象在 Event (*ν*/*ν**) 功能语素上习得标记性特征值大小不同的异干互补词汇项时的排序规律 Event (*ν*)-Ø[uF_0]>>Event (*ν*)-be [mF_1]>>Event (*ν*)-have[mF_2]>>Event (*ν**)-have[mF_3]>>Event (*ν**)-do[mF_4]([*u*F]>>[*m*F]),如(28)~(31)所示。

(28)标记性句法必要语境([mF_1])

【*ν*-beT3】题 176. Gold ____a metal.(引自 Thomson & Martinet,1980:102)

【考察词根循环域内论元结构 [[[√BE] Event (*ν*)]~~Event (*ν**)~~]-be 系动词】

（分测验信度系数 Cronbach' s Alpha=. 799, 5 items）

（29）标记性句法必要语境（[mF_2]）

【*v*-haveT5】题 179. Dan___gone somewhere.（引自 Klammer et al.，2013：282）

【考察词根循环域内论元结构 [[[√BE] Event (*v*)]~~Event (*v**)~~)]-have 助动词】

（分测验信度系数 Cronbach's Alpha=. 651, 5 items）

（30）标记性句法必要语境（[mF_3]）

【*v*-haveT3】题 59. He____ a black beard.（引自 Thomson & Martinet，1980：109）

【考察词语段外部循环域外论元结构 [[[√BE]~~Event (*v*)~~] Event (*v**)]-have 实义动词】

（分测验信度系数 Cronbach' s Alpha=. 651, 5 items）

（31）标记性句法必要语境（[mF_4]）

【*v*-doT3】题 174. Linda _______ (not like) caviar.（引自 Thomson & Martinet，1980：112）

【考察词语段外部循环域外论元结构 [[[√BE]~~Event (*v*)~~] Event (*v**)]-do 助动词】

（分测验信度系数 Cronbach's Alpha=. 819, 5 items）

依据 MSAH 推论，在标记性特征值较小的词汇项 be([mF_1]) 所在必要语境下，不会发生标记性特征值更大的词汇项 have([mF_2]/[mF_3])、do([mF_4]) 逆序产出的偏误现象，仅会有标记性特征值更小的默认无标记性词汇项 Ø([uF_0]) 偏误产出现象发生。相比之下，在标记性特征值最大的词汇项 do([mF_4]) 所在必要语境下，则会有标记性特征值较之更小的词汇项 Ø([uF_0])、be([mF_1])、have([mF_2]/[mF_3]) 偏误产出现象发生。

根据 Event (*v*/*v**) 功能语素在词语段循环域上构型内论元结构、外论元结构呈现出的异干互补词汇项 do、have、be、Ø 形态-语音拼读情况，在表 4. 5 中针对 Event (*v*/*v**) 填空题（*v*-T）作出相应的编码及判准条件（coding and rating）。

表 4.5　Event (*v*/*v**) 词语段循环域之异干互补词汇项 Ø、be、have、do 编码及判准条件（填空题）

Event (*v*/*v**) 功能语素 任务类型	异干互补词汇项	题目 标签	正确作 答代码	受试作答反应代码
（填空题：*v*-T）	*v*-be 必要语境	*v*-be T	2	*v*-T-Ø-1 *v*-T-be (Infl.)-2 *v*-T-have (Infl.)-3 *v*-T-do (Infl.)-4 *v*-T-be (bare)/being/been-5 *v*-T-have(bare)/having/has+(verb)Ø-6 *v*-T-do(bare)/doing/does+(verb)Ø-7 *v**-T-Ø=1+5+6+7
	v-have 必要语境	*v*-have T	3	
	v-do 必要语境	*v*-do T	4	

依据表 4.5 中的判准条件，若受试在填空题（*v*-F）相应必要语境下能够填写出表 4.5 中正确作答代码，则每题计 1 分，否则计 0 分。

在 Event (*v*/*v**) 功能语素任务类型二句子翻译中（*v*-F），要求受试在 Event (*v*/*v**) 词语段循环域上将与内论元结构、外论元结构相关的异干互补词汇项 do、have、be 汉语句子翻译成英语，题目指令为“句子翻译（汉译英）（༼བརྡེད་པ་སོ་གི།༼ཞི་ཡིག་ནས་དབྱིན་ཡིག་ལ་སྒྱུར་དགོས།༽）”，作答步骤如（32）所示。

（32）【题 92】Mary 已经生病三天了。【考察 Event(*v*)-have】

作答步骤：Mary has been ill for three days.

Event (*v*/*v**) 功能语素翻译题（*v*-F）题目设置理据与填空题（*v*-T）相同。然而，由于受试在句子翻译中不会像在填空题型中那样受到限制，无法自主地产出主、谓、宾完整构型的句子结构，测试工具的判准条件也会相应地发生变化和进行调整。在词根语义驱动句法-语义特征值生长过程中（Harley & Noyer，2000），受试可能会产出 *v*-[have-(Ø/be/have/do)]、*v*-[do-(Ø/be/have/do)] 之类嵌套式双标记表征式，测试工具编码及判准条件相应地调整为表 4.6 所示代码 [7]。

表 4.6 Event(*v*/*v**) 词语段循环域的异干互补词汇项 do、have、be、Ø 编码及判准条件（翻译题）

Event (*v*/*v**) 功能语素任务类型	异干互补词汇项	题目标签	正确作答代码	受试作答反应代码
（翻译题：*v*-F）	*v*-be 必要语境	*v*-be F	2+11	*v*-F-Ø-1 *v*-F-be-2 *v*-F-have-3 *v*-F-do-4 *v*-F-[be (am/ is/ are)+(do/ have/ be/ Ø 系)]-11 *v*-F-[have+(do/ have/ be/ Ø 系)]-12 *v*-F-[do+(do/ have/ be/ Ø 系)]-13 *v**-F-Ø=1+12+13
	v-have 必要语境	*v*-have F	3	
	v-do 必要语境	*v*-do F	4	

依据以上判准条件，若受试在 Event (*v*/*v**) 翻译题（*v*-F）相应必要语境下能够填写出表 4.6 中正确作答代码，则每题计 1 分，否则计 0 分。

4.3.4.2 AGR (T) 功能语素两项任务题型测试理据

AGR (T) 功能语素以单选题（AGR-X）与填空题（AGR-T）两项诱导性书面产出任务作为测试工具，两者互为三角验证。在词语段循环域上，根据 MSAH 理论预测考察受试对象产出 AGR 功能语素时，后插入的异干互补词汇项 AGR-am、AGR-is、AGR-are 习得排序规律。

在 AGR (T) 功能语素任务类型一单选题中（AGR-X），受试被要求从 A、B、C 三个选项中选出一个正确答案，题目指令为“每题只有一个选项正确，请选择（གཤམ་གྱི་དྲི་བ་རེ་ལས་ཡང་དག་པ་གཅིག་ལས་མེད་དེ།གང་ཡིན་འོད་དང་།）”，受试对象作答具体步骤如（33）所示。

（33）【题 140】They ___excellent students. 【考察 AGR-are】

A. is B. are C. am

作答步骤：① 受试选择 B；② 填入空格内

该题目设置仅涉及系动词 be 在词根循环域内论元结构上 [[[[√BE] Event (*v*)]~~Event (*v**)~~]~~T~~(AGR)] 的异干互补词汇项 AGR-am、AGR-is、AGR-are 习得排序规律，根据 MSAH 理论预测的单向性、替换性、渐进式习得排序规律，进一步以形态-句法特征层级排序（Noyer，1992，1998）以及人称、数句特征几何结构驱动(Harley & Ritter,2002b),排序 AGR (T) 功能语素上被后插入的异干互补词汇项中介语习得发展规律:are($[uF_0]$)>>is($[mF_1]$)>>am($[mF_2]$) ($[uF]$>>$[mF]$)。由于题目设置仅涉及词根循环域内论元结构,也就是说,仅涉及系动词 be 相关题目,因此具体题目设置如(34)~(36)所示。

(34)默认无标记性句法必要语境($[uF_0]$)

【are-X2】题 144. They my ____ neighbors.

A. am　　B. are　　C. is　　(Nelson & Greenbaum,2016:88)

【考察词根循环域内论元结构 [[[[√BE] Event (*v*)]~~Event (*v**)~~](~~T~~)AGR]-are 词汇项插入】

(分测验信度系数 Cronbach's Alpha=. 702, 5 items)

(35)标记性句法必要语境($[mF_1]$)

【is-X1】题 33. The milk ____ sour.

A. are　　B. is　　C. am　　(Nelson & Greenbaum,2016:21)

【考察词根循环域内论元结构 [[[[√BE] Event (*v*)]~~Event (*v**)~~](~~T~~)AGR]-is 词汇项插入】

(分测验信度系数 Cronbach's Alpha=. 715, 5 items)

(36)标记性句法必要语境($[mF_2]$)

【am-X5】题 143. I ____ in favor of higher prices.

A. is　B. are　C. am　　(Nelson & Greenbaum,2016:108)

【考察词根循环域内论元结构 [[[[√BE] Event (*v*)]~~Event (*v**)~~](~~T~~)AGR]-am 词汇项插入】

(分测验信度系数 Cronbach's Alpha=. 665, 5 items)

根据 MSAH 推论,受试对象在词语段循环域内论元结构上 [[[√BE] Event (*v*)](~~T~~)AGR],也就是说,在默认无标记性词汇项 are ($[uF_0]$) 所在必要语境下,不会有标记性更大的异干互补词汇项 is($[mF_1]$)、am($[mF_2]$) 以特征冲撞方式产出(McCarthy,2007,2008)。相比之下,在标记性词汇项 am ($[mF_2]$) 所在必要语境下,存在标记性更小的异干互补词汇项 are($[uF_0]$)、is($[mF_1]$) 偏误产出现象。

下面针对 AGR 功能语素所在词语段循环域内论元结构上,后插入的异干互补词汇项 AGR-am、AGR-is、AGR-are 进行如表 4. 7 所示的编码及判准条件。

表 4. 7　AGR 词语段循环域异干互补词汇项 am、is、are 编码及判准条件(单选题)

AGR 功能语素任务类型	AGR 异干互补词汇项	题目标签	正确作答代码	受试作答反应代码
AGR 功能语素（AGR-X：单选题）	AGR-are 必要语境	are-X	正确代码 1	are-1 is-2 am-3
	AGR-is 必要语境	is-X	正确代码 2	
	AGR-am 必要语境	am-X	正确代码 3	

依据表 4. 7 的判准条件，若受试能够选出 AGR 功能语素所在必要语境下，异干互补词汇项 AGR-are、AGR-is、AGR-am 正确作答代码，则计 1 分，否则计 0 分。

AGR (T) 功能语素相关任务类型二是填空题(AGR-T)。受试被要求对原型词根 √BE 作出相应地屈折形态变化，然后将其填入空格处。题目指令为“请用所给提示词的适当形式填空，补全句子(གཤམ་ལས་སྟོན་པའི་མིང་ཚིག་གི་རྣམ་པ་འོས་འཚམ་ཅན་གྱིས་བརྗོད་པར་ཁ་སྐོང་དགོས།)”，受试对象具体作答步骤如(37)所示。

(37)【题 201】Your explanation___(be) right. 【考察 AGR-is】

作答步骤：① 将词根原型 be 变为 is；② 填入空格内

填空题(AGR-T)题目设置理据与单选题(AGR-X)相同，然而由于填空题不受选项设置限制，因此处于中介语发展不同时期的藏族受试有可能会在词根循环域的循环中心位置上，产出仅有句法-语义特征值的语类化词根 [[√BE] Event (*v*)]-be/to be/being/been/was/were，针对这样的形态-语音语素变体，将编码及判准条件作出相应的调整，如表 4. 8 所示。

表 4. 8　词语段循环域 AGR 异干互补词汇项 am、is、are 编码及判准条件(填空题)

AGR 功能语素任务类型	AGR 异干互补词汇项	题目标签	受试实际作答代码	正确作答代码
AGR 功能语素（AGR-T：填空题）	(AGR)are 必要语境	are-T	be/to be/ being/been-0 are-1 is-2 am-3 was/were-4	正确代码 1
	(AGR)is 必要语境	is-T		正确代码 2
	(AGR) am 必要语境	am-T		正确代码 3

依据以上判准条件，若受试能够正确填写出与词根 √BE 相对应地异干互补词汇项 am、is、are 正确形式，则计 1 分；否则，当受试漏填或者填写出语类化词根 √BE 形态－语音词素变体，如 to be、being、been、was、were，以及误填其他基本助动词的任何形式，均计 0 分。

4.3.4.3　T 复合功能语素两项任务题型测试理据

T 复合功能语素以填空题（T-T）及符合语法性判断题（T-P）两项诱导性书面产出任务作为测试工具，两者互为三角验证。依据 MSAH 理论预测，进一步在词语段外部循环域，也就是子句语段外论元结构上，针对 T 复合功能语素的异干互补形态－句法特征值习得排序实施具体测试。

T 复合功能语素测试任务类型一是符合语法性判断题（T-P）。受试被要求先对题目进行正误判断，再划出错误的地方并进行改正。题目指令为“请先判断正误，再划出错误的地方并改正（རིགས་པས་བརྟར་ཞ་གཅད་ནས་ནོར་འཁྲུལ་བཙོས་དགོས།）”，具体作答步骤如（38）所示。

（38）【题 30】I play the piano at the moment. [　　　]【考察 T-[present, progressive]】

作答步骤：① [×]；② 在 play 下划线；③ 将 play 修改为 am playing

实际上，T 复合功能语素在局部性词语段循环域上所被插入的词汇项列表 T-[Tense, aspect, voice]-ed/ -t/ -ed/ -ing/ -Ø 是 T 与 Asp 映射而成的复合式列表，不具有预测力。根据 MSAH 推论 [*u*F]>>[*m*F] 单向性、替换性、渐进式习得排序理论预测，我们仅能在词语段外部循环域外论元结构上，以时、体、态句法－语义特征几何结构（Cowper，2003）对受试产出的句法终端 T 复合功能语素非对称性异干互补形态－句法特征值进行习得排序测试：T-[present]([uF_0])>>T-[past]([mF_1])>>T-[present,progressive]([mF_2])>>T-[past,progressive] ([mF_3])>>T-[present,perfective] ([mF_4])>>T-[past, perfective] ([mF_5])，为了确保受试在测试过程中不受到任何提示干扰，所有必要语境下的实义动词均以词根原型形式给出，题目设置理据如（39）～（44）所示。

（39）默认无标记性句法必要语境（[uF_0]）—T-[present]

【T-P-present 1】题 20. The class usually end at 11:00.　[　　]

【考察词根循环域 [[[[√ROOT] Event (*v*)] Event (*v**)](∓)AGR] 之 T-[present]】

（引自 Klammer et al. ，2013：187）

（分测验信度系数 Cronbach's Alpha=. 577, 5 items）

（40）标记性句法必要语境（[mF_1]）— T-[past]

【T-P-past2】题 23. Last week I go to Atlanta for a conference.　[　　]

【考察词语段内部、外部循环域 [[[[√ROOT] Event (*v*)] Event (*v**)]T] 之 T-[past]】

（引自 Klammer et al. ，2013：217）

（分测验信度系数 Cronbach's Alpha=. 746, 5 items）

（41）标记性句法必要语境（[mF_2]）— T-[present, progressive]

【T-P-pre+prog3】题 127. He sleep with a bear now.　[　　]

【考察跨词语段循环域 [[[√BE] Event (*v*)](∓)AGR]+[[√ROOT](*v*) Asp] 之 T-[present, progressive]】

（引自 Klammer et al. ，2013：198）

（分测验信度系数 Cronbach's Alpha=. 871, 5 items）

（42）标记性句法必要语境（[mF_3]）—T-[past, progressive]

【T-P-past+prog1】 题 128. He work at his computer, when the power cutoccurred. [　　]

【考察跨词语段循环域 [[[[√BE] Event (*v*)] Event (*v**)]T]+[[√ROOT] (*v*) Asp] 之 T-[past, progressive]】

（引自 Parrott，2000：198）

（分测验信度系数 Cronbach's Alpha=. 724, 5 items）

（43）标记性句法必要语境（[mF_4]）—T-[present, perfective]

【T-P-pre+perf2】题 131. He teaches at Harvard for 20 years.　[　　]

【考察跨词语段循环域 [[[[√BE] Event (*v*)]~~Event (*v**)~~](∓)AGR]+[[√ROOT] (*v*) Asp] 之 T-[present, perfective]】

（引自 Klammer et al. ，2013：191）

（分测验信度系数 Cronbach's Alpha=. 722, 5 items）

（44）标记性句法必要语境（[mF_5]）— T-[past, perfective]

【T-P-past+perf2】题 135. They finish the breakfast, when I got there. [ ]

【考察跨词语段循环域 [[[[√BE] Event (*v*)] Event (*v**)]T]+[[√ROOT] (*v*) Asp] 之 T-[past, perfective]】

（引自 Parrott，2000：196）

（分测验信度系数 Cronbach's Alpha=. 782, 5 items）

由于在符合语法性判断任务中(T-P)，实义动词均以词根原型形式给出，因此为了排除受试过度产出符合语法性句子的现象掩盖了受试尚未掌握相关目标句法项的事实(Hawkins，2001：81；Mackey & Gass，2005)，本研究在 T-[present] 与 T-[past] 必要语境下，进行了 be+verb(bare) 与 was/were+verb-ed 题目设置，以便考察受试是否能够识别 be 过度产出现象，用以判别受试是否已经掌握了 T-[present]、T-[past] 必要语境下相关目标句法项，具体例题如（45）～（46）所示。

（45）默认无标记性句法必要语境（[uF_0])—T-[present]

【T-P-present3】题 118. You be have an ice-axe. [ ]

【考察跨词语段循环域 [[√BE](*v*)Asp]+[[[[√ROOT] Event (*v*)] Event (*v**)](∓)AGR] 之 be+T-[present] 过度产出】

（改写自 Nelson & Greenbaum，2016：141）

（分测验信度系数 Cronbach's Alpha=. 577, 5 items）

（46）标记性句法必要语境（[mF_1]）— T-[past]

【T-P-past1】题 119. I was saw a good film last night. [ ]

【考察跨词语段循环域 [[√BE](*v*) Asp]+[[[[√ROOT] Event (*v*)] Event (*v**)]T] 之 be+T-[past] 过度产出】

（改写自 Klammer et al. ，2013：187)）

（分测验信度系数 Cronbach's Alpha=. 746, 5 items）

根据 MSAH 推论预测，在标记性必要语境下 T-[past, perfective]([mF_5])，仅有较之标记性更小的形态-句法特征值偏误产出现象发生，而在默认无标记性必要语境下 T-[present]([uF_0])，则没有标记性更大的形态–句法特征值偏误逆序产出现象发生。

T 复合功能语素是由 T 功能中心词与 Asp 功能中心词先在词语段循环域上分离式发展，再进一步相互映射而成。依据词语段外部循环域，也就是子句语段外论元结构上的句法终端 T 复合功能语素，其标记性形态–句法特征值异干互补式题目设置排序，进一步作出以下编码及判准条件，部分代码依据受试实际作答反应出现先后顺序进行编码，因此会产生非连续性编码。由于代码没有被赋值，不会对后续数据分析造成任何影响。T 复合功能语素的任务类型一符合语法性判断题(T-P)编码及判准条件如表 4.9 所示。

表 4.9　词根外部循环域 T 复合功能语素的异干互补形态–句法特征值排序编码表及判准条件

<table>
<tr><th>T 复合功能语素任务类型</th><th>T 标记性异干互补形态–句法特征值</th><th>题目标签</th><th>正确作答代码</th><th>受试实际作答反应代码</th></tr>
<tr><td rowspan="7">(T-P:
T 判断题/

T-T:
T 填空题)</td><td>T-[present]
必要语境</td><td>T-P-Present
(do)</td><td>正确代码 1</td><td rowspan="7">Pre-T
Stage1【Event (v) 功能语素】
(T-non-finite)
T-done/doing-0
T-*done/*doing (irregular error)-13
T-to do-9
T-random morphological error-10
(Asp 先于 T 发展)
T-be(was/were)+do-7
T-be(was/were)+does/did-21
T-be(was/ were)+done/doing-12
(T 与 Asp 分离式发展)
Stage 2【AGR 功能语素】
T-am/is/are+do-8
T-am/is/are+doing-3
T-am/is/are+done/did-15
T-have+do-17
(T 与 Asp 分离式发展)
Stage 3【T 复合功能语素】
(T-finite)
T-do/does-1
T-did-2
T-did(*)-irregular error-11</td></tr>
<tr><td>T-[past]
必要语境</td><td>T-P-past
(did)</td><td>正确代码
2+11[8]</td></tr>
<tr><td>T-[present,progressive]
必要语境</td><td>T-P-pre+prog
(is+doing)</td><td>正确代码 3</td></tr>
<tr><td>T-[past,progressive]
必要语境</td><td>T-P-past+prog
(was+doing)</td><td>正确代码 4</td></tr>
<tr><td>T-[present,perfective]
必要语境</td><td>T-P-pre+perf
(have+done)</td><td>正确代码 5</td></tr>
<tr><td>T-[past,perfective]
必要语境</td><td>T-P-past+perf
(had+done)</td><td>正确代码 6</td></tr>
<tr><td colspan="3"></td></tr>
</table>

续表

T 复合功能语素任务类型	T 标记性异干互补形态-句法特征值	题目标签	正确作答代码	受试实际作答反应代码
				T-was+doing-4 T-was/were+done/did-16 T-have/has+done-5 T-have/has+doing/did-18 T-have/has/had+been+done-20 T-had+done-6 T-had+doing/did-19 T-will do-14 （T 与 Asp 合二为一）

依据表 4. 9 代码所示，若受试能够产出正确作答代码所对应的必要语境下的目标句法项，则视为作答正确，计 1 分；否则计 0 分。如果受试对题目作出正确判断（√）或者错误判断（×），但未改正，均计 0 分。判断正确，且修改正确，计 1 分。

T 复合功能语素任务类型二为填空题（T-T）。根据所给的实义动词词根原型，受试被要求在相应必要语境下，作出正确的时、体、态屈折化形态语素变体，填入空格内，补全句子。题目指令为“请根据所给词的适当形式填空，补全句子（གཞན་གྱི་མིང་གི་རྣམ་པ་འོས་འཚམ་གྱིས་བརྗོད་པར་ཁ་སྐོང་དགོས་སྟོང་ཆ་རེ་ལ་མིང་གཅིག་ཡིན་པས་མ་ཁྱབ།）”，受试作答步骤如（47）所示。

（47）【T-T-pre+prog4】题 9. The kids _____ (play) badminton（羽毛球）now.

【考察 T-[present, progressive]】

作答步骤：① 将 play 变为 are playing；② 填入空格内，作答完毕

T 复合功能语素任务类型二填空题（T-T）题目设置理据、编码以及判准方式与 T 复合功能语素任务类型一符合语法性判断题（T-P）相同，设置两类任务题型仅为三角互证，此处不再赘述。

4.3.4.4 C 复合功能语素两项任务题型测试理据

C 复合功能语素以句型转换（C-Z）与翻译题（C-F）两项诱导性书面产出

任务作为测试工具，两类任务题型互为三角验证。在局部性词语段循环域上，Event(*v*) 与 C 循环中心词构型的词根循环域 UG 核心句法-语义结构与词语段外部循环域的 C 复合功能语素屈折化形态-句法特征值分离式发展。在此前提条件下，依据 MSAH 理论预测，进一步通过两项测试任务考察受试习得 C 复合功能语素后插入的标记性大小不同，具有非对称性形态-句法特征值的异干互补词汇项 C-be、C-have、C-do 习得排序规律。

在 C 复合功能语素任务类型一句型转换中（C-Z），受试被要求针对所给句子中的画线部分提问，用以补全后续句子。题目指令为“请对以下句子的画线部分提问，完成疑问句（གཤམ་གྱི་རྟགས་བཀོད་པའི་བརྗོད་པ་ལ་དྲི་གཞི་བཀོད་ནས་བརྗོད་པ་ཁ་སྐོང་དགོས།）”，受试作答步骤如（48）所示。

（48）【题 159】My hobby（爱好）is <u>to feed fish</u>（养鱼）.　【C-be Z3】

受试作答：What <u>is my hobby</u>?【考察 C-be 词汇项】

根据 MSAH 假说理论预测，进一步对 C 功能语素异干互补词汇项插入性顺序进行排序，C 功能语素的异干互补词汇项中介语习得发展排序为 C-Ø([uF_0])>>C-be(Infl.)([mF_1])>>C-have(Infl.)([mF_2])>>C-do(Infl.)([mF_3])([uF]>>[mF])，具体题目设置理据如（49）～（51）所示。

（49）标记性句法必要语境（[mF_1]）—C-be(Infl.)

【C-beZ1】题 51. My height is <u>1. 65 metres</u>.

What______________?

【考察 [[[√BE]~~Event (*v*)~~]…C]- 系动词 be(Infl.) 词根循环域内论元结构 UG 句法-语义结构】

（引自 Nelson & Greenbaum，2016：22）

（分测验信度系数 Cronbach’s Alpha=. 833, 5items）

（50）标记性句法必要语境（[mF_2]）—C-have (Infl.)

【C-haveZ2】题 55. She has been <u>to China</u>.

Where______________?

【考察 [[[[…] Event (*v*/*v**)]Ŧ]C]-have(Infl.) 词语段外部循环域外论元

结构 C 功能语素的屈折形态-句法特征】

（引自 Parrott，2000：101）

（分测验信度系数 Cronbach's Alpha=. 770, 5items）

（51）标记性句法必要语境（[mF_3]）—C-do (Infl.)

【C-doZ4】题 52. Paul works for a public authority.

Where___________?

【考察 [[[[…] Event (v/v*)]Ŧ]C]-do(Infl.) 词语段外部循环域外论元结构的 C 功能语素屈折形态-句法特征】

（引自 Nelson & Greenbaum，2016：12)

（分测验信度系数 Cronbach's Alpha=. 803, 5items）

根据 MSAH 的推论，在标记性特征值最大的词汇项 C-do(Infl.) 所在必要语境下，仅有标记性特征值较小的词汇项偏误产出，例如 C-Ø、C-be(Infl.)、C-have(Infl.)。而在标记性特征值较小的词汇项 C-be(Infl.) 所在必要语境下，仅有默认无标记性特征值 C-Ø 偏误产出，不会有较之标记性特征值更大的词汇项逆序产出现象发生。

C 复合功能语素经由 T 复合中心词提升形态操作构型而来。依据循环-线性化理论预测（Embick，2010），除了核心句法-语义结构 [[[√BE] Event (v)] … C] 以外，C 复合功能语素的形态-语音拼读会受到屈折化 T 功能中心词影响。也就是说，隶属于词语段循环域一的 Event (v*) 语段间边沿要素会受制于词语段外部循环域 T 功能中心词调节 [[[[√BE] Event (v)] Event (v*)] T]（T 承袭语段中心词 C 的特征），成为进一步触发词语段循环域的拼读条件。综上所述，处于中介语发展不同阶段的受试会产出如下含有语段间边沿要素的嵌套式双标记表征式，例如：v-[have+(Ø/be/have/do)]、C-[have+(Ø/be/have/do)]。针对以上情况，我们进一步结合受试实际作答反应，作出如表 4. 10 所示的编码及判准条件。

依据表 4. 10 判别标准，考察受试产出目标句法项所在必要语境下，是否能够产出表中相应的正确作答代码，作答正确，计 1 分；否则，产出任何其他实际作答反应代码，均视为错误作答，均计 0 分。

表 4.10 词根外部循环域 C 之异干互补词汇项 C-be、C-have、C-do 编码及判准条件

<table>
<tr><th>C 复合功能语素测试任务类型</th><th>异干互补词汇项</th><th>题目标签</th><th>正确作答代码</th><th>受试实际作答反应编码</th></tr>
<tr><td rowspan="3">（C-Z：
句型转换题 /
C-F：
翻译题）</td><td>C-be 必要语境</td><td>C-be Z</td><td>正确代码 5</td><td rowspan="3">v-Ø-1
v-be-2
v-have-3
v-do-4
v-[be+(do/have/be/~~系~~)]-11
v-[have+(do/have/~~be~~/Ø)]-12
v-[do+(do/have/be/ Ø)]-13
C-Ø=1+2+3+4+11+12+13
C-be-5
C-have-6
C-do-7
C-do…have-14[9]
C-[be+(do/have/be/~~Ø 系~~)]-8
C-[have+(do/have/~~be/~~Ø)]-9
C-[do+(do/~~have~~/be/Ø)]-10</td></tr>
<tr><td>C-have 必要语境</td><td>C-have Z</td><td>正确代码 6</td></tr>
<tr><td>C-do 必要语境</td><td>C-do Z</td><td>正确代码
7+14</td></tr>
</table>

C 复合功能语素任务类型二为句子翻译（汉译英）。受试被要求将所给出的与词语段循环域上异干互补词汇项 C-be(Infl.)、C-have(Infl.)、C-do(Infl.) 相关的汉语单句翻译成相应的英语句子，题目指令为“句子翻译（汉译英）（བརྗོད་པ་སོ་སོ། /རྒྱ་ཡིག་ནས་དབྱིན་ཡིག་ལ་སྒྱུར་དགོས།）”，受试作答步骤如（52）所示。

（52）【题 189】鸡肉在冰箱里面（in the freezer）吗？ 【C-beF3】

受试作答：Is the chicken in the freezer?

由于 C 复合功能语素的汉译英翻译题（C-F）题目设置理据，编码以及判准方式与句型转换题（C-Z）相同，设置两类任务题型仅为三角互证，这里不再赘述。

4.4 数据收集

由于测试题量较大，为了避免受试产生疲劳效应，除去英语水平分级测试以外，全部测试任务分为四次进行，历时两个半月左右完成。各功能语素相关测试任务的实施过程以随机排序（random order）方式进行，测试题目排序按照

先导测试结果进行顺序调整，以避免启动效应发生。

三个水平组受试的测试任务均纳入正常教学程序，随堂进行。本研究的目的是在受试毫无防备的情况下，抽取其语言官能内部的语法知识，受试被告知所答试题是英语练习，而不是考试，结果不计入成绩。任课教师事先接受培训，明确测试意图，能够独立完成测试任务。任课教师在测试过程中督促学生写清楚姓名、学号等必要信息，以提高测试效度。研究人员在教室外等候测试完毕，以备任何突发事件发生，等待测试完毕，由任课教师将作答完毕的试卷交由研究人员。每次测试时间以完成试题作答为准，为 30～40 分钟，测试过程中不允许使用任何参考资料或词典，不允许受试对已作答题目进行反复修改，要求受试仅凭直觉完成作答即可。

4.5　数据分析

三名研究人员对受试实际作答反应进行预处理，第一名研究人员是藏族英语教师，英语专业 8 级，在该藏族大学任教 11 年。第二名研究人员是英语本族语者，ESL 资质教师，硕士专业为应用语言学，在该藏族大学任教 5 年。第三名研究人员是研究者本人，应用语言学在读博士研究生，英语专业 8 级，在该校任教 10 年。三名研究人员依据各个功能语素异干互补词汇项所对应的代码表及判别标准，对受试实际作答反应进行编码，完成语料转为代码的数据转换过程，以备进一步录入 SPSS 进行量化分析使用。针对存在的判准分歧，或者由于受试表达不清而导致无法评判的情况，三名研究者共同进行讨论协商，若意见无法达成一致，则视为模糊处理，从数据中排除，不计入统计。

编码过程如下所示，例如：若中级预备组 66 号受试在翻译题"【题 91】我牙疼【*v*-haveF1】"的实际作答反应为 *I *am have* a toothache.，则研究人员应该在受试作答题目后面标注"*v*-F-[be(am/is/are)+(do/have/be/~~Ø系~~)]-11"。其中，研究人员发现存在以下现象，低级组 17 号受试产出如下实际作答反应，【题 64】Lily *in not work the.【*v*-doF2】与【题 66】You *in live nearby?【C-doF4】。低级组 9 号受试产出如下实际作答反应，【题 65】I *in's heavy cold.【*v*-haveF2】。经由作为研究人员之一的藏族英语老师确认，受试所产出的 in 实则为 is，这是由

于在藏语中 ཡིན[in] 为"是"的意思，产生了音韵层面迁移，属于外化于语言官能 A-P 外接口迁移（Goad & White，2004，2006，2008，2009a，2009b；Goad，White & Steele，2003）。相比之下，藏语语序为主宾谓，英语语序为主谓宾[10]，而在后句法形态-句法层面 PF 构件上，我们发现不存在语序迁移现象。换言之，形态-句法层面并没有发生一语藏语语序迁移现象（Lardiere，2005，2007a，2007b，2008，2009）。

研究人员在完成将语料转为代码的预处理后，进一步将受试作答反应所对应的代码录入 SPSS 软件（24.0 版），依据各个功能语素"正确作答代码"所对应的编码及判准表，将代码转换为 0、1 计分，计算试题测验的信度系数，再以 R 软件读取 SPSS 中的原始代码，进一步以 R 软件编写代码，用于搜索被测目标句法项在必要语境下与非必要语境下的分布频次，计算准确率。关于准确率的计算方式，在二语习得领域相关实证研究中有两种计算方法，第一种为"正确产出频次 ÷ 必要语境下的应产出频次 = 准确率（Brown，1973）"；第二种为"正确产出频次 ÷（必要语境应产出频次 + 非必要语境产出频次）= 准确率"（Stauble，1984；Hawkins，2001）。在本研究中，由于后句法形态层面各个层级结构句法终端功能语素的异干互补词汇项数量众多，若采用 Brown（1973）计算方式，则会忽略很多非必要语境下异干互补词汇项过度产出、误用现象，为了避免 Brown（1973）计算公式的弊端，本研究采用 Stauble（1984）、Hawkins（2001）方式计算准确率，下面以分段函数方式进一步细化计算公式，如（53）所示。

（53）【目标句法项习得准确率计算公式】

① $TSOi<5$(obligatory context)[11]

$Ar=n1\div 5$；

② $TSOi>5$

$Ar=n1\div (n1^{12}+n2)$

$n1=TSOi$ amount (obligatory context) / $n2=TSOi$ amount (non-obligatory context)

其中，TSO*i* 表示目标句法项（target syntactic object item），A*r* 表示习得准确率（accurate rate），必要语境（obligatory context）是被测目标句法项所对应的 5

道题目所在语境，非必要语境(non-obligatory context)是某个功能语素的异干互补它项词汇项所在语境，*n*(number)代表目标句法项产出数量。

数据分析进一步采用 SPSS 统计软件(24.0)、R 软件以及 Excel 表格完成。具体分析方法依据所考察的各变量关系而定。例如：采用单因素方法分析对独立样本进行显著性差异分析；采用双因素混合设计方差分析(two-factor mixed-design ANOVA)对配对样本进行显著性差异分析及交互作用分析；采用 Person 积差相关方法对变量进行相关分析；利用 R 编写代码计算相关被测目标句法项所在必要语境及非必要语境下的产出分布频次，用以计算准确率；用 Excel 表格对准确率变化趋势作线型图及柱状图。

4.6 小结

在第 5 章与第 6 章当中，本研究针对各个功能语素 Event(*v*/*v**)、AGR(T)、T、C 所在必要语境下，三组受试对象在局部性词语段循环域上，习得标记性异干互补词汇项排序规律的研究结果进行报告，并进一步针对研究发现进行讨论，用以验证相关假设，回答研究问题，从而检验本研究推论性假说 MASH 内部效度。

注：

1. 在这里统计的是受试对象藏、汉口语的习得年限。若就书面语而言，受试对象藏语、汉语学习时间均始于小学一年级，即 7 岁左右。

2. 在访谈中，藏族同学反应社会上使用英语的场合主要来自在旅游景点偶遇外国人时的简单对话，如布达拉宫、大昭寺等旅游胜地。

3. Batmanian(2008:218)指出："我们需要在研究中避免受试在自然语料产出中(spontaneous speech)知晓某一句法知识，但是不使用，或知晓某一句法知识，反复使用的弊端。"为了避免这一弊端，本研究采用诱导性产出任务(elicited production task)，针对某一目标句法项，诱导受试产出在自然语料中可能不会产出的形式。受制于客观条件限制，我们仅采用了诱导性书面产出任务进行测试，而没有采用诱导性口语产出任务。

4. Mackey & Gass(2005:44)指出："具体研究问题的不同决定了所需采用的测试任务类

型不同。”

5. 为了避免练习效应，本研究使用了与受试对象就读于同一个大学的公共外语大一、大二年级（21 级 C8 班、20 级 M4 班），相当于中级预备级组的两个藏族平行班水平，实施先导性测试。

6. 本研究采用语类化词根进入句法推衍的词语段循环方式（Marantz，2007）派生后句法 PF 构件屈折化功能语素，其理论优势在于词语段与子句语段循环域同质化（Chomsky，2001；Marant，2007），词语段、子句语段两者可分可合。这里使用填空题、翻译题两个题型既能测试出 Event (*v*/*v**) 功能语素在词语段循环域上，又能测试出在子句语段循环域上，异干互补词汇项 do、have、be 插入时的习得排序规律。

7. 研究人员在进行代码编写时，依照受试实际作答反应产出顺序进行代码编写，会产生部分非连续性编码。由于编码（encoding）为无值（valueless）代码，不会对本研究数据分析造成任何影响。在 Event (*v*/*v**) 句子翻译题中（*v*-F），由于仅涉及内论元结构，系动词 be 仅由 DP 论元驱动就可以在循环中心词所在词语段循环域内 [[DP [√BE] √P] Event (*v*)] 实现形态－句法特征值拼读 Event (*v*)-am/is/are（Embick，2010），因此本研究认为即使受试有语段间边沿要素 Event (*v**)-have、Event (*v**)-do 双标记表征式产出现象发生，也不应该否认 Event (*v*)-am/ is/ are 已被赋值的事实。据此当受试产出 *v*-[be (am/is/are)+(Ø/ be/have/do)]-11 时，我们将代码 11 与 2 加和，均视为正确作答。

8. 在形态理论视角下，Embick（2015）与 Embick & Marantz（2008）论证了 *leave-ed、*giv-ed 过去式（非）规则 *-ed 形态变体属于外化于语法系统、储存在记忆中列表式的语素变体。当 T-[past] 功能语素被竞争性词汇项插入后，彼此间发生阻碍作用（blocking effect），依据形态－语音重新调整规则产生了错误形式，才产出了 *-ed 非规则语素变体偏误。换言之，在通常情况下，中介语在语法层面不产生不符合语法性的句子。因此我们将表 4.9 中的 11+2 代码加合，构成 T-[past] 正确作答对应代码。

9. 由于 [cp Have … [subj. been …]] 与 [cp Do … [subj. have …]] 属于正确表达，在 SPSS 录入时将受试产出的此类表达方式从嵌套双标记表征式的公式中剔除。

10. 藏文为主宾谓语序：

ངའི་སློབ་ཁྲིད་བྱེད་མཁན་ཡིན

我搞教学的是

我是搞教学的。（援引自曹晓燕，2010：46）

11. 在每个目标句法项测试任务中，均设置了5个题目，因此必要语境下的应产出频次为5。

12. 由于在必要语境下，误用它项以及省略目标句法项的情况不是本研究考察的重点，这里未计入分母计算范围，仅关注目标句法项在非必要语境下的过度产出现象。

第 5 章 研究结果

本研究采用定量分析的研究方法，并进行了分层抽样的横断面实证设计。因变量是藏族受试在词语段循环域上（Chomsky，2001；Marantz，2007；Embick，2015），对基本助动词各个相关功能语素 Event(*v*/*v**)、AGR(T)、T、C 后插入的异干互补词汇项习得成绩，因素变量是藏族受试的英语语言水平，控制变量是藏族受试开始学习英语的年龄。

5.1 Event (*v*/*v**) 异干互补词汇项 Ø、be、have、do 习得发展规律

本节因变量是受试对 Event(*v*/*v**) 功能语素标记性大小不同的异干互补词汇项 be、have、do 习得成绩，因素变量是受试的英语语言水平，控制变量是受试开始习得英语的年龄。

依据表 5.1 可知，测试 Event(*v*/*v**) 功能语素所使用的两个题型翻译题（*v*-F）与填空题（*v*-T）测验工具信度系数分别为 .888 和 .883，测验信度范围为 .855～.916，大于 .8，说明测试结果可以用于以下分析检验。以下数据分析用以验证研究问题 1 相关假设。

表 5.1　Event (*v*/*v**) 功能语素测试题信度系数（翻译题 / 填空题）

Cronbach's Alpha	项数	Cronbach's Alpha	项数
.888	15	.883	15

5.1.1 不同必要语境下的产出分布规律及差异

本节报告 Event(*v*/*v**) 功能语素在填空题(*v*-T)与翻译题(*v*-F)中,异干互补词汇项 Ø、be、have、do 在不同标记性必要语境下产出分布规律及差异性,用以验证研究问题 1 的研究假设 1 与研究假设 2。

在 Event(*v*/*v**) 功能语素填空题(*v*-T)与翻译题中(*v*-F),依据句法理论解析的判别标准所对应的代码表,进一步统计出受试在不同标记性必要语境下,Event (*v*/*v**) 功能语素的异干互补词汇项 Ø、be、have、do 产出分布频率,如表 5.2 所示。

表 5.2 Event (*v*/*v**) 异干互补词汇项 Ø、be、have、do 产出分布频率(填空题/翻译题)

Event (*v*/*v**) 功能语素	填空题 (*v*-T)				翻译题 (*v*-F)			
	Ø 默认词汇项(频次/百分率) $[uF_0]$	be 词汇项(频次/百分率) $[mF_1]$	have 词汇项(频次/百分率) $[mF_2]$	do 词汇项(频次/百分率) $[mF_3]$	Ø 默认词汇项(频次/百分率) $[uF_0]$	be 词汇项(频次/百分率) $[mF_1]$	have 词汇项(频次/百分率) $[mF_2]$	do 词汇项(频次/百分率) $[mF_3]$
Event (*v*)-be 必要语境 $[mF_1]$	(209/620) 33.71%	(409/620) 65.97%	(2/620) .32%	(0/620) .00%	(172/620) 27.74%	(446/620) 71.94%	(2/620) .32%	(0/620) .00%
Event (*v*/*v**)-have 必要语境 $[mF_2]$	(231/620) 37.26%	(180/620) 29.03%	(209/620) 33.71%	(0/620) .00%	(177/620) 28.55%	(166/620) 26.77%	(276/620) 44.52%	(1/620) .16%
Event (*v**)-do 必要语境 $[mF_3]$	(248/620) 40.00%	(95/620) 15.32%	(20/620) 3.23%	(257/620) 41.45%	(209/620) 33.71%	(98/620) 15.81%	(7/620) 1.13%	(306/620) 49.35%

注:$[uF]>>[mF]$ 排序;异干互补词汇项对应代码 Ø=1+5+6+7;be(Infl.)=2;have(Infl.)=3;do(Infl.)=4

通过数据分析得到以下研究结果。在两类任务题型中标记性特征值最小的词汇项 Event (*v*)-be($[mF_1]$) 所在必要语境下,几乎没有标记性特征值更大的异干互补词汇项 Event (*v*/*v**)-have($[mF_2]$)、Event (*v**)-do($[mF_3]$) 逆序产出偏误现象发生,标记性特征值较小的词汇项 Event (*v*/*v**)-have($[mF_2]$) 所在必要语境下,也没有较之标记性更大的词汇项 Event (v*)-do([mF_3]) 逆序产出偏误现象发生，在标记性特征值最大的词汇项 Event (v*)-do([mF_3]) 所在必要语境下，仅有较之标记性特征值更小的异干互补词汇项 Event (v)-Ø([uF_0^3])、Event (v)-be([mF_1^2]) 及 Event (v/v*)-have ([mF_2^1]) 偏误产出，且错误率呈降序排列，特征值的标记性由小到大呈升序排列。在标记性特征值较大的词汇项 Event (v/v*)-have ([mF_2]) 所在必要语境下，也仅有标记性较之更小的异干互补词汇项 Event (v)-Ø([uF_0^2])、Event (v)-be([mF_1^1]) 偏误产出，且错误率呈降序排列，特征值的标记性由小到大呈升序排列。根据以上 Event(v/v*) 功能语素填空题(v-T)与翻译题(v-F)离散数据描述性统计分析，研究问题 1 所对应的研究假设 1 与研究假设 2 得到验证。

5.1.2 异干互补词汇项 do、have、be 习得程度比较

本节首先依据不同必要语境下各异干互补词汇项对应的正确作答代码，以 0、1 计分的判准方式进行转码，统计出三组受试在填空题(v-T)及翻译题(v-F)两项诱导性书面产出任务中的正确作答，用以计算受试作答两项任务题型时的习得准确率。为了避免 Event (v/v*) 异干互补词汇项 be、have、do 在非必要语境下过度产出现象被忽略的弊端，进一步以 R 软件搜索出三组受试在两项诱导性书面产出任务作答过程中，在必要语境与非必要语境下，产出相应目标句法项的数目。根据(53)计算公式(Hawkins，2001；Stauble，1984)编写代码，采用分段函数计准方式，计算受试对各个异干互补词汇项 be、have、do 的习得成绩，如表 5. 3 所示。

表 5. 3 三组受试在两题型中 Event(v/v*) 异干互补词汇项 be、have、do 习得成绩

目标项 / 组别	Event (v/v*) 翻译题(v-F)					Event (v/v*) 填空题(v-T)				
	均值	标准差	Event (v)-be	Event (v/v*)-have	Event (v*)-do	均值	标准差	Event (v)-be	Event (v/v*)-have	Event (v*)-do
低级组	3. 118	1. 788	2. 533	. 324	. 441	2. 294	2. 097	1. 838	. 559	. 236
中级预备组	8. 860	3. 409	3. 220	2. 369	2. 684	7. 491	3. 428	3. 013	1. 913	2. 246
中级组	12. 636	1. 851	3. 888	4. 127	4. 212	11. 212	2. 176	3. 721	3. 121	3. 667

注：包含非必要语境下目标句法项过度产出频次

5.1.2.1 三组受试组间差异性比较

首先关注三组受试组间差异性比较。本节采用单因素方差分析，根据所计算出的受试习得 Event (v/v*) 各个异干互补目标句法项时的测试成绩（Stauble，1984；Hawkins，2001），对三组受试习得 Event (v/v*) 异干互补词汇项 be、have、do 变化趋势做出考察，如表 5.4 所示。

表 5.4 三组受试习得 Event (v/v*) 异干互补词汇项 be、have、do 之组间差异性

		df	F 值	*p* 值
Event (v/v*) 翻译题 (v-F)	be	2	17.442	.000*
	have	2	80.711	.000*
	do	2	77.199	.000*
Event (v/v*) 填空题 (v-F)	be	2	27.570	.000*
	have	2	46.805	.000*
	do	2	53.156	.000*

$p<.05$

三组受试在两类任务题型中习得 Event (v/v*) 异干互补词汇项 be、have、do 成绩呈现出组间主效应显著，F 值在当前自由度下（$df=2$）均高于临界值，且 p 值均小于 .05，说明三组受试在以上两类题型中，在 Event (v/v*) 异干互补词汇项 be、have、do 各个目标句法项的习得成绩方面，均存在显著性组间差异。进一步通过事后检验（LSD），发现低级组、中级预备组与中级组两两之间存在显著性差异，p 值均小于 .05。其中低级组习得成绩最低、中级组习得成绩最高。该结果与戴曼纯、王严（2008）以及戴曼纯、郭力（2007）研究结果一致。基于以上数据分析，本研究发现受试的英语语法水平与受试对目标句法项 Event (v/v*) 异干互补词汇项 be、have、do 习得程度均成正比，研究结果验证了研究问题 1 所对应的研究假设 3。

基于以上数据分析，本研究发现受试的英语语法水平与受试对目标句法项 Event (v/v*) 异干互补词汇项 be、have、do 的习得程度均成正比。研究结果验证与研究问题 1 相关的研究假设 3。

5.1.2.2　组内差异性比较

下面进一步关注三组受试组内差异性比较。为了考察受试在翻译题(*v*-F)与填空题(*v*-T)两题型中习得 Event (*v*/*v**) 异干互补词汇项 do、have、be 各个目标句法项之间的差异性，本节对全体受试作答各个目标句法项的习得成绩进行了双因素混合设计方差分析(two factor mixed-design ANOVA)。这里对因素变量进行调整，将受试的英语语言水平调整为组间因素变量，将 Event (*v*/*v**) 功能语素异干互补词汇项 be、have、do 调整为组内因素变量，因变量则是受试对以上目标句法项的习得成绩。

在翻译题中(*v*-F)，Mauchly 球形检验结果显示($\chi^2_{(2)}=10.295$，$p=.006^{*}<.05$)球形检验假设不成立，进一步采用 Huynh-Feldt 对自由度进行校正。在填空题中(*v*-T)，Mauchly 球形检验结果显示($\chi^2_{(2)}=8.707$，$p=.013^{*}<.05$)球形检验假设不成立，进一步采用 Huynh-Feldt 对自由度进行校正。受试在翻译题中(*v*-F)对 Event (*v*/*v**) 异干互补词汇项 be、have、do 习得程度的组内主效应显著($F=41.737$，$p=.00^{*}<.05$，$\eta^2=.256$)，在填空题中(*v*-T)，也存在显著性组内主效应($F=36.667$，$p=.00^{*}<.05$，$\eta^2=.233$)，且在两题型中，交互效应(interaction effect)均显著(*v*-F：$F=24.345$，$p=.00^{*}<.05$，$\eta^2=.287$；*v*-T：$F=5.925$，$p=.00^{*}<.05$，$\eta^2=.089$)，从交互效应值可以看出，受试在作答两种题型过程中，对标记性大小不同的词汇项 be、have、do 掌握程度与不同组别受试英语水平之间相互作用，共同对目标句法项习得成绩产生影响。由于交互效应显著，为了进一步明确哪组受试在哪种异干互补目标句法项的习得成绩之间存在显著性差异，本研究进一步将数据拆分回三个组别，针对不同组别受试对目标句法项 Event (*v*/*v**) 异干互补词汇项 do、have、be 作答成绩的组内差异性，分别进行单因素重复测量方差分析(repeated measures ANOVA)[1]。

经过 Mauchly 球形假设验证(部分组别需经 Green House-Geisser 或 Huynh-Feldt 校正)，研究发现除了中级组在翻译题中的(*v*-F)作答以外，三组受试在两种题型的作答过程中，每组受试对目标句法项习得成绩的组内主效应均呈现显著性，如表 5.5 所示。

表 5.5　受试习得 Event (v/v*) 标记性异干互补目标句法项之组内主效应值（单因素重复测量方差分析）

组内主效应	自由度(df)	F 值	显著值	效应大小 η^2
低级组(v-F)	2	85.681	.000*	.722
中预组(v-F)	2	12.929	.000*	.188
中级组(v-F)	2	<u>1.603</u>	<u>.209</u>	.048
低级组(v-F)	2	36.101	.000*	.522
中预组(v-T)	2	15.251	.000*	.214
中级组(v-T)	2	6.379	.006*	.166

$p<.05$

经由事后多重检验(LSD)，只有低级组受试(20～30 分段)在填空题中(v-T)习得 Event (v/v*) 异干互补目标句法项的成绩排序符合 MSAH 理论预测，存在标记性最小词汇项 be 习得成绩高于标记性较大词汇项 have，词汇项 have 习得成绩高于标记性最大词汇项 do 的排序(be>have，MD=.256，$p=.00^*<.05$；have>do，MD=.065，$p=.03^*<.05$；be>do，MD=.320，$p=.00^*<.05$)。简言之，仅有低级组受试(20～30 分段)习得异干互补词汇项的成绩排序 Event (v/v*)-be (Infl.)>>have(Infl.)>>do(Infl.)([uF]>>[mF]) 符合 MSAH 理论预测，如图 5.1 所示。

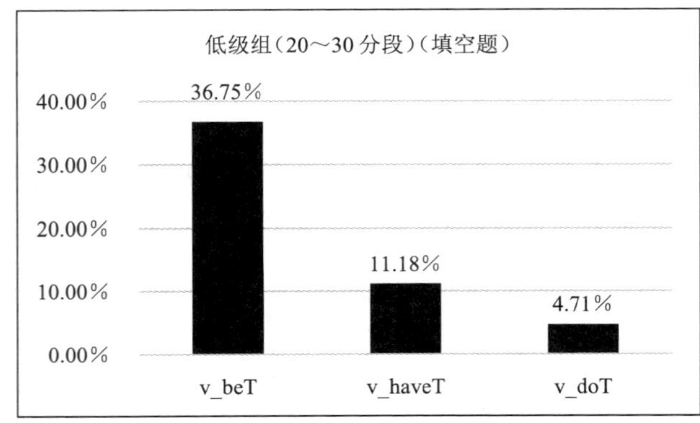

图 5.1　低级组(20～30 分段)Event (v/v*) 异干互补词汇项 be、have、do 习得准确度排序(填空题：v-T)

至此，研究结果部分验证了研究问题 1 所对应的研究假设 4。也就是说，形态特征值的标记性大小（由小到大升序排列）与受试习得程度之间呈负相关。

5.1.3 Event(v/v*)-Ø 产出率与错误率的相关性分析

为了考察受试默认无标记性形态特征值 Event (v/v*)-Ø 产出规律，本研究进一步对受试在翻译题（v-F）与填空题（v-T）中，Event (v/v*)-Ø 产出率与受试在全部必要语境下的错误率进行相关分析。

首先，在填空题中（v-T），Event (v/v*)-Ø 并不仅仅对应于零语素，还应该包含未屈折化的光杆 be、have、do 以及 been/being+verb(Ø)、has/having/had+verb(Ø)、doing/done+verb(Ø) 等语类化词根。因此，在填空题中，Event (v/v*)-Ø 计算公式应为（54）所示。

（54）Event (v/v*)-Ø=[v-Ø-1]+[v-be(bare)-5]+[v-have(bare)-6]+
[v-do(bare)-7]

其次，在翻译题中（v-F），Event (v/v*)-Ø 的判别方式不以 be、have、do 屈折形态是否产出为准，而是以产出“假”基本助动词（fake auxiliary）嵌套式双标记表征式为准。在这种嵌套式双标记表征式中会出现 do、have 无特征值附加语成分，因此在翻译题中（v-F），Event (v/v*)-Ø 计算公式应为（55）所示。

（55）Event (v/v*)-Ø=[v-Ø-1]+[v-have+(Ø/~~be/~~have/do)-12]+[v-do+(Ø/be/have/do)-13]

通过数据分析，在 Event (v/v*)-Ø 两类任务题中，受试对象默认无标记性形态特征值产出率 Event (v/v*)-Ø 与整体错误产出率均呈现出极其显著的正相关，相关系数较高（v-F：$r=.885$，$p=.00^{*}<.05$；v-T：$r=.517$，$p=.00^{*}<.05$）。研究数据表明 Event (v/v*)-Ø 产出率越多，错误率越高。研究结果验证了研究问题 1 所对应的研究假设 5，如表 5.6 所示。

表 5.6　Event (*v*/*v**) 功能语素默认形态特征 Ø 与错误率之相关分析结果

项目		相关性	*p* 值
Event (*v*/*v**) 功能语素的错误率（翻译题：*v*-F）	默认形态特征 Ø	.885	.00*
Event (*v*/*v**) 功能语素的错误率（填空题：*v*-T）		.517	.00*

$p<.05$（双侧检验）

5.2　AGR 异干互补词汇项 are、is、am 习得规律

本节中因变量是受试作答 AGR 功能语素异干互补词汇项 AGR-are、AGR-is、AGR-am 的习得成绩，因素变量是受试的英语语言水平，控制变量是受试开始习得英语的年龄。根据表 5.7 可知，本节用于测验的两类题型所测得的数据结果，信度系数分别为 .875 和 .855，测验信度系数范围为 .855～.916，大于 .800，说明测试结果可以用于后续数据分析，本节数据分析用于验证研究问题 2 相关假设。

表 5.7　AGR 功能语素测试题信度系数（单选题/填空题）

Cronbach's Alpha	项数	Cronbach's Alpha	项数
.875	15	.855	15

5.2.1　不同必要语境下的产出分布规律及差异

为了进一步考察受试习得异干互补词汇项 AGR-are、AGR-is、AGR-am 时，在不同必要语境下产出分布规律及差异性，依据 AGR 功能语素编码及判准表，分别统计出受试在单项选择题（AGR-X）与填空题（AGR-T）不同标记性必要语境下，产出异干互补词汇项 AGR-are、AGR-is、AGR-am 的分布频率，如表 5.8 所示。

经由对表 5.8 进行数据分析，研究结果显示在填空题（AGR-T）中，除了在 AGR-are([*u*F0]) 必要语境下有标记性特征值更大的词汇项 AGR-is([*m*F1]) 逆序产出偏误现象发生以外（AGR-is 产出频次/率：80/549，14.57%），标记性特征值不同的词汇项所在各必要语境下，几乎没有标记性特征值更大的异干互补词

汇项发生逆序产出。然而，在单选题（AGR-X）中，除了在 AGR-are([uF_0]) 必要语境下有标记性特征值更大的词汇项 AGR-is([mF_1]) 逆序产出发生以外（AGR-is 产出频次/率：97/620，15.65%），在 AGR-are ([uF_0]) 与 AGR-is ([mF_1]) 必要语境下，也有标记性特征值更大的 AGR-am([mF_2]) 词汇项少量逆序产出发生（AGR-am 产出频次/率：31/ 620，5.00%）。究其成因，进行以下分析。

表 5.8　AGR 功能语素的异干互补词汇项产出分布频率（填空题/单选题）

AGR 功能语素	填空题（AGR-T）			单选题（AGR-X）		
异干互补词汇项 标记性必要语境	AGR-are [uF_0]	AGR-is [mF_1]	AGR-am [mF_2]	AGR-are [uF_0]	AGR-is [mF_1]	AGR-am [mF_2]
AGR-are 必要语境 [uF_0]	(464/549) 84.52%	(80/549) 14.57%	(5/549) .91%	(492/620) 79.35%	(97/620) 15.65%	(31/620) 5.00%
AGR-is 必要语境 [mF_1]	(107/521) 20.54%	(411/521) 78.89%	(3/521) .58%	(130/620) 20.97%	(459/620) 74.03%	(31/620) 5.00%
AGR-am 必要语境 [mF_2]	(84/537) 15.64%	(104/537) 19.37%	(349/537) 64.99%	(120/620) 19.35%	(111/620) 17.90%	(389/620) 62.74%

注：[uF]>>[mF] 排序；填空题刨除了受试在各必要语境下产出 be/being/to be/was/were 作答反应代码

首先，本研究针对在 AGR-are([uF_0]) 必要语境下有标记性特征值更大的异干互补词汇项 AGR-is ([mF_1]) 大量逆序产出现象，查找了 COCA[2]（corpus of contemporary American English）本族语者语料库，发现 are 产出频次是 2 567 146，is 产出频次是 5 198 300，am 产出频次是 149 338。换言之，is 产出频次是 am、is、are 中最多的。以百万频次为单位计算，is 产出频次是 are 的两倍。基于涌现论视角（O' Grady，2008；Ellis，2012），受试对象 is 形态语素变体逆序产出现象源自日常教学中 is 练习频次过高，提高了学习者的使用频率，而并非受到标记性形态特征值驱动，发生逆序产出。也就是说，低级组受试（20～30 分段）在词语段外部循环域上，AGR 功能语素尚未实现屈折化，相对应地，异干互补屈折化词汇项 AGR-are、AGR-is、AGR-am 形态句法特征值也并不存在。

其次，在单选题中（AGR-X），AGR-am([mF_2]) 词汇项逆序产出现象也是由于低级组受试（20～30 分段）AGR 功能语素尚未屈折化所致。AGR 功能语素上标记性特征值最大的异干互补词汇项 AGR-am([mF_2]) 尚无形态特征赋值

（Eubank，1993，1994，1996）[3]，由于单选题仅有 are、is、am 三个备选项，形成一个闭环，受试并无其他选项可选。如此一来，受试在标记性较小或者默认形态特征 AGR-is([mF_1])、AGR-are([uF_0]) 所在必要语境下，会选择标记性特征值更大的词汇项 AGR-am([mF_2])，造成逆序产出现象。基于以上数据分析，未能验证研究问题 2 所对应的研究假设 1。

最终，本研究对描述性离散数据进行统计分析，受试在填空题（AGR-T）与单选题（AGR-X）作答过程中，在标记性特征值最大的词汇项 AGR-am([mF_2]) 所在必要语境下，产出标记性更小的词汇项 AGR-are([uF_0])、AGR-is([mF_1]) 时，并非呈降序排列（形态特征值标记性由小到大呈升序排列），相比标记性较大的 AGR-is([mF_1]) 而言，AGR-are([uF_0]) 是 AGR 功能语素的默认形态特征，但是两者偏误性产出分布率几乎相差无几，本研究认为这仍旧要归咎于日常英语教学中 is 的练习频次（率）过高的缘故。基于以上数据分析，未能验证研究问题 2 所对应的研究假设 2。

5.2.2　异干互补词汇项 am、is、are 习得程度比较

根据受试作答两类任务题型时的实际作答反应，针对 AGR 功能语素在相应必要语境下所对应的正确代码，在 SPSS 中进行转码，以 0、1 计分方式计算受试作答两类任务题型时的习得准确率。为了避免异干互补词汇项 AGR-are、AGR-is、AGR-am 在非必要语境下过度产出现象未被考虑的情况发生，本研究采用（53）计算公式（Hawkins，2001；Stauble，1984），以分段函数方式计算习得准确率。最终，计算出受试在两类任务题型中作答 AGR 功能语素上异干互补词汇项时的习得成绩，如表 5.9 所示。

表 5.9　三组受试在 AGR 功能语素两题型中异干互补词汇项习得成绩

目标项 / 组别	AGR 填空题（AGR-T）					AGR 单选题（AGR-X）				
	均值	标准差	are	is	am	均值	标准差	are	is	am
低级组	4.706	3.158	2.008	2.073	.941	6.677	2.531	2.125	2.511	2.384
中级预备组	10.947	2.133	3.631	3.364	3.123	11.561	2.732	3.640	3.755	3.404
中级组	13.333	2.072	4.407	4.307	4.303	13.758	2.092	4.463	4.374	4.394

注：包含非必要语境下目标句法项的过度产出频次

5.2.2.1　三组受试间差异性比较

下面进一步采用单因素方差分析对三组受试作答异干互补词汇项 AGR-are、AGR-is、AGR-am 习得成绩进行组间差异性比较，考察受试异干互补词汇项中介语系统性变异习得发展规律，如表 5. 10 所示。

表 5. 10　三组受试在两题型中习得 AGR-are、AGR-is、AGR-am 之组间差异性比较

		df	F 值	*p* 值
AGR 功能词素填空题（AGR-T）	AGR-are	2	62. 930	. 000*
	AGR-is	2	38. 157	. 000*
	AGR-am	2	75. 260	. 000*
AGR 功能词素选择题（AGR-X）	AGR-are	2	59. 692	. 000*
	AGR-is	2	30. 594	. 000*
	AGR-am	2	27. 799	. 000*

$p<.05$

通过数据分析发现三组受试在作答目标句法项时，习得成绩存在极其显著的组间差异性，F 主效应值在当前自由度（df=2）下均大于临界值，且 p 值均小于 . 05（$p<.05$），进一步经过事后检验（LSD），发现低级组（20～30 分段）与中级预备组（32～42 分段）之间存在极其显著性的组间差异，与中级组之间也存在极其显著性的组间差异，中级组（44～54 分段）在各个目标句法项的习得成绩显著高于其他组别。换言之，受试在习得异干互补词汇项 AGR-are、AGR-is、AGR-am 时，习得成绩与英语语言水平成正相关。研究结果验证了与研究问题 2 相关的研究假设 3，且该结论与戴曼纯、郭力（2007）研究结果一致。

5.2.2.2　组内差异性比较

下面进一步采用双因素混合设计方差分析对全体受试作答填空题（AGR-T）与单项选择题（AGR-X）时异干互补词汇项 AGR-am、AGR-is、AGR-are 习得成绩进行组内差异性比较。同时，将三组受试英语语言水平调整为组间因素变量，将标记性大小不同的异干互补词汇项 AGR-am、AGR-is、AGR-are 调整为组内因素变量，因变量调整为受试作答 AGR 功能语素各个目标句法项的习得成绩。

在单项选择（AGR-X）中，Mauchly 球形度假设被拒绝（$\chi^2_{(2)}=7.104$，$p=.029^*<.05$），需要通过 Huynh-Feldt 校正自由度，进一步检验主效应值 F，发现组内主效应值 F 不显著（F=1.402，$p=.248>.05$，$\eta^2=.011$），且交互效应也不显著（F=1.728，$p=.146>.05$，$\eta^2=.028$），这说明受试在作答单选题（AGR-X）时，异干互补词汇项 AGR-are、AGR-is、AGR-am 习得成绩不存在显著性组内差异。在填空题（AGR-T）作答过程中，Mauchly 球形度检验结果显示假设成立（$\chi^2_{(2)}=.227$，$p=.976>.05$），无须校正自由度。研究结果进一步发现受试在习得标记性特征值不同的异干互补词汇项 AGR-are、AGR-is、AGR-am 时，组内主效应显著（F=17.835，$p=.00^*<.05$，$\eta^2=.128$），且交互效应显著（F=6.153，$p=.00^*<.05$，$\eta^2=.092$），这说明全体受试在作答填空题（AGR-T）任务时，对异干互补词汇项 AGR-are、AGR-is、AGR-am 的习得成绩存在显著性组内差异，进一步将全体受试数据拆分回三个组别，采用单因素重复测量方差分析对各组受试在作答异干互补词汇项 AGR-are、AGR-is、AGR-am 时的习得成绩，在组内分别进行差异性比较。经过 Mauchly 球形度假设验证，三组均无须校正自由度。除了中级组（44～54 分段）以外，每组受试在作答填空题（AGR-T）时对各个异干互补目标句法项的习得成绩均存在显著性组内差异，组内主效值显著，如表 5.11 所示。

表 5.11　各组受试对 AGR 各标记性目标句法项习得成绩之组内主效应

（单因素重复测量方差分析）

组内主效应（AGR-T）	自由度（*df*）	F 值	显著值	效应大小 η^2
低级组	2	17.488	.000*	.346
中级预备组	2	6.389	.002*	.102
中级组	2	.304	.739	.009

$p<.05$

经由事后多重检验（LSD），只有中级预备级组受试（32～42 分段）在作答填空题（AGR-T）时对目标句法项的习得成绩排序符合 MSAH 理论预测，也就是说，受试存在对词汇项 AGR-are 默认无标记性特征值的习得成绩高于标记性特征值稍大的词汇项 AGR-is，AGR-is 习得成绩高于标记性特征值最大的词汇项 AGR-am 排序（are>is，MD=.053，p=.043*<.05；is>am，MD=.013*<.05；are>am，MD=.053，p=.102*<.05）。简言之，仅有中级预备组受试（32～42 分段）异干互补词汇项习得成绩排序 AGR-are>>AGR-is>>AGR-am（[*u*F]>>[*m*F]）符合 MSAH 理论预测，如图 5.2 所示。

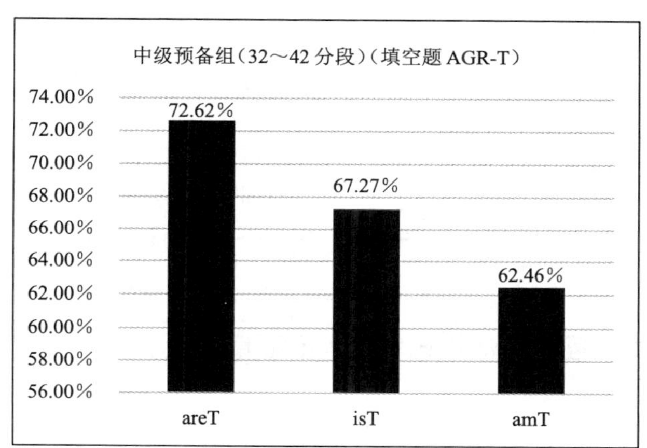

图 5.2　中级预备组（32～42 段）AGR 功能语素的异干互补词汇项习得准确率排序（AGR-T）

以上数据分析部分验证了与研究问题 2 相关的研究假设 4。受试作答异干互补词汇项 AGR-are、AGR-is、AGR-am 的习得成绩与词汇项形态特征值标记性大小成负相关（标记性由小到大升序排列）。

5.2.3　AGR-are 产出率与错误率的相关性分析

下面进一步对受试在填空题（AGR-T）与选择题（AGR-X）中作答 AGR-are 默认无标记性形态特征值的习得情况进行考察。由于默认无标记性形态特征值是非屈折化的，对受试而言在任何必要语境下，都应该是最容易获取的，产出率应该与错误率呈正相关。

通过数据分析发现在单选题（AGR-X）中，AGR-are 默认形态特征值产出率与错误率呈显著性正相关，相关系数为 r=.269，p=.002*<.05，这一现象说明默认无标记性形态特征值产出越多，错误率越高。然而，在填空题（AGR-T）中，AGR-are 默认形态特征值产出率与错误率呈现负相关，相关系数为 r=−.267，

$p=.003^{*}<.05$，如表 5. 12 所示。通过调查研究发现该现象的产生是由于低级组受试（20～30 分段）在填空题中产出异干互补词汇项 AGR-are、AGR-is、AGR-am 数量甚少，取而代之的是过度产出 be 词根派生物，也就是 be 形态-语音语素变体形式，如 be、to be、being 所致，研究结果部分验证了与研究问题 2 相关的研究假设 5。

表 5. 12　默认形态特征值 AGR-are 与错误率相关分析结果

项目		相关性	p 值
AGR 功能语素的错误率（AGR-X 选择题）	默认屈折特征 are	.269	.002*
AGR 功能语素的错误率（AGR-T 填空题）		−.267	.003*

$p<.05$（双侧检验）

5.3　T 异干互补标记性形态特征值的习得规律

本节因变量是受试对 T 异干互补式标记性形态特征值的习得成绩，因素变量是受试的英语语言水平，控制变量是受试开始学习英语的年龄。本节使用填空题（T-T）与判断题（T-P）两类任务题型作为测试工具，根据表 5. 13 可知测试题信度系数分别为 .911 和 .916，测验信度系数范围在 .855～.916，大于 .800，说明测试结果可以用于分析检验，本节数据分析验证研究问题 3 相关假设。

表 5. 13　T 复合功能语素试题信度系数

Cronbach's Alpha	项数	Cronbach's Alpha	项数
.911	30	.916	30

5.3.1　不同必要语境下的产出规律及差异

由于所考察的 T 复合功能语素两类题型编码方式一致，本节数据报告针对两类题型进行加合处理，为了考察 T 异干互补各形态语素变体在不同标记性必要语境下的产出分布规律及差异性，依据表 5. 14 中 T 异干互补形态语素变体代码，进一步对受试所产出的 T 各异干互补形态语素变体产出分布频率，进行离散数据描述性统计分析 [4]，如表 5. 14 所示。

表 5.14 T 异干互补形态语素变体在不同标记性必要语境下的产出分布频率

异干互补形态语素变体 / 标记性必要语境	T-non-finite doing/done(*)/ to dorandom error be+do be+does/did be+doing/done	T-do/does ([uF_0])	T-did/did(*) (ir)regular morphological error ([mF_1])	T- is+doing/ done/did ([mF_2])	T-was+doing/ done/did ([mF_3])	T-have+done/ did/doing ([mF_4])	T- had+ done/ did/ doing ([mF_5])
T-[present] ([uF_0])	(187/1079) 17. 33%	(803/1079) 74. 42%	(76/1079) 7. 04%	(5/1079) . 46%	(2/1079) . 19%	(6/1079) . 56%	(0/1079) . 00%
T-[past] ([mF_1])	(166/1046) 15. 87%	(157/1046) 15. 01%	(679/1046) 64. 91%	(5/1046) . 48%	(22/1046) 2. 10%	(15/1046) 1. 43%	(2/1046) . 19%
T-[present, progressive] ([mF_2])	(483/1203) 40. 15%	(317/1203) 26. 35%	(23/1203) 1. 91%	(373/1203) 31. 01%	(5/1203) . 42%	(2/1203) . 17%	(0/1203) . 00%
T-[past, progressive] ([mF_3])	(241/1179) 20. 44%	(424/1179) 35. 96%	(180/1179) 15. 27%	(82/1179) 6. 96%	(239/1179) 20. 27%	(7/1179) . 59%	(6/1179) . 51%
T-[present, perfective] ([mF_4])	(108/1117) 9. 67%	(418/1117) 37. 42%	(340/1117) 30. 44%	(14/1117) 1. 25%	(12/1117) 1. 07%	(215/1117) 19. 25%	(10/1117) . 90%
T-[past, perfective] ([mF_5])	(123/1160) 10. 60%	(463/1160) 39. 91%	(410/1160) 35. 34%	(50/1160) 4. 31%	(39/1160) 3. 36%	(15/1160) 1. 29%	(60/1160) 5. 17%

注：[uF]>>[mF] 排序；T-P 与 T-T 两题型加合；异干互补形态变体对应代码：T-non-finite=0+13+9+10+7+12+21；T-do/does=1；T-did/did (*irregular morphological error)=2+11；T=is (am/are)+doing/done/did=3+15；T-was+doing/done/did=4+16；T-have(has)+done/did/doing=5+18+20；T-had+done/did/doing=6+19

T 复合功能语素所在不同标记性必要语境下，本应该没有标记性特征值更大的 T 形态语素变体偏误逆序产出现象发生，然而表 5.14 描述性统计数据表显示在 T-[present] ([uF_0]) 必要语境下，存在 T-ed ([mF_1]) 形态语素变体逆序产出现象（76/1 079，7.04%）。参照 SPSS 录入过程中，受试原始作答反应中这种逆序产出现象发生在 26～34 分段受试对象身上，而这一分数段受试 T 复合功能语素尚未屈折化，-ed 仅为附着于词根内部循环域 Asp 功能节点默认形式（Embick，2003）。也就是说，受试在 T-[present] ([uF_0]) 必要语境下产出 -ed 仅仅是词根内部循环域上附着的分词形式（*v*-participle），而并不是在词语段外部循环域上，T 复合功能语素上标记性较之 T-[present] ([uF_0]) 更大的 T 异干互补形态语素变体 T-[past] ([mF_1]) 形态－句法特征值的逆序产出。此外，在 T-[past] ([mF_1]) 必要语境下，T-was/were+doing(did/done)([mF_3])，以及 T-have(has)+done/did/doing ([mF_4]) 标记性更大的异干互补形态语素变体逆序产出现象较为突出（22/1 046，2.10%；15/1046，1.43%）。研究表明这是由于测试任务题目设置问题所导致的，本研究在 T-[past] ([mF_1]) 必要语境符合语法性判断任务中（T-P）设置了 be 过度产出考点。中级组受试（44～54 分）能够识别出 be 过度产出现象，将其修改成 T-was+doing ([mF_3])，或 T-have/has+done ([mF_4]) 形式。例如：85 号受试（分级测试 42 分／中级预备级组）将“【题 124】I *was brushed my teeth last night.”改为“I have brushed my teeth last night.”。94 号受试（分级测试 44 分／中级组）将“【题 117】We *were had dinner with our friends.”改为“We were having dinner with our friends last night.”。除了以上特例之外，依据表 5.14 对离散数据的描述性统计，分析发现句法－语义特征几何结构构型的标记性特征值不同的 T 复合功能语素上，异干互补形态语素变体所在不同标记性必要语境下，几乎没有逆向产出标记性特征值更大的形态语素变体偏误发生。以上研究结果验证了与研究问题 3 相关的研究假设 1。

根据表 5.14 离散数据描述，在标记性不同的必要语境下，T 异干互补形态语素变体偏误产出频率呈降序排列（标记性特征值由小到大升序排序）。其中，研究结果表明在 T-[present, progressive] ([mF_2]) 必要语境下，无定式 T-[non-finite] 产出频率占比 40.15%（483/1 203）。从纵向比较角度而言，属于 T 在各不同标记性必要语境下无定式产出频次最多的必要语境。在描述性统计分析中，无定式 T-[non-finite] 包括以下各个形态语素变体：T-doing(*)/done(*)、to do、random error、be+do、be+does/did、be+doing/done。我们进一步统计了现在分词 -ing 形态语素变体的产出频次 340/483，占无定式各个形态语素变体总体产出频率 70. 39％，也就是说，在 T-[present, progressive] ([mF_2]) 必要语境下，受试产出现在分词 -ing 比例相当大，该研究结果与 Hawkins & Casillas（2008：610）研究发现相同。进一步考察三组受试在 T-[present, progressive] ([mF_2]) 必要语境下现在分词 -ing 产出频率，我们发现低级组（20～30 分段）-ing 产出频率为 35. 29％（120/340）、中级预备组（32～42 分段）产出频率为 52. 28％（298/570）、中级组（44～54 分段）产出频率为 18. 18％（60/330）（T-P 与 T-T 两题型加合）。显而易见，在 T-[present, progressive] ([mF_2]) 必要语境下，低级组（20～30 分段）与中级预备组受试（32～42 分）是产出现在分词 -ing 的主体对象，这是由于低级组受试此时仅有词根循环域上的 Asp 功能中心词形态特征值存在。而相比低级组受试（20～30 分段）而言，中级预备组（32～42 分段）现在分词 -ing 产出比例更大。

进一步查阅 SPSS 原始录入数据，我们发现 40 分段受试是中级预备组（32～42 分段）在 T-[present, progressive] ([mF_2]) 必要语境下产出 -ing 的主体对象。这是由于 40 分段受试对象正处于由词根循环域生长至词语段外部循环域，也就是由内论元生长至外论元结构的过程所致，而由于词语段外部循环域上的 T 功能语素尚未屈折化，此时受试仍旧使用词根循环域的 Asp-ing—词汇项列表 1 进行拼读 [[[√ROOT]*v*] (T-[Asp])AGR]-ing，用来阻挡处于同一词语段循环域的异干互补功能语素 (T) AGR 与词根相见（否则，T-[present, -Ø] 满足透明度条件会被修剪掉）。时至中级预备级组（44～54 分），词语段外部循环域上的 T 复合功能语素已经实现了屈折化，词汇项列表 1（Asp-ing）转至词汇项列表 2（T 功能中心词）进行形态－语音拼读，-ing 产出比率开始下降，如（56）所示。

（56）词根循环域（root cycle）（Asp 功能中心词形态－语素拼读）词汇项 1

←→ -en/___{√ROT, √SHRINK …}

←→ Ø/ ___{√OPEN, √EMPTY … }

←→ -t/ ___{ √BEND … }

←→ -ed/ ___{ √BLESS, √ALLEGE, √AGR … }

←→ -ed/ ___{ √CLOSE, √OBSTRUCT … }

词语段外部循环域(outer cycle)(T 功能中心词形态-语音拼读)词汇项 2

←→ -en/___{ √BREAK, √SPEAK …}

←→ Ø/ ___{√HIT, √SING, √SHRINK … }

←→ -t/ ___{ √BEND, √BUY … }

←→ -ed/

(援引自 Embick,2003:161)

除以上特例之外,依据表 5.14 描述性离散数据,研究表明在 T 标记性特征值不同的异干互补形态语素变体所在必要语境下,仅会产生标记性较之更小的形态语素变体,并且这些形态语素变体偏误率呈降序排列(标记性特征值则由小到大升序排列),以上数据分析验证了与研究问题 3 相关的研究假设 2。

5.3.2 T 异干互补标记性特征值的习得程度比较

为了考察受试在习得 T 复合功能语素时,掌握由非对称性形态-句法特征值构型的不同时、体、态中介语习得发展情况,根据代码与判准表的转码方案,以 0、1 计分方式作为判断标准,计算出受试作答填空题(T-T)与符合语法性判断题(T-P)两项诱导性书面产出任务时的习得准确率。为了避免 T 异干互补形态-句法特征值在其他时、体、态非必要语境下过度产出现象被忽略,本研究进一步采用(53)计算公式(Hawkins,2001;Stauble,1984),以分段函数方式计算准确率。最终,计算出受试在作答 T 异干互补目标句法项时的习得成绩,如表 5.15 所示。

5.3.2.1 三组受试组间差异性比较

本节对三组受试在两类任务题型中,作答 T 异干互补形态特征值时的习得成绩进行单因素方差分析,比较三组受试习得各个目标句法项时的组间差异性,考察 T 异干互补形态特征值中介语习得发展规律。

表 5.15　三组受试在两类题型中 T 异干互补形态–句法特征习得准确度得分比较

T 复合功能语素	填空题 (T-T)								判断题 (T-P)							
目标项 / 组别	均值	标准差	T-[present]	T-[past]	T-[pres, prog]	T-[past, prog]	T-[pres, perf]	T-[past, perf]	均值	标准差	T-[present]	T-[past]	T-[pres, prog]	T-[past, prog]	T-[pres, perf]	T-[past, perf]
低级组	4. 147	1. 877	1. 177	1. 374	. 059	. 030	. 000	. 000	2. 471	1. 134	. 548	. 476	. 030	. 000	. 000	. 000
中级预备组	11. 561	2. 732	2. 711	2. 020	1. 794	. 632	. 790	. 334	9. 983	4. 020	1. 433	1. 586	. 889	. 316	. 350	. 019
中级组	18. 636	4. 285	3. 779	2. 787	3. 639	1. 818	1. 485	1. 061	16. 364	4. 602	2. 873	2. 622	3. 192	2. 243	2. 233	. 394

注：包含非必要语境下的过度产出

表 5.16 研究结果显示，三组受试在作答 T 异干互补目标句法项时，习得成绩均存在显著性组间差异。F 值在当前自由度下（*df*=2）均高于临界值，并且所对应的 *p* 值均小于 .05（*p*<.05）。进一步经事后检验（LSD），发现低级组、中级预备组与中级组受试在习得 T 异干互补各个目标句法项时，两两之间大都存在显著性差异，*p* 值均小于 .05（*p*<.05）。低级组受试习得成绩最低、中级组受试习得成绩最高。其中，在 T 复合功能语素上由句法-语义特征几何结构构型而成的个别标记性较大的形态-句法特征值，在低级组、中级预备级组之间不存在显著性差异。例如：受试对象在填空题中（T-T）作答 T-[past, perfect]，以及判断题中（T-P）作答 T-[past, perfect]、T-[past, progressive] 的均值差在低级组、中级预备级组之间均不存在显著性组间差异，低级组、中级预备级组分别与中级组之间存在显著性组间差异（表 5.16）。

表 5.16　三组受试 T 异干互补各目标句法项习得成绩之组间差异性

		df	F 值	*p* 值
T 复合功能词素（T-T）	T-[present]	2	53.956	.000*
	T-[past]	2	21.158	.000*
	T-[pres,prog]	2	64.974	.000*
	T-[past,prog]	2	26.224	.000*
	T-[pres,perf]	2	15.807	.000*
	T-[past,perf]	2	18.689	.000*
T 复合功能词素（T-P）	T-[present]	2	69.724	.000*
	T-[past]	2	61.699	.000*
	T-[pres,prog]	2	61.455	.000*
	T-[past,prog]	2	81.879	.000*
	T-[pres,perf]	2	76.114	.000*
	T-[past,perf]	2	7.610	.001*

p<.05

该结果与戴曼纯（2011）及刘艾娟、李芝、戴曼纯（2013）研究发现一致，且验证了特征重组（复杂度）假说（Lardiere，2005，2008，2009a，2009b；戴曼纯，2011）。换言之，构型 T 复合功能语素的句法-语义特征几何结构越复杂，形态–句法特征值习得难度越大，受试越难掌握。特征组装复杂度与受试英语水平成正相关，以上数据分析验证了与研究问题 3 相关的研究假设 3。

5.3.2.2 组内差异性比较

本节关注全体受试对象在判断题(T-P)与填空题(T-T)中，对 T 异干互补目标句法项的习得成绩，对其进行双因素混合设计方差分析，比较全体受试习得 T 异干互补目标句法项时的差异性，进一步将受试的英语语法水平调整为组间因素变量，将 T 异干互补目标句法项调整为组内因素变量，因变量则调整为受试作答 T 异干互补目标句法项时的习得成绩。在判断题(T-P)中，Mauchly 球形度检验不成立($\chi^2_{(14)}=74.991$, $p=.00^*<.05$)，进一步采用 Huynh-Feldt 校正自由度。在填空题(T-T)中，Mauchly 球形度检验假设被拒绝($\chi^2_{(14)}=35.288$, $p=.001^*<.05$)，同样采用 Huynh-Feldt 校正自由度，得到表 5.17 的结果。从数据分析中可以发现，在符合语法性判断任务中(T-P)，受试习得 T 异干互补形态特征值的情况在组内主效应显著($F=70.402$, $p=.00^*<.05$, $\eta^2=.368$)。在填空题中(T-T)，也存在显著性组内主效应($F=91.949$, $p=.00^*<.05$, $\eta^2=.432$)，且在两种题型中交互效应均显著(T-P：$F=16.632$, $p=.00^*<.05$, $\eta^2=.216$；T-F：$F=8.730$, $p=.00^*<.05$, $\eta^2=.126$)。这说明 T 异干互补目标句法项与受试英语语法水平之间相互关联，共同作用于目标句法项的习得成绩。由于交互效应显著，进一步将全体受试目标句法项的习得成绩相关数据拆分回三个组别，分别对每组受试作答 T 异干互补目标句法项时的习得成绩进行组内差异性比较，考察每组受试对各个目标句法项习得成绩的组内主效应。由于所需比较的目标句法项较多，进一步采用单因素重复测量方差分析方法，以事后多重检验进行比较(LSD)。经过 Mauchly 球形度假设验证(球形度假设均被拒绝，经 Greenhouse-Geisser 或 Huynh-Feldt 校正)，发现每组受试在两类题型中习得目标句法项时的成绩均存在显著性组内主效应，如表 5.17 所示。

表 5.17 三组受试对 T 标记性目标句法项习得成绩的组内主效应

(单因素重复测量方差分析)

组内主效应	自由度(*df*)	F 值	显著值	效应大小 η^2
低级组(T-P)	5	24.532	$.000^*$	.426
中预组(T-P)	5	44.892	$.000^*$	.445

续表

组内主效应	自由度(*df*)	F 值	显著值	效应大小 η^2
中级组(T-P)	5	32. 799	. 000*	. 506
低级组(T-T)	5	46. 656	. 000*	. 586
中预组(T-T)	5	52. 465	. 000*	. 484
中级组(T-T)	5	29. 886	. 000*	. 483

p<. 05

依据表 5. 17 所示，进一步经过事后多重检验(LSD)，发现只有中级组受试(44～54 分段)在 T 复合功能语素填空题中(T-T)习得成绩符合 MSAH 理论预测。受试掌握 T 异干互补形态特征值的中介语习得成绩排序为 T-[present]>>T-[pres, prog]>>T-[past]>>T-[past, prog]>>T-[pres, perf]>>T-[past, perf](T-[present]>T-[pres, prog], MD=. 028, $p=.014^*<.05$; T-[pres, prog]>T-[past], MD=. 198, $p=.002^*<.05$; T-[past]>T-[past, prog], MD=. 194, $p=.002^*<.05$; T-[past, prog]>T-[pres, perf], MD=. 067, $p=.041^*<.05$; T-[pres, perf]>T-[past, perf], MD=. 152, $p=.006^*<.05$)。其中，由于 T-[pres, prog] 与 T-[past] 在句法-语义特征几何结构中节点计数均为 3 个，因此，本研究接受以上排序，该结果部分验证了与研究问题 3 相关的研究假设 4，如图 5. 3 所示。

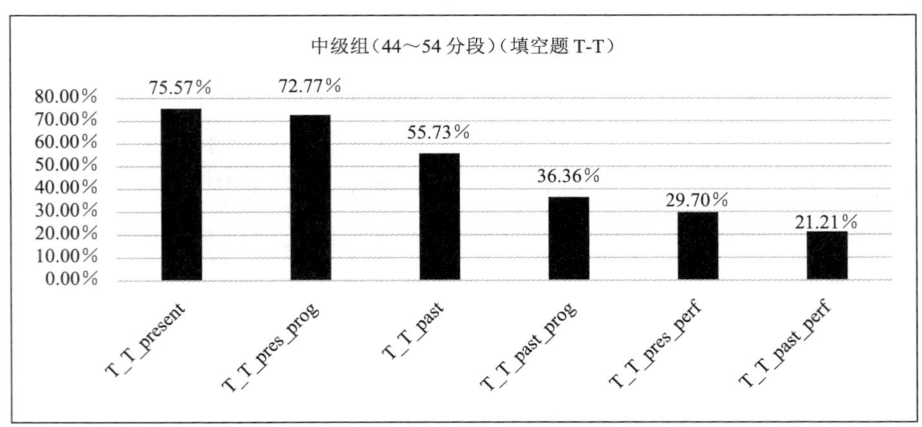

图 5. 3　中级组受试(44～54 分段)T 异干互补各目标句法项习得成绩排序(填空题)

总体而言，受试作答两类题型趋势一致。从质性描述角度而言，符合三角互证，确保了测试结果的效度。因此，在以下假设验证中，进一步加合受试在两种题型中的习得成绩，对其做出相关分析。

5.3.3　T-[present] 产出率与错误率的相关性分析

以下进一步考察受试默认无标记性形态特征值 T-[present] ([uF_0]) 产出率与 T 功能语素异干互补形态变体错误率之间的相关性。数据结果显示，默认形态特征值 T-[present] 产出率与错误率呈现显著性正相关，相关系数较高($r=.674$, $p=.00^{*}<.05$)，如表 5.18 所示。研究结果表明，T 复合功能语素默认形态特征产出越多，错误率越高。研究结果验证了与研究问题 3 相关的研究假设 5。

表 5.18　默认无标记性形态特征 T-[present] 与错误率的相关分析结果

项目		相关性	p 值
T 复合功能语素的错误率	默认形态特征 T-[finite]	.674	$.00^{*}$

$p<.05$（双侧检验）

5.4　C 异干互补词汇项 Ø、be、have、do 习得规律

本节因变量是受试作答异干互补词汇项时 C-be、C-have、C-do 习得成绩，因素变量是受试的英语语法水平，控制变量是受试开始学习英语的起始年龄。从表 5.19 可知，本节使用句型转换(C-Z)与翻译题(C-F)两种题型作为测验工具，两种题型的信度系数分别为 .914 与 .902。测验信度范围为 .855～.916，大于 .800，测试结果可用于分析检验(表 5.19)。

表 5.19　C 复合功能语素的试题信度系数

Cronbach's Alpha	项数	Cronbach's Alpha	项数
.914	15	.902	15

5.4.1　不同必要语境下的产出规律及差异

为了进一步考察受试异干互补词汇项 C-Ø、C-be、C-have、C-do 产出分布

规律，我们依据判准条件及代码表对受试产出的形态语素变体进行统计。首先，对默认形态特征值 C-Ø 进行描述性统计，由于两类题型编码方式一致，在本节数据报告部分对两类题型进行加合处理，如表 5.20 所示。

表 5.20 默认形态特征 C-Ø 产出分布频次率（句型转换题与翻译题）

	v-Ø 产出频次(率)				*v*-be 产出频次(率)	*v*-have 产出频次(率)	*v*-do 产出频次(率)
	v-Ø	*v*-[be+(Ø/be/have/do)]	*v*-[have+(Ø/be/have/do)]	*v*-[do+(Ø/be/have/do)]			
C-be 必要语境	(236/399) 59.15%	(11/399) 2.76%	(2/399) .50%	(1/399) .25%	(146/399) 36.59%	(3/399) .75%	(0/399) .00%
C-have 必要语境	(278/473) 58.77%	(15/473) 3.17%	(33/473) 6.98%	(2/473) .42%	(56/473) 11.84%	(86/473) 18.18%	(3/473) .63%
C-do 必要语境	(335/458) 73.14%	(9/458) 1.97%	(0/458) .00%	(3/458) .66%	(84/458) 18.34%	(7/458) 1.53%	(20/458) 4.37%

注：C-Ø=[*v*-Ø-1]+[*v*-be-2]+[*v*-be+(Ø/be/have/do)-11]+[*v*-have-3]+[*v*-have+(Ø/be/have/do)-12]+[*v*-do-4]+[*v*-do+(Ø/be/have/do)-13]

表 5.20 描述性统计表明，当受试产出默认无标记性零语素形态特征值 C-Ø 时，相对应地，Event (*v*/*v**) 功能语素 do、have、be 异干互补词汇项形态特征值已经发生了渐进式生长。该现象证明了在中介语发展过程中，形态-句法特征赋值方式并非管约论时期(Chomsky, 1981)宏观原则与参数方案下，通过 X' 短语结构投射方式进行的句法结构参数设置，也就是说，功能语类(语素)赋值并非一瞬间非此即彼的现象，而是在最简方案兼容形态理论(Chomsky, 2000, 2001; Marantz, 2007; Embick, 2010, 2015)而成的微观形态理论视角下，在外化于狭义语言官能 UG 核心句法-语义结构的后句法形态层面，经由 PF 构件线性化句法-语义特征值，构型句法终端功能语素，再后插入不充分标注性词汇项，以这样的方式实现微观词汇参数化渐进式特征赋值。驱动这一中介语发展过程先后顺序的因素，存在于普遍语法特征库中由句法-语义特征几何结构型而成的标记性形态-句法特征值(Battistella, 1990; Harley, 1994; Noyer, 1992, 1998)。进一步结合 SPSS 录入的原始数据编码，发现在 C 功能语素中介语习得发展过程中，受试会产出以下嵌套式双标表征式，例如：低级组 23 号受试产

出了"【题 87】Is winter is cold?"这样的 C-[be+(Ø/be/have/do)] 嵌套式双标表征式，低级组 4 号受试产出了"【题 55】What have they (*v*)Ø at school?"这样的 C-[have+(Ø/ ~~be/~~ [5]have/do)] 嵌套式双标表征式，低级组 70 号受试产出了"【题 71】Do mom (*v*)Ø in the kitchen?"这样的 C-[do+(Ø/be/~~have~~[6]/do)] 嵌套式双标表征式。在语音词缀驱动的后句法 PF 构件上，经由 T 复合中心词提升构型而成的 C 复合功能中心词，其形态操作是自动化无损操作，且 [[√BE] Event (*v*)...C] 核心句法-语义结构 Event (*v*) 与 C 句法-语义特征值相互对应，也就是说，C-be、C-have、C-do 在嵌套式双标记表征式中出现，并不意味着 C 功能语素异干互补词汇项已经完成了特征赋值，而仅仅是没有被 [[[...] Event (*v**)]~~T~~] 屈折化的列表式语音语素变体，外化于语法模块(Embick & Marantz,2008)，也就是 Event (*v**) 语段间边沿要素的附加语成分(Embick,2010)，所谓的假基本助动词。在这种情形下，受试对象 C 功能语素上仍旧仅有 C-Ø 默认形态特征值存在。

基于以上句法解析，再次对受试 C 功能语素各个异干互补词汇项 C-Ø、C-be、C-have、C-do 产出分布频次进行描述性统计分析，如表 5.21 所示。

表 5.21　异干互补词汇项 C-Ø、C-be、C-have、C-do 产出分布频率(句型转换题与翻译题)

异干互补词汇项 / 标记性必要语境	C-Ø[uF_0]	C-be[mF_1]	C-have[mF_2]	C-do[mF_3]
C-be 必要语境 [mF_1]	(487/1240) 39.27%	(741/1240) 59.76%	(2/1240) .16%	(10/1240) .81%
C-have 必要语 [mF_2]	(578/1240) 46.61%	(134/1240) 10.81%	(401/1240) 32.34%	(127/1240) 10.24%
C-do 必要语境 [mF_3]	(527/1240) 42.50%	(223/1240) 17.98%	(12/1240) .97%	(478/1240) 38.55%

注：C-Ø=[*v*-Ø-1]+[*v*-be-2]+[*v*-be+(Ø/be/have/do)-11]+[C-be+(Ø/be/have/do)-8]
[*v*-have-3]+[*v*-have+(Ø/be/have/do)-12]+[C- have+(Ø/be/have/do)-9]
[*v*-do-4]+[*v*-do+(Ø/be/have/do)-13]+[C- do+(Ø/be/have/do)-10]
C-be=[C-be-5]; C-have=[C-have-6]; C-do=[C-do-7]+[C-do...have-14]

根据表 5.21 中的描述性统计分析数据，我们发现，除了在 C-have ([mF_2]) 必要语境下会有标记性特征值更大的异干互补词汇项 C-do ([mF_3]) 逆序产出现象发生以外，C 功能语素上不同标记性异干互补词汇项 C-be、C-have、C-do 所在必要语境下，几乎没有逆序产出标记性形态特征值更大的词汇项。进一步查阅 SPSS 录入的原始数据，我们发现这种在 C-have ([mF_2]) 必要语境下逆序产出 C-do ([mF_3]) 的偏误现象主要发生在中级预备组与中级组受试身上。例如：40 分段 80 号受试、48 分段 106 号受试在【题 160】John has jointed soccer team.（请对画线部分提问）中的作答反应均为 Does John have jointed soccer team?（代码 14），也就是说，两名受试均采用了“Do...have...”作答方式对【题 160】进行提问。进一步统计出受试在两类题型中 C-have 必要语境下产出“Do...have...”的提问方式，如表 5. 22 所示。

表 5. 22　C-have 必要语境下 C-do 逆序产出统计表（句型转换题与翻译题）

	分数段 / 组别	（句型转换题与翻译题） 出频次 / 百分率
C-have 必要语境之 [cp Do...[subj.... have...?]] 表征式	低级组（20～30 分）	（3/340）. 88%
	中级预备组（32～42 分）	（21/570）3. 68%
	中级组（44～54 分）	（16/330）4. 85%

have 句法变异性，也就是说，have 自身既可以作为算子提至句首构成疑问句，也可以与 do 支持连用，将 do 提至句首构成疑问句，且当前 have 作为算子的用法已经不常见了（Quirk et al. , 1985）。进一步分析成因，本质上是由于 C-have 必要语境下测试题目均为现在完成时（T-[present, perfect]），而中级预备组受试（32～42 分段）、中级组受试（44～54 分段）是发生 C-do 逆序产出现象的主体对象（在 40 分段之后词 / 子句语段外论元结构句法终端 T 复合功能语素开始实现屈折化）。根据 Chomsky（2005）在微观参数方案下对语言生物属性的界定，生成结构表达式的方式受制于生物系统设计的第三要素次范畴（subcategory），换言之，在独立于语言的生物系统原则（language-independent principle）支配下进行数据处理及运算效率评估，等同于在外化于语言的生物系统第三要素原则支配下，评估语言使用最优化解决方案。此时受试为了规避将一般现在完成时中的 T 复合功能语素 T-[present, perfective] 提至 C 功能中心词以后 [[[[[√ROOT] Event (*v*)] Event (*v**)]~~T-~~$_{\text{[present, perfective]}}$]C]，仍需对未完全释放的特征值 Asp-[perfect] 进行裂变形态操作 T-[present, perfective] ←→ /have {...}__⌒，

Asp-[perfective] ←→ /been {...}__⌒，采用了更省力的 [$_{cp}$ Do[Subj. have... ?]] 句式替代 [$_{cp}$ Have [subj... ?]] 句式。简言之，C 功能语素异干互补词汇项 C-be、C-have、C-do 中介语发展过程是在微观词汇化参数方案下（Chomsky，2001；Embick，2015）渐进式的特征赋值过程。

除此特例之外，以上数据分析验证了与研究问题 4 相关的研究假设 1。在 C 功能语素不同必要语境下，几乎没有标记性形态特征值更大的词汇项逆序产出。在 C 功能语素不同标记性必要语境下，不同标记性词汇项错误产出率呈降序排列（形态特征值标记性由小到大升序排列），以上数据分析验证了与研究问题 4 相关的研究假设 2。

5.4.2 异干互补词汇项 be、have、do 习得程度比较

为了进一步考察受试对象异干互补词汇项 C-be、C-have、C-do 习得发展规律，依据判准条件对受试产出形态语素变体相对应的代码，以错误作答计 0 分，正确作答计 1 分的方式，在 SPSS 中进行转码，计算习得准确率。为了避免在非必要语境下，C 功能语素非目标句法项异干互补词汇项过度产出现象被忽略的情况发生，进一步采用（53）计算公式（Stauble，1984；Hawkins，2001），以分段函数计算习得准确率，进一步计算出受试各个目标句法项的作答成绩，如表 5. 23 所示。

表 5. 23 三组受试在两题型中各目标句法项 C-do、C-have、C-be 习得成绩

目标句法项 / 组别			翻译题（C-F）					句型转换题（C-Z）		
	均值	标准差	C-be	C-have	C-do	均值	标准差	C-be	C-have	C-do
低级组	. 735	1. 287	. 994	. 059	. 236	2. 206	2. 226	1. 928	. 265	. 294
中级预备组	6. 790	3. 981	2. 455	1. 93	2. 744	7. 439	3. 459	3. 293	1. 965	1. 714
中级组	11. 152	2. 729	3. 669	3. 23	3. 664	11. 333	2. 654	3. 941	3. 152	3. 397

5.4.2.1 三组受试组间差异性比较

本节进一步采用单因素方差分析考察受试在两类题型中作答各个目标句法项异干互补词汇项时 C-be、C-have、C-do 习得成绩的变化，对其中介语发展

变化趋势进行考察，如表 5. 24 所示。

表 5. 24　三组受试习得异干互补词汇项 C-be、C-have、C-do 之组间差异性比较

		df	F 值	*p* 值
C 功能语素翻译题（C-F）	C-be	2	42. 484	. 000*
	C-have	2	44. 826	. 000*
	C-do	2	74. 049	. 000*
C 功能语素句型转换题（C-Z）	C-be	2	28. 846	. 000*
	C-have	2	40. 357	. 000*
	C-do	2	51. 265	. 000*

$p<.05$

如表 5. 24 所示，三组受试在两类题型中习得 C 异干互补目标句法项时，组间主效应显著。F 值在当前自由度下（$df=2$）均高于临界值，且 p 值均小于 . 05（$p<.05$）。这说明三组受试在以上两类题型中习得 C-be、C-have、C-do 时，均存在显著性组间差异性。经由事后多重比较检验发现（LSD），低级组、中级预备组与中级组受试两两之间存在显著性差异，p 值均小于 . 05（$p<.05$）。低级组受试习得成绩最低、中级组受试习得成绩最高。该结论与容姗姗（2015）、李昭锦（2014）研究结果一致，以上数据分析结果验证了与研究问题 4 相关的研究假设 3。三组受试对 C 功能语素异干互补目标句法项习得准确率均与其英语语法水平呈正相关。

5.4.2.2　组内差异性比较

为了考察受试习得异干互补词汇项 C-be、C-have、C-do 有何本质性差异，本节对全体受试在作答翻译题（C-F）与句型转换题（C-Z）过程中，C 异干互补目标句法项习得成绩进行了双因素混合设计方差分析。这里进一步将三组受试英语语言水平调整为组间因素变量，将标记性特征值大小不同的异干互补词汇项 C-be、C-have、C-do 调整为组内因素变量，因变量则调整为受试对 C 功能语素异干互补目标句法项的习得成绩。

在翻译题（C-F）中，Mauchly 球形度检验结果显示假设成立（$\chi^2_{(2)}=.319$，$p=.852>.05$），无须校正自由度。数据统计发现受试作答标记性大小不同的

词汇项 C-be、C-have、C-do 时，习得成绩存在显著性组内主效应（F=14.078，$p=.00^{*}<.05$，$\eta^2=.104$）。在句型转换题中（C-Z），Mauchly 球形度假设成立（$\chi^2_{(2)}=2.66$，$p=.265>.05$），无须校正自由度，进一步检验主效应值，组内主效应值也显著（F=69.778，$p=.00^{*}<.05$，$\eta=.366$），且在两类题型测试中交互效应均显著（C-F：F=3.499，$p=.008^{*}<.05$，$\eta^2=.055$；C-Z：F=4.322，$p=.002^{*}<.05$，$\eta^2=.067$）。从交互效应值的显著性可以看出受试在作答两类题型过程中，标记性大小不同的异干互补词汇项 C-be、C- have、C-do 与不同组别受试之间相互作用，共同作用于受试对 C 功能语素异干互补目标句法项的习得成绩。因此，我们进一步拆分回三个组别文件，分别对三组受试习得 C 功能语素异干互补目标句法项的组内差异性进行检验。采用单因素重复测量方差分析，在拆分数据后对每组受试 C 功能语素上异干互补目标句法项习得成绩的组内差异性分别作出比较。经过 Mauchly 球形度假设验证（部分组别需经 Huynh-Feldt 或 Greenhouse-Geisser 校正自由度），发现除了中级组受试在翻译题中（C-F）对各目标项的习得准确率无显著性组内差异以外，其余各组受试在两种题型作答过程中各个目标句法项习得成绩均存在显著性组内主效应，如表 5.25 所示。

表 5.25　各组受试习得 C 功能语素各目标句法项之组内主效应（单因素重复测量方差分析）

组内主效应	自由度（*df*）	F 值	显著值	效应大小 η^2
低级组（C-F）	2	15.650	.000*	.322
中预组（C-F）	2	7.798	.001*	.122
中级组（C-F）	2	3.155	.049	.090
低级组（C-Z）	2	47.648	.000*	.591
中预组（C-Z）	2	36.439	.000*	.394
中级组（C-Z）	2	7.884	.002*	.198

$p<.05$

经由事后多重检验（LSD）进行两两比较，发现只有中级预备组受试（32～42 分段）在句型转换题型中（C-Z）掌握目标句法项的习得成绩符合理论预测，存在 C 功能语素标记性最小的词汇项 C-be（[mF_1]）习得成绩，高于标记性较之更大的词汇项 C-have（[mF_2]），C-have（[mF_2]）习得成绩高于标记性最大的词汇项 C-do([mF_3]) 习得成绩排序。简言之，只有中级预备组(32～42 分段)在句型转换题型中，C 异干互补词汇项习得成绩排序：C-be>>C-have>>C-do([*u*F]>>[*m*F]) (be>have，MD=.265，$p=.00^{*}<.05$；have>do，MD=.05，$p=.026^{*}<.05$；be>do，MD=.031 6，$p=.00^{*}<.05$)符合 MSAH 理论预测，如图 5.4 所示。

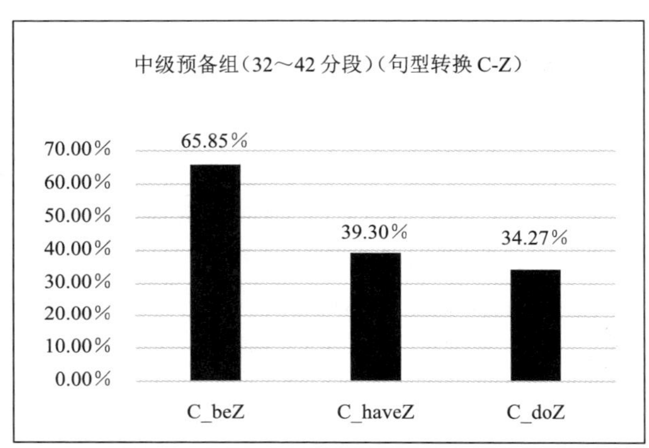

图 5.4　中级预备级(32～42 分段)异干互补 C-be、C-have、C-do 习得准确率排序(C-Z)

以上数据分析部分验证了与研究问题 4 相关的研究假设 4。中级预备组受试(32～42 分段)在句型转换题型中，作答标记性特征值不同的异干互补词汇项 C-be、C-have、C-do 习得成绩与其形态－句法特征值标记性大小成负相关(标记性由小到大升序排列)。

5.4.3　C-Ø 产出率与错误率的相关性分析

默认无标记性形态特征 C-Ø，也就是说 C 功能语素的零形式形态语素变体应为(57)所对应的代码集合。

(57) C-Ø=[*v*-Ø-1]+{(*v*-be-2)+[*v*-be+(Ø/be/have/do)-11)]}+
{(*v*-have-3)+[*v*-have+(Ø/be/have/do)-12]}+
{(*v*-do-4)+[*v*-do+(Ø/be/have/do)-13]}

我们进一步对 C-Ø 默认形态特征值产出率与 C 功能语素在各必要语境下整体错误产出率作出相关分析，由于受试作答两题型趋势一致，且两题编码一致，以下将两题型再次合并处理。通过数据分析发现 C-Ø 默认无标记性形态特征产出率与整体错误率呈现出显著性正相关，相关系数较高($r=.894$，$p=.000^{*}<.05$)，说明默认形态特征 C-Ø 产出越多，错误率越高，如表 5.26 所示。该结果验证了与研究问题 4 相关的研究假设 5。

表 5.26　C 功能语素默认形态特征 C-Ø 与错误率的相关分析结果

项目		相关性	*p* 值
C 功能语素错误率	默认形态特征 C-Ø	.894	$.000^{*}$

$p<.05$（双侧检验）

5.5　小结

首先，研究结果显示三组不同英语水平藏族受试在作答各个功能语素 Event (v/v^*)、AGR(T)、T、C 异干互补词汇项时，两项诱导性书面产出任务题型的作答反应均存在一致性发展趋势，互为三角验证。研究结果内部效度良好。

其次，研究结果表明，三组受试在局部性词语段循环域上，习得功能语素 Event (v/v^*)、AGR(T)、T、C 异干互补词汇项时，在 [*u*F] 所在必要语境下，几乎没有 [*m*F] 逆序产出现象发生；在 [*m*F] 所在必要语境下，仅有 [*u*F] 异干互补词汇项偏误产出现象发生，且错误产出分布率呈降序排列 [uF_0^n]，[mF_1^{n-1}]…[mF_n^0]（标记性特征值由小到大呈升序排列）。三组受试对象在各个功能语素上，掌握 [*u*F] 与 [*m*F] 异干互补词汇项习得准确率得分均与英语语言水平成正相关。受试对象在各个功能语素上，掌握后插入的异干互补词汇项 [*u*F] 与 [*m*F] 习得成绩与其标记性特征值大小成负相关的研究假设仅仅得到量化分析部分验证：Event (v/v^*)-be>>have>>do（低级组 20～30 分段／填空题）；AGR-are>>is>>am（中级预备组 32～42 分段／填空题）；T-[present]>>T-[present, progressive]>>T-[past]>>T-[present, perfective]>>T-[past,progressive]>>T-[past, perfective]（中级组 44～54 分段／填空题）、C-be>>have>>do（中级预备组 32～42 分段／句型转换题）。受试对象默认无标记性形态特征值 [*u*F] 产出率与整体错误率呈正相关的研究假设得到验证。

最终，本研究推论性假说标记性形态–句法特征值习得排序假说(MSAH)推论 1 以及推论 3 内部效度得到检验，推论 2 内部效度得到部分验证。在以下研究发现与讨论部分，本研究针对受试习得各个功能语素 Event (*v*/*v**)、AGR(T)、T、C 异干互补词汇项时，仅有某一组别受试在某一题型中出现符合 MSAH 假说推论 2 理论预测的成因进行分析。

注：

1. 需要进行对比的目标句法项数量在两个以上，为了避免犯第一类错误，本研究不采用配对样本 T-test 检验，而是针对各组受试组内 Event (*v*/*v**) 异干互补词汇项 be、have、do 习得成绩，实施单因素重复测量方差分析，以 LSD 进行事后多重检验。

2. COCA 语料库包含 5 亿 4 000 万词汇。语料来源于日常用语、小说、流行杂志、新闻报刊、学术文章。1990—2020 年，每年会新增 2 000 万单词。语料库会定期更新(最新文本截止于 2020 年 12 月份)。

3. Eubank(1993，1994，1996)提出无赋值特征假说，主张在中介语初始状态中，形态特征没有被赋值，处于一种惰性状态(inert)，当屈折变化形态特征被习得之后，二语特征值才被赋予。

4. T 无定式(T-non-finite) 不属于 T 异干互补各形态特征，不计入统计排序，仅仅因为受试在 T 复合功能语素各不同标记性必要语境下产出无定式频次较多，我们才统计出无定式的产出频次，在此仅作参照。

5. 由于 have been 是正确表达式，have…be… 应该从该嵌套式表征式中剔除。

6. C 功能语素构型的 [cp Do…[subj. have…]] 实则为正确疑问句提问方式，只是 have 作为算子提至句首的用法越来越少(Quirk et al.，1985：132)，基于此，我们认为在这里 have 应从这个嵌套式双标表征式中剔除。

第 6 章 研究发现与讨论

在本章研究发现与讨论中，我们针对三组不同英语水平受试对象在局部性词语段循环域上，习得各个功能语素 Event (*v*/*v**)、AGR(T)、T、C 异干互补词汇项排序规律仅部分验证了 MSAH 理论预测，呈现出英语基本助动词中介语发展规律由 [*u*F] 至 [*m*F] 形成单向性、替换性、渐进式习得排序，进行以下成因分析。

研究结果表明仅有 Event (*v*/*v**)-be>>have>>do（低级组 20～30 分段/填空题）、AGR-are>>is>>am（中级预备组 32～42 分段/填空题）、T-[present]>>T-[present,progressive]>>T-[past]>>T-[present,perfective]>>T-[past,progressive]>>T-[past, perfective]（中级组 44～54 分段/填空题）、C-be>>have>>do（中级预备组 32～42 分段/句型转换题）在局部性词语段循环域上，产出了符合 MSAH 假说针对异干互补词汇项习得排序规律的理论预测，下面进行成因分析。

6.1 低级组(20～30 分段)词根内部循环域 Event (*v*/*v**) 异干互补词汇项

与研究问题 1 相关的研究假设 4 仅得到了部分验证（见 5.1.2.2 节数据报告）。在三组不同英语水平受试对象中，仅有低级组受试(20～30 分段)

在填空题中(*v*-T)习得异干互补词汇项时，Event (*v*)-be(Infl.)>>Event (*v*/*v**)-have(Infl.)>>Event (*v**)-do(Infl.) ([*u*F]>>[*m*F]) 排序规律符合 MSAH 理论预测。究其成因，MSAH 理论预测需要结合受试所处中介语发展过程的某一阶段，在词根循环域的内论元结构上，探究 Event (*v*/*v**) 词汇/句法动因-语素是否已经完成赋值，再进一步在局部性词语段循环域上，对异干互补词汇项 Event (*v*)-be(Infl.)、Event (*v*/*v**)-have(Infl.)、Event (*v**)-do(Infl.) 进行线性化排序理论预测。以下对其成因作出进一步解析。

6.1.1 低级组(20～30 分段)√BE 词根循环域构型子句语段内论元结构

低级组受试(20～30 分段)在 √BE 词根循环域构型子句语段内论元结构。研究发现，低级组受试(20～30 分段)在翻译题中(*v*-F)默认无标记性形态特征值 *v**-Ø 产出率相当高(284/510,55. 69%)。相比之下，在填空题中(*v*-T)产出零语素默认形态特征值 *v**-Ø 相对较少(98/510,19. 22%)。

这一现象背后的成因分析如下，在 Event (*v*/*v**) 填空题的题目设计中已经给出了外论元结构，受试仅需要在词根循环域完成屈折化形态实现即可。然而，由于词根在词语段循环域的 PF 语音式拼读需要由词语段外部循环域上的屈折化非循环中心词 *Y* 与内部域循环中心词 *x* 一并实现触发(Marantz,2007)，低级组受试(20～30 分段)此时并不存在词语段外部循环域的屈折化非循环中心词 *Y*，因此在 √BE 所在(强)词语段循环域上(ph=1)，仅产出了没有屈折化的词根派生物 √BE+*v*=be 底层语音说明，或者产出无语音实现的零语素形态变体 Ø。与此同时，在 Event (*v*/*v**) 填空题中，我们给出了一部分 √BE 原型形式，受试对象在得到提示以后，会直接产出词根派生物 √BE+*v*=be 底层语音说明，而很少产出零语素形态变体 Ø。相比之下，Event (*v*/*v**) 翻译题测试的是 T-[Event (*v**)] 所在词语段外部循环域，对应于子句语段外论元结构的中介语发展情况。在微观形态理论视角下，词与短语结构实现了透明性接口(Embick & Noyer,2007)，词语段(Marantz,2007)与子句语段(Chomsky,2001)同质化，词语段也是构型子句语段的手段与方式。而此时低级组受试(20～30 分段)没有实现词语段外部循环域的句法-动因语素屈折化。换言之，低级组受试(20～30 分段)仅有语类

化词根 [[√BE] Event (*v*)] 所在词根循环域(ph＝1)与 UG 句法－语义特征值相对应的词汇－语素，构型子句语段内论元结构，因此会大量产出 *v**-Ø 默认无标记形态特征值(图 6.1)。

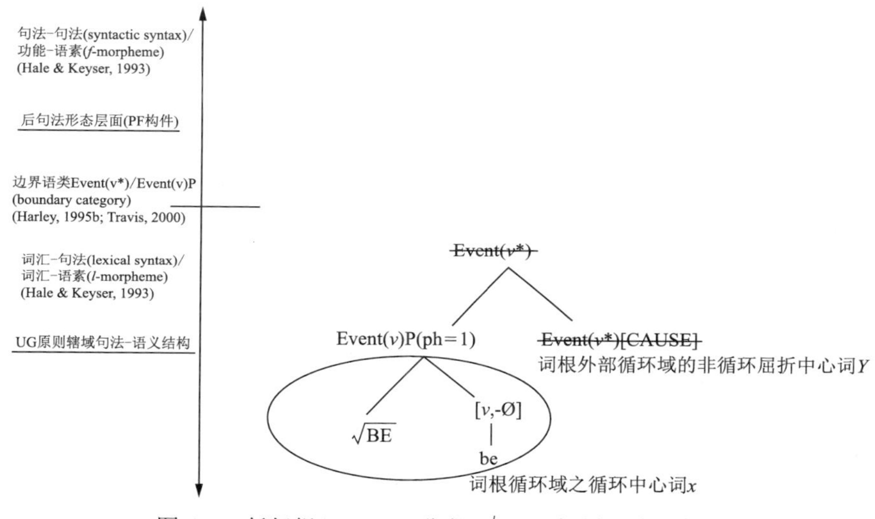

图 6.1　低级组(20 ～30 分段)√BE 词根循环域示意图

6.1.2　中级预备级组(32～42 分段)嵌套式双标表征式

研究表明，中级预备级受试(32～42 分)开始产出 does、has 形态语素变体。然而，这并不意味着此时的受试在词语段循环域上已经实现了 Event (*v**) 句法－动因语素的句法－语义特征赋值。研究发现，中级预备级组受试(32～42 分段)在作答 Event (*v**) 翻译题时，产出基本助动词嵌套式双标表征式，例如：71 号受试(38 分)在“【题 190】They *are doesn't invite Kim *got to the party.”中产出了 *v**-[be+(do/ have/ be/ Ø 系)]-11 嵌套式双标表征式。doesn't 在这里并不是处于外论元结构上 Event (*v**) 句法－动因语素位置的特征值 [CAUSE]，仅以假基本助动词的形式出现，是子句的附加语成分。实际上，将嵌套式双标表征式中的 doesn't 划掉，就会发现这里其实反映的是受试在产出 am/is/are＋verb(bare) 跨词语段循环域映射而成的表征式时，出现了 be 过度产出现象。换言之，此时受试仍然仅在词语段内部循环域(ph＝1)，也就是 √BE 词根循环域，经由 DP 论元驱动，发生 [DP[√BE] Event (*v*)]-are/is/am 异干互补词汇项形态－语音拼读（Embick，2010：52）。以上现象说明中级预备级受试（32～42 分段）产出的 does 仍旧为外化于语法记忆列表式的语音语素变体（Embick & Marantz，2008）。

6.1.3　中级组（44～54 分段）外论元结构 Event(*v**) 句法－语义特征赋值

中级组受试（44～54 分）在 Event (*v*/*v**) 翻译题中，掌握 Event (*v*/*v**) 功能语素异干互补词汇项 do、have、be 习得准确度得分相差无几，均达到 77.75%[1] 以上，且无组内差异性（F=1.603，p=.209>.05，η^2=.048），这说明时至中级组受试（44～54 分段），在子句语段后句法 PF 构件的外论元结构上，Event (*v**) 句法－动因语素实现了 [CAUSE] 句法－语义特征赋值。中级组（44～54 分）在翻译题与填空题两类任务题型中的作答反应说明该组受试对象已经习得了 Event (*v*/*v**) 动因－语素的句法－语义特征值。be（光杆）、have（光杆）、do（光杆）产出分布频率在低级组（20～30 分段）、中级预备组（32～42 分段）数量较多，这一现象说明支撑外论元结构的 Event (*v**) 句法－语义特征值尚不存在，而时至中级组（44～54 分段），研究表明 be（光杆）、have（光杆）、do（光杆）产出分布频率降至较小频率（表 6.1），这一数据分析验证了以上推断。

表 6.1　三组受试光杆 *v*-be、*v*-have、*v*-do 产出分布频率（填空题）

	be（光杆）	have（光杆）	do（光杆）
低级组	（70/111）63.06%	（91/228）39.91%	（82/185）44.32%
中级预备组	（35/111）31.53%	（108/228）47.37%	（83/185）44.86%
中级组	（6/111）5.41%	（29/228）12.72%	（20/185）10.81%

注：be(bare)-5/have (bare)-6/do(bare)-7

6.1.4　低级组（20～30 分段）√BE 词根循环域异干互补词汇项 do、have、be 习得排序符合 MSAH 理论预测成因分析

基于以上分析，本研究仅在低级组受试（20～30 分段）作答 Event (*v*/*v**) 填空题时，测出受试对目标句法项的习得准确度排序符合 MSAH 理论预测，具体

成因分析如下。首先在填空题中，由于已经给出了完整的论元结构，我们仅在词根循环域测试受试掌握异干互补词汇项 *v*-do、*v*-have、*v*-be 句法–语义特征值的习得程度排序，如(58)例题所示。

(58) 异干互补词汇项 *v*-be, *v*-have, *v*-do 测试任务例题(填空题：*v*-T)

【题 176】The Gold____a metal.

【考察词根内部循环域 [DP[√BE] Event (*v*)]-be (系)】

【题 57】The week ___7 days.

【考察词根内部段循环域 [[[√BE] Event (*v*)] Event (*v**)]-have】

【题 177】We___ (not use) mobile phone on the plane.

【考察词根内部循环域 [[[√BE]~~Event (*v*)~~] Event (*v**)]-do】

其次，依据 4. 3. 4 节判准条件，词根循环域上的形态语素变体 being、having、doing，以及不具有论元结构的变异性表征式 has/does+(verb)Ø 均归为 *v**-Ø 类属，也就是说，研究结果仅对屈折化形态–语音拼读词汇项 is(are/am)、has、does[2] 进行计准，根据句法解析的判准代码(详见表 4. 5)，最终，仅在填空题中测出低级组受试(20～30 分段)在词语段循环域上，产出了符合 MSAH 理论预测习得准确度的排序 *v*-is(am/are)>>*v*-has(Infl.)>>*v*-does(Infl.)(详见 5. 1. 2. 2 节数据报告)。也就是说，低级组受试(20～30 分段)习得成绩排序是指 Event (*v*/*v**) 词汇/句法–动因语素在同一个词语段循环域上的语境同位异体语素屈折化形态特征值排序：is(am/are)(系)>>has>>does([*u*F]>>[*m*F])。

该研究发现与 Stromswold(1991)关注早期儿童母语习得系动词 be 的时间早于助动词 be 的研究发现一致。同时，该研究发现与常辉、马炳军(2006)在对中国英语学习者纵向追踪过程中，is>>has>>does>>verb-s 习得难易度排序一致。该研究发现与 Hawkins & Casillas(2008：596)对处于中介语发展初始阶段英语学习者习得基本助动词与题元动词时的研究发现部分一致，be(系动词)>>be(助动词)>>-ed>>3p-s。与此同时，通过该研究发现进一步验证了中介语系统性变异假说——语境复杂度假说(CCH：contextual complexity hypothesis)(Hawkins & Casillas，2008)理论预测力的假说内容，如(59)所示。

（59）在句法派生构型表征式的过程中，词汇项列表与句法终端姊妹节点共现（co-occurrence）。词汇项的获取受制于句法终端所需标注姊妹节点的数量。语境标注所需姊妹节点数量越多，获取词汇项列表的可能性越低（Hawkins & Casillas，2008：603）。

Event (*v*/*v**) 词汇／句法－动因语素是处在同一局部性词语段循环域上的语境同位异体语素变体（Embick，2015），后插入的具有标记性特征值排序的异干互补词汇项 is(am/are)>>has>>does 与其所处词语段循环域上的姊妹节点共现，且受制于所处词根循环域与词语段外部域姊妹节点数量的多寡，导致习得难易度不同，如（60）所示。

（60）[[[DP[√BE] Event (*v*)]]] ←→ am/is/are___/{BE} ⌒ (2 个姊妹节点）
[[[√BE] Event (*v*)] Event (*v**)] ← → has___/{BE+prep. /CAUSE+prep. }
（2～3 个姊妹节点）
[[[√BE] Event (*v*)] Event (*v**)] ←→ does/{CAUSE}（3 个姊妹节点）

简言之，低级组受试（20～30 分段）对 Event (*v*/*v**) 词汇／句法－动因语素在词语段循环域上构成的语境同位异体语素，也就是异干互补词汇项习得难易度所产生的线性化排序 is(are/am)>>has>>does，验证了语境复杂度假说以及 MSAH 假说的预测力。

6.2 中级预备组（32～42 分段）词根循环域的 AGR 异干互补词汇项

研究发现与研究问题 2相关的研究假设 4 仅得到了部分验证（见 5. 2. 2. 2 节数据报告）。在三组受试中介语发展过程中，仅有中级预备组受试（32～42 分段）在 AGR 填空题型各个必要语境下习得异干互补词汇项 AGR-are>>is>>am([*u*F]>>[*m*F]) 排序规律符合 MSAH 理论预测。究其成因，MSAH 预测力需要结合受试所处中介语发展过程的某一阶段，词根循环域内论元结构上 AGR (~~T-[Asp]~~]) 功能语素是否已经屈折化，再进一步在局部性词语段循环域上对异干互补词汇项 AGR-am、AGR-is、AGR-are 进行线性化排序，从而实施理论预测。最后，在以下研究发现与讨论部分进一步对其进行成因分析。

6.2.1　低级组（20～24 分段）在 is 必要语境下 am 逆序产出成因分析

研究发现表明，低级组受试（20～24 分段）是在 AGR 单选题 is 必要语境下，逆序产出更大标记性词汇项 am 的主体对象。例如：1 号受试/20 分产出"【题 149】The meeting *am…"。依据理论预测，相比 is 而言，are 是默认无标记性形态特征值，应该是最易获取的普遍语法特征值，然而，该阶段受试在 is 必要语境下逆序产出更大标记性词汇项 am 的成因是这部分低级组受试（20～24 分段）am 形态－语音语素变体此时并无形态－句法特征赋值（图 6.2）。

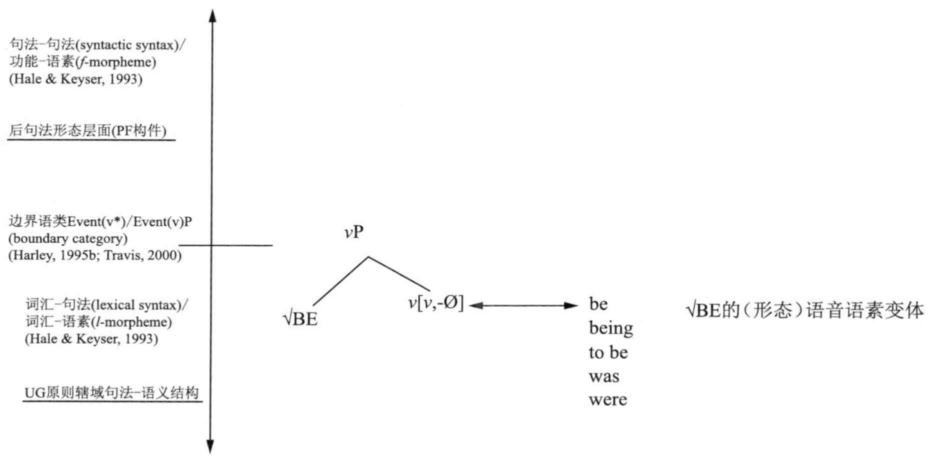

图 6.2　语类化词根 [[√BE]v] 形态－语音语素变体示意图

换言之，此时的词根 √BE 仅为词语段内部循环域（ph＝1）所对应的内论元结构上词根语类化产物的形态－语音语素变体 [[√BE]v]，低级组受试（20～24 分段）尚未在后句法 PF 构件上实现 AGR 功能语素屈折化，与之相应地，am 仅为无形态特征值的形态－语音语素变体，只是受制于选项所限受试无法做出其它选择，呈现出选择 am 的假象。低级组受试（20～30 分段）在 AGR 单选题中作答 am 准确率高达 47.68%，而相比之下，在 AGR 填空题中的作答准确率仅为 18.82%。与此同时，低级组受试（20～24 分段）在填空题中存在 be、being、to be 过度产出现象。在 AGR 单选题 is 必要语境下，选择 am 的低级组受试（20～24 分段）在相应 AGR 填空题中 is 所在必要语境下，仅能够填写出 was、were、being、be、to be、*ber、*bes 形态–语音语素变体形式（以受试对象 1 号、3 号、4 号、6 号、9 号、10 号、12 号、14 号、16 号、17 号为例），而不再有 am 过度产出现象发生。这两种现象论证了以上推断。除此之外，低级组受试（20～24 分段）在 AGR 功能语素全部必要语境下，除了产出语类化词根 [[√BE]*v*] 形态–语音语素变体 was、being、be、to be 之外，仅有默认形态特征值 are 产出，这也验证了 MSAH 的理论预测力。也就是说，are 是 AGR 功能语素的默认无标记性形态特征值。低级组受试（20～30 分段）在中介语早期发展阶段产出 *ber、*bes 形态–语音语素变体，以及默认形态特征值 are 的研究发现与 Stromswold（1991）对早期儿童英语习得者的研究发现一致。以上结果部分论证了无赋值特征假说（valueless features hypothesis）（Eubank，1993，1994，1996），如（61）所示。

（61）在中介语发展初始阶段，形态–特征值没有被赋值，而是处于一种惰性状态（inert），当屈折变化形态特征被习得之后，二语特征值才被赋值，二语习得者最终能获得与本族者同样的水平（Eubank，1993，1994，1996）。

从某种意义上说，无赋值特征假说（Eubank，1993，1994，1996）代表的是形式–形态联系观的强词汇论立场（Rohrbacher，1999）。也就是说，形态驱动句法特征值发展。无赋值特征假说（Eubank，1993，1994，1996）主张在中介语发展初始阶段，am 是没有被赋值的（形态）语音语素变体。

从微观形态理论视角而言，am 词汇项的来源是普遍语法特征库中由具有依附性句法–语义特征几何结构编码而成的标记性形态特征值，只是处于这一阶段的低级组受试（20～24 分段）仅仅习得了词根循环域的语类化词根 [[√BE]*v*]，尚不具备以形态操作方式打包句法–语义特征值成为 AGR 功能语素的能力（Embick，2010），更不处在通过词汇项列表 are、is、am 完成竞争性插入，实现形态–语音拼读的阶段，因此低级组受试（20～24 分段）AGR 异干互补词汇项习得排序不符合 MSAH 理论预测。

6.2.2　低级组(26～30 分段)在 are 必要语境下 is、am 逆序产出现象成因分析

研究表明低级组受试(26～30 分段)是默认无标记性形态特征值 are 所在必要语境下，逆序产出较大标记性形态-语音语素变体 is、am 的主体对象，其成因在于此时句法终端仅有单一功能中心词节点存在，与 UG 句法-语义特征值一一对应(Sigurðsson，2000)，受试对象在后句法 PF 构件上并没有实现 AGR 功能语素屈折化。具体展开如下成因分析。

首先，在 are 必要语境下逆序产出标记性较大词汇项 is 是由于在 AGR-are 必要语境下的 5 道 AGR 单选题测试题目均为人称代词作主语，受制于第三要素原则支配(Chomsky，2005)，低级组受试(26～30 分段)驱动 AGR 单一功能中心词节点与缺省后的人称代词 we、they、you 进行特征值核查(表 6.2)。

表 6.2　低级组(26～30 分段)人称代词主语 are 必要语境下词汇项 is 逆序产出现象表

在 are 必要语境下产出词汇项 is 的题例	在 are 必要语境下，产出 is 的受试/分数 (低级组 20～30 分段)
【题 37】we *is on the way back home	受试 17 号(28 分)
【题 40】They *is married	受试 15 号(26 分)
【题 140】They *is excellent students	受试对 31 号 (30 分)
【题 144】They *is my neighbor.	受试 24 号(28 分)
【题 156】You *is not a Japanese girl.	受试 23 号(28 分)

具体而言，照比程度更低的 20～24 分段受试，26～30 分段低级组受试已经实现了 √BE 所在词根循环域的形态-语音拼读。Embick(2010)指出，如果将 DP 视为一个独立的语段循环域，那么 DP 可以触发 √BE 词根循环域即刻发生形态-语音拼读 [[DP[√BE]*v*]]-am/is/are。这部分低级组受试(26～30 分段)此时可以选取异干互补词汇项 am、is、are，实现 √BE 的形态-语音拼读。然而，由于 T 复合功能语素在词语段外部循环域还没有实现屈折化，嫁接于 T 的 AGR(T) 功能语素相应地也不存在，句法终端仅存在单一功能中心词节点，待插入的词汇项列表相应地被融合为不充分标注。受试根据融合后的人称代词

[1] → Ø/___we[pl]、[2] → Ø/___ you[pl]、[3] → Ø/___ they[pl]（Schütze，1997），对插入 AGR 功能中心词的词汇项列表进行最小化生成、最大化表达的系统性融合操作，将其均最小化为词汇项 are[pl]。由于此时的句法终端仅有单一功能中心词节点，受试进一步对 AGR 功能语素进行缺省操作，将 [person] → Ø/____ AGR [number][~~person~~] 缺省为 AGR[number]。缺省规则[3]阻碍了子集原则支配下标注最充分的词汇项发生竞争式插入，这就导致了最不充分标注的默认词汇项插入了 AGR 功能中心词。受试首先排除掉 am[1, sg]，相较于词汇项 are[pl]，is 形态语素变体 [3] 与 [sg] 形态特征值在形态特征几何结构中均为光杆节点 INDIVIDUATION，也就是说，[sg] 与 [3] 在词根节点上均为默认形态特征值，受试据此选择 is 词汇项成为备选，受试进一步依据缺省后的 person → Ø/__AGR[number] 功能中心词节点对词汇项 is 进行不充分标注，is 被缺省为 [3] → Ø/__is[sg]，is[sg] 较之 are[pl] 而言，是默认无标记性节点 [sg]>[pl]（Harley & Ritter，2002b），因此受试最终选取 is[sg] 作为标注最不充分的词汇项，对 AGR 单一功能中心词进行插入（图 6. 3）。

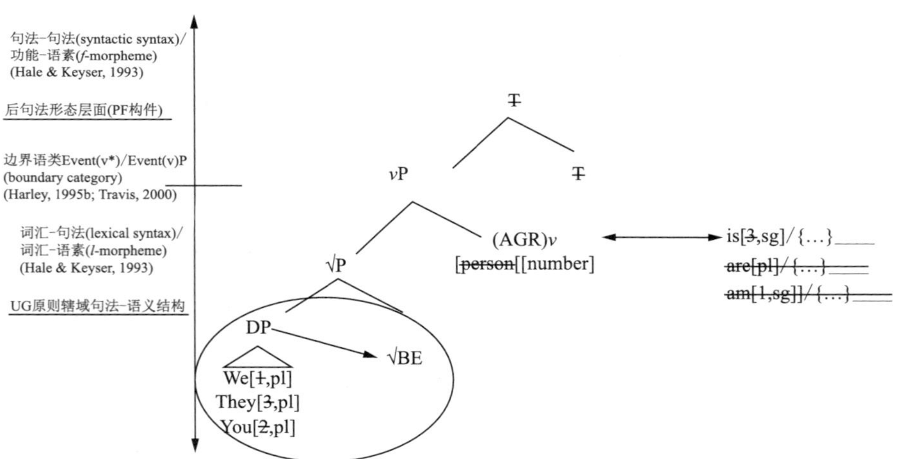

图 6. 3　低级组受试（26～30 分段）在 are 必要语境下逆向产出 is 成因分析示意图

低级组受试（26～30 分段）将 you 缺省为 [2] → Ø/__you [sg]。在干扰项"【题 39】You do-es（A. do B. does C. doing）not break into our conversation"测试题目，以及干扰项"【题 38】You ha-s（A. have B. has C. having）a good temper.”测试题目中，低级组受试（26～30 分段）大都选择了 do-es、ha-s 选项。由此可以验证以上论断，低级组受试（26～30 分段）将第二人称代词缺省成了单一功能中心词节点 [2] → Ø/__you [sg]。在 do-es、ha-s[4] 中，-s 均为外化于句法记忆背诵的（形态）语音同位异体语素变体（Embick & Marantz，2008）。低级组受试（26～30 分段）通过选取 do-es、ha-s（形态）语音语素变体表示 do 和 have，与单一功能中心词节点 [2] → Ø/__you [sg] 人称代词发生调和（accord）（Schütze，1997）。低级组受试从普遍语法特征库中选取 AGR 默认形态特征值 are，在系统性融合人称代词后，使之成为具有单一节点的功能中心词，与 [2] → Ø/__you [sg] 发生允准，对 are 进行改造，关联记忆中原本附加在实义动词上表示单数第三人称的形态－语音语素变体 -s，作出生造词 *are-s，例如“【题 205】You *are-s both my friends.”（受试 18/28 分、受试 20/28 分、受试 26/30 分）。中介语发展初始阶段，藏族英语学习者产出生造词 *are-s 的研究结果与 Stromswold（1991）对早期儿童英语母语习得者的研究发现相一致。

其次，低级组受试（26～30 分段）在 are 必要语境下逆序产出标记性最大的词汇项 am 的成因分析如下，低级组 14 号受试（26 分）与 19 号受试（28 分）在 AGR-am 必要语境下作答准确率相当高。经由进一步考察发现存在 am 过度产出现象，并且这种 am 替换性产出仅仅发生在 are 必要语境下，在 is 必要语境下并没有发生。同理，此时低级组受试（26～30 分段）仅具备在 √BE 词根循环域（ph＝1）内论元结构上的形态－语音拼读能力，而词语段外部循环域外论元结构上的功能语素 AGR(T) 并不存在。受制于语言官能生物系统之外第三要素原则支配，受试在运算效率及数据处理省力原则的支配下，相应地对屈折化词汇项列表 we 和 am 同样应用了缺省操作。缺省掉了 AGR 功能语素中标记性较大的数特征值 [number] → Ø/___AGR[person]，以及与之相对应的词汇项的数特征值 [pl] → Ø/___we[1]、[sg] → Ø/___I [1]，在 √BE 词语段循环域上实现了形态－语音拼读。例如：19 号受试（28 分段）在干扰项中产出了“【题 109】We *am both college students.”，甚至产出了“【题 73】We *am (do) not live in Sichuan.”以及“【题 211】We *am(have) got an exam every Monday.”等随机变异现象。但是，照比人称特征 [person] 而言，数特征 [number] 属于标记性较大的形态特征值，如（62）所示。通常情况下，缺省标记性较大的数特征值不常发生，所以在 are 必要语境下逆序产出 am 的数量远比 is 低。

（62）普遍语法形态-句法特征层级排序

person＞number＞gender＞class ([*u*F]＞[*m*F])（Noyer，1992：46）

最终，研究发现低级组（26～30 分段）产出 AGR 异干互补词汇项不符合 MSAH 理论预测。简言之，该阶段藏族受试（26～30 分段）还不具备在后句法形态层面的句法终端，将单一功能中心词屈折化成 AGR 功能语素的能力，而仅有与 UG 句法-语义特征值一一对应关系的单一功能中心词存在，由于与之相应的 AGR 功能语素尚不存在，异干互补词汇项 AGR-am、AGR-is、AGR-are 排序规律不符合 MSAH 理论预测。

6.2.3　中级预备组（30～34 分段）AGR 异干互补词汇项习得排序符合 MSAH 理论预测成因分析

研究表明，中级预备组受试[5]（30～34 分段）在作答 AGR 填空题时，产出不同标记性大小的异干互补词汇项 AGR-are>>AGR-is>>AGR-am（[*u*F]>>[*m*F]）习得准确度排序符合 MSAH 理论预测。中级预备组受试（30～34 分段）在标记性特征值最大的词汇项 am 所在必要语境下，存在标记性较之更小的形态特征值 is 与默认无标记性形态特征值 are 交替产出现象，以下展开相关论证。

首先，关注在标记性最大的词汇项 am 所在必要语境下，受试产出默认形态特征值 are 的原因。随着受试对象英语水平的提高，中级预备组受试（30～34 分段）逐渐开始具备了在词语段外部循环域上屈折化形态特征值的能力。[[√BE] (*v*)] 词语段循环域上的形态-语音拼读也随着非循环中心词 T-[Asp] 的出现（T 承袭语段中心词 C 的特征）得以实现 [[[[√BE] (*v*)]T-Asp] AGR(T)]。例如：中级预备组 35 号受试（32 分）在 am 标记性必要语境下，产出默认无标记性特征值 are 频次相当高。这是由于该受试对象在外化于语言官能的第三要素原则驱动下，选择系统性融合的方式最小化词汇项 are[pl]，使其成为默认无标记性形态-句法特征值。由于形态-句法特征值仅由一个句法-语义特征值组成，易于从普遍语法特征库中获取，且由于受试此时已经具备打包功能语素的能力，无需对 AGR 功能语素 [person]、[number] 进行缺省操作，受试此时获取的是最不充分标注的非屈折化默认形态特征值 are[pl]，也就是说，受试产出默认特征值 are[pl] 概率最大（图 6.4）。

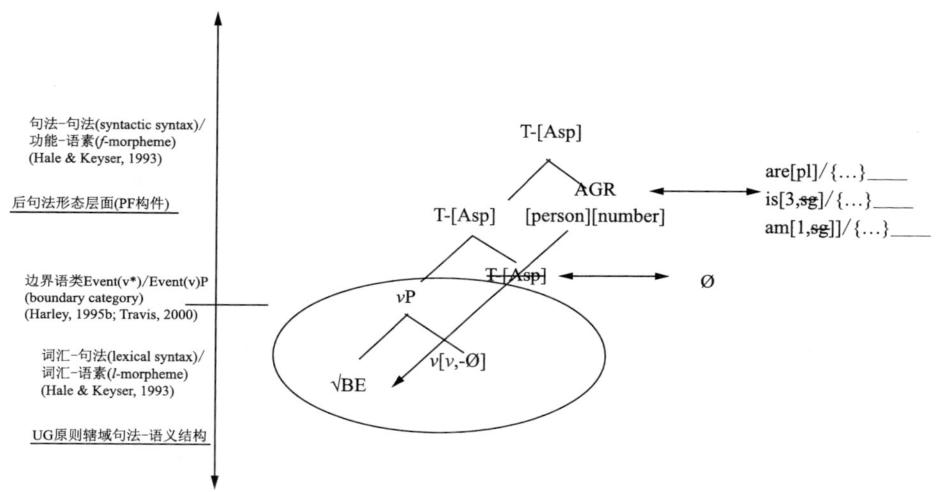

图 6.4　中级预备组受试（30～34 分段）产出默认无标记性形态特征值 are 示意图

其次，在标记性最大的词汇项 am 所在必要语境下，中级预备组受试（30～34 分段）会产出标记性较小的词汇项 is。也就是说，在标记性词汇项 am 必要语境下，中级预备级组受试（30～34 分段）产出 I *is... 较多，究其成因，此时受试依据形态-句法特征层级排序（Noyer，1992），缺省掉位于层级位置较低标记性较大的形态特征值 [number]，最小化词汇项列表 [sg] → Ø/__is [3]、[sg] → Ø/__am [1]。进一步比较 [3] 与 [1] 人称形态特征层级排序 [3]>[1]（[3] 为独立节点 INDIVIDUATION）（Harley & Ritter，2002b：24），在系统性融合最小化词汇项后，通过实施标记性缺省转换原则（Noyer 1998），标注最不充分的词汇项 is 成为受试对象的备选。以上是在最大标记性词汇项 am 必要语境下，中级预备组受试（30～34 分段）产出标记性较小词汇项 is 的成因分析。

最终，中级预备组受试（30～34 分段）在 is 必要语境下产出默认无标记性形态特征值 are 成因分析如下所示。AGR-is 单选题 5 个测试题目全部由非人称代词作主语，中级预备组受试（30～34 分段）在没有任何干扰与提示的前提下，从普遍语法特征库中获取默认无标记性形态特征值 are 概率较高，完全符合

MSAH 理论预测(表 6.3)。

表 6.3　AGR-is 必要语境下 5 道测试题目(AGR 单选题)

AGR-is 必要语境下的 5 道测试题目		中级预备组(30～34 分段)作答反应	
题 33	The milk ___ sour.	A. is (√) B. are C. am	受试 26/30 分
题 36	Today ___ the Mid-Autumn Day.	A. is (√) B. are C. am	受试 32/30 分
题 137	Taiwan ___ surrounded by sea.	A. is (√) B. are C. am	受试 40/32 分
题 149	The meeting ___ in Room 101.	A. is (√) B. are C. am	受试 49/34 分
题 152	Whose car ___ the red BMW?	A. is (√) B. are C. am	受试 50/34 分

基于以上分析,在 AGR 填空题中,中级预备组受试(30～34 分段)在局部性词语段循环域上的形态语素变体,也就是 AGR 功能语素的异干互补词汇项 are>>is>>am 习得排序产生了符合 MSAH 的理论预测力。

6.3　中级组(44～54 分段)词语段外部循环域的 T 异干互补形态特征值

与研究问题 3 相关的研究假设 4 仅得到了部分验证(详见 5.3.2.2 节数据报告)。在三组受试中介语发展过程中,仅有中级组受试(44～54 分段)在 T 填空题型作答过程中,T 复合功能语素各异干互补形态特征值存在由 [*u*F] 至 [*m*F] 单向性、替换性、渐进式习得排序规律:T-[present]>>T-[present, progressive]>>T-[past]>>T-[present, perfective]>>T-[past, progressive]>>T-[past, perfective]([*u*F]>>[*m*F])符合 MSAH 理论预测现象。这是由于 MSAH 理论预测需要在局部性词语段循环域上,以 √BE 所在词语段外部循环域外论元结构上句法终端 T 复合功能语素实现屈折化作为前提条件。在以下研究发现与讨论部分,我们进一步考察中级组受试(44～54 分段)在屈折化句法终端 T 复合功能语素时,经历由 √BE 词根循环域(低级组:20～30 分段)生长至词语段外部循环域的过程(中级组:44～54 分段)。三个中介语系统性变异性发展阶段验证了最小树假说的预测力(the minimal tree hypothesis: MTH)(Vainikka & Young-Scholten, 1994, 1996a, 1996b)[6]。

6.3.1 低级组受试(20～30 分段)无定式发展阶段

本节论证低级组受试(20～30 分段)仅在词/子句语段循环域的词汇-句法语素上具有 UG 核心句法-语义值,而在词/子句语段后句法 PF 构件的句法-句法上,句法终端 T 复合功能语素还没有实现屈折化,相应地不存在 T-[present, perfective]、T-[past, perfective] 标记性较大的形态特征值。低级组受试(20～30 分段)此时产出的无定式以 to do(40/44,90. 9%)、do(898/1 779,50. 48%)以及任意性形态偏误(random morphological error)为主(106/115,92. 17%)。此时,MSAH 对低级组受试对象(20～30 分段) T 异干互补形态语素变体排序性无法实施理论预测。

6.3.1.1 低级组受试产出 T-do 光杆与 T-to do 形式

T-do 光杆形式既与定式子句中的默认无标记性特征值 T-[present] 同形,又与无定式 T-[non-finite] 同形。这一现象掩盖了低级组受试(20～30 分段)仅处于中介语发展无定式阶段的事实。例如:分级测试得分 20 分的低级组 1 号受试在作答 T 填空题时产出的动词全部是光杆形式 T-do,通过质性数据分析,我们认为其产出的动词光杆 T-do 均为无定式 T-to do。通过进一步统计出低级组受试(20～30 分段)在 T-[present] 非必要语境下 T-do 光杆动词的产出频次,发现占全部三组受试产出频率的 50. 48%(898/1779)。除此之外,低级组受试(20～30 分段)产出的光杆动词 T-do 占全部三组受试产出频率 90. 9%(40/44),如(63)所示。

(63) 低级组受试(20～30 分段)产出 T-to do 例题

【题 16】We often *to play football together. (9 号受试/24 分/低级组)

【题 17】When the doorbell rang, she *to write a letter. (9 号受试/24 分/低级组)

【题 19】John *to learn Chinese, before he came to China. (32 号受试/30 分/低级组)

由于光杆实义动词仅为词根语类化产物,是以外化于语法的方式储存在记忆中的底层语音说明,而并不是语法语类(Embick,2015),如(64)所示。

（64）光杆实义动词 To-do 词根

√PLAY + v = play (bare) ← 词根底层语音说明

（Embick，2015：43）

基于对以上现象的分析，部分低级组受试（20～30 分段）产出的 T-do 光杆动词仅为词根内部循环域的无定式 T-to do。

6.3.1.2　低级组受试动词词尾任意性形态偏误产出

研究进一步发现，低级组受试（20～30 分段）在 T 填空题与判断题两类题型作答过程中，大量产出任意性形态变体偏误，占三组受试全部产出比例的 92. 17%（106/115），以低级组 4 号受试（20 分段）产出为例，如（65）所示。

（65）低级组 4 号受试（分级测试 20 分）动词词尾任意性形态偏误题例

【题 26】Mr. Right answer a phone *coll(call) now.

【题 113】I *bet(be) to London before.

【题 110】I *learme (learn) to drive three years ago.

【题 112】He *listener (listen) to the radio, when the telephone rang.

【题 114】He*reader (read) the newspaper at the moment.

词根不等同于词，词根需要经由词根循环域上的语类化界定功能中心词（如：n，v，a）语类化后，才能出现在句法派生过程中（Embick，2015）。语类化的词根可以送交至后句法 PF 构件进行语音解读，在词语段循环域上构成词[7]（Marantz，2001）。由于在形态理论中（Harley & Noyer，1999）不区分派生形态（derivational morphology）与屈折形态（inflectional morphology），本研究依据 Embick（2015）[8] 主张低级组受试（20～30 分段）所产出的语类化词根应为具有复合特征（complex features）的语素，包括语音特征值（phonological feature）和句法-语义特征值（syntactico-semantics）（Embick & Noyer，2007）。此时，低级组受试（20～30 分段）在 T 各必要语境下产出动词词尾任意性形态变体偏误，例如 *se-er、*pla-er 实则是为了语类化词根[9]。也就是说，在词根内部循环域上为词根赋句法-语义特征值，同时，提供语音特征值。其实质性目的是进一步在词语段循环域上实现将语音解读送交后句法 PF 构件进行形态-语音拼读，从而服务于外接口 A-P 而为之(Marantz，2001)，如图 6.5 所示。

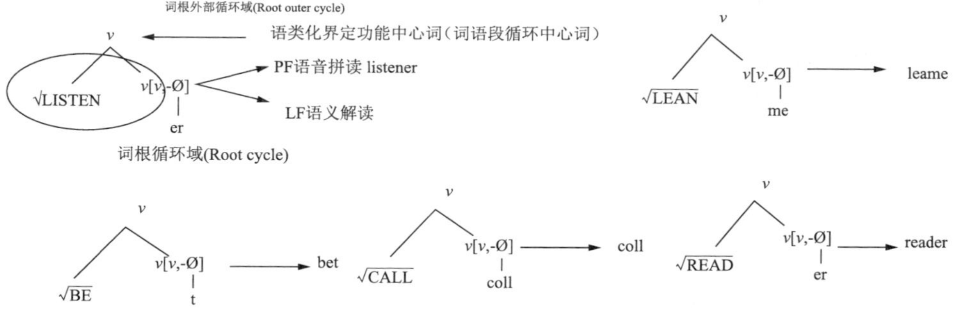

图 6.5 低级组 20 分段 4 号受试产出词根语类化实义动词示意图

然而，由于此时低级组受试(20～30 分段)并不存在词语段循环域外部域的非循环屈折化功能中心词 *Y* 附加成分存在(如 T、AGR)，此时的语类化词根仅仅是未被屈折化的词位(Aronoff，2001)。我们推测低级组受试(20～30 分段)此时仍旧无法说出语音词(phonological word)(Marantz，2007)。

6.3.1.3 低级组(20～30 分段)在 √BE 词根循环域的语类化词根句法-语义特征赋值

Travis(2000)将引入短语结构中的事件短语 Event P 界定为绑定语素(语类)(binding category/morpheme)。绑定语素是题元绑定物(theta-binder)，也就是非论元结构携带者(non-argument structure carrier)，同时还是动词无定式的生成位置。本研究据此推断低级组受试(20～30 分段)产出的无定式 T-[non-finite]、光杆动词 T-do，以及任意性形态语素变体均是词根循环域上语类界定中心词的句法-语义特征值。

简而言之，低级组受试(20～30 分段)仅有词根循环域上 UG 辖域的词汇-语素句法-语义特征值存在，词语段外部循环域(对应于后句法 PF 构件上子句语段外论元结构) T 复合功能语素还没有实现屈折化，MSAH 理论预测力无法在该阶段实施。

6.3.2 中级预备级（32～42 分段）√BE 词根循环域内论元结构的形态-语音拼读屈折化

在本节中以形态-句法分离式发展为前提条件（Lardiere，1998a，1998b，2000），在微观形态理论视角下，论证形态-句法分离式发展，脱臼式映射（morphology-syntax dislocated mapping）。针对中级预备组受试（32～42 分段）产出 am/is/are+do(bare)/doing/did/done、have(has)+do(bare)/doing/did/done 中介语变异性表征式进行解析，最终论证了中级预备级组受试（32～42 分段）此时仅有 √BE 词根循环域子句语段内论元结构存在，词语段外部循环域 T 复合功能语素仍然没有实现屈折化，MSAH 理论预测力仍旧无法实施。

6.3.2.1 be+do（光杆）、be+doing/did/done、doing 过度产出现象成因分析-形态-句法分离式发展

符合语法性判断任务主要是以测试受试对不符合语法性句法项的习得情况为目的（Hawkins，2001；Mackey & Gass，2005），换言之，为了避免符合语法性判断任务掩盖受试没有习得相关句法项的事实，在 T-[present] 与 T-[past] 两个必要语境下，共设置了 5 道测试题目，考察受试对 be 过度产出现象的判断，如表 6. 4 所示。

表 6. 4　考察受试 be 过度产出现象的 5 道测试题目（T-P）

题目	T 必要语境
【题 117】We were had dinner with our friends last night.	T-[past]
【题 118】You be have an ice-axe.	T-[present]
【题 119】I was saw a good film last night.	T-[past]
【题 120】I often be play tennis on Sunday morning.	T-[present]
【题 124】I was brushed my teeth last night.	T-[past]

研究结果显示低级组受试（20～28 分段）、中级预备组受试[10]（30～38 分段）存在大量 be(was)/am(is/are)+do（光杆）、be(was)/am(is/are)+did/done/doingbe 过度产出变异性表征式，本研究发现与以下研究发现一致（Hawkins & Casillas，2008；Ionin & Wexler，2002；García Mayo et al.，2005）。Hawkins &

Casillas(2008)主张在非母语习得者学习英语基本助动词时，并不存在be+do(光杆)、be+did之类的输入，并且对于处在非母语习得初始阶段的英语学习者而言，受试对象L1或L1-L2均不相同，这一现象说明be过度产出现象并非受制于L1或L1-L2形态特征值迁移作用影响，本研究结果同样验证了该结论。实际上，be(was)/am(is/are)+do(bare)、be(was)/am(is/are)+did/done/doing大量产出是由于形态与句法分离式发展，再相互映射所致(Lardiere，1998a，1998b，2000；戴曼纯，康悦，2009；李芝，2011)，以下进一步展开论证。

6.3.2.2 形态-句法分离式发展与脱臼式映射

本研究在微观形态理论视角下提出形态-句法分离式发展，并且具有以下特点(戴曼纯，康悦，2009；李芝，2011)。形态与句法分别以局部性单一词语段循环域为单位，在Asp功能中心词节点、T功能中心词节点以循环-线性化理论为条件(Embick，2010)，分别在词语段循环域上完成词汇项后插入的形态-语音特征值拼读，两者再发生映射。本研究发现表明分词的形态-语音拼读先于句法发展(Lardiere，1998a，1998b；Leung，2002)，形态与句法两者之间的关联没那么直接(less direct)(Lardiere，1998a)，两者各自发展，形同陌路。

下面，提出形态-句法脱臼式映射假说。首先，在跨词语段循环域上针对词根循环域Asp功能中心词与词语段外部循环域T功能中心词分别进行描述性概念界定。Embick(2003)根据词语段循环域用于构词的两种方式(Marantz，2001)，相应地推断出分词同样存在于局部性跨词语段循环域上，在词根内部循环域与词语段外部循环域分别构型由词根派生出的不同类型分词。一种是词根循环域上的状态分词(stative Asp)，另一种是词语段外部循环域上表示事件与结果的分词(eventive passive, resultative Asp)。由于Asp功能中心词满足透明度条件(Embick，2003)，可以被修剪，这会使词语段外部循环域Asp事件结果功能中心词对词根可见，可以满足在局部域条件下构成语境同位异体词素的条件。也就是说，我们可以分别将处在词根循环域、词语段外部循环域上两种类型分词的Asp功能中心词合二为一，对同一词根可见。然而，Asp功能中心词在词根循环域、词语段外部循环域之间的相互区分仅仅是概念性的，而不是实际发生的。在英语中不存在分词的外论元结构，例如：仅有me crying，而没有*I crying。这里我们对Embick(2003)在词语段循环域上界定出的词根循环域与词语段外部循环域上的 Asp 功能中心词做出相应修正，将词根循环域的循环功能中心词 *v* 对应于 Asp 功能中心词节点，词语段外部循环域的非循环功能中心词对应于 T 功能中心词节点（图 6. 6）。

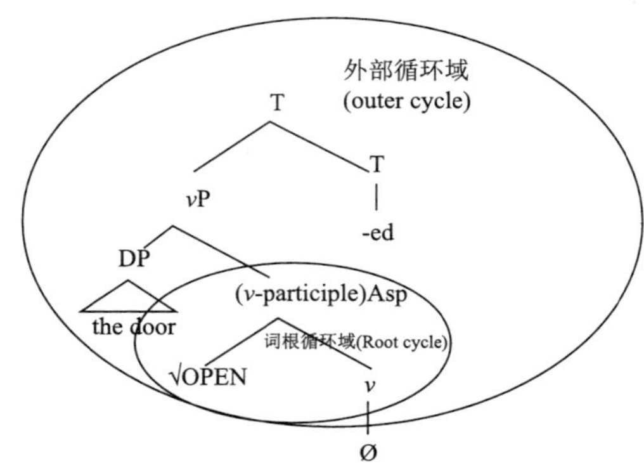

图 6. 6　跨循环域词语段的语境同位异体语素：Asp 与 T 功能中心词示意图

Embick（2003）论证了词汇项列表具有循环域依附性（cycle-dependent），也就是说，词根循环域与词语段外部循环域的词汇项列表是不同的两个列表，如（66）所示。

（66）词根循环域（Asp 功能中心词形态－语素拼读）词汇项列表 1

←→ -en/___{√ROT, √SHRINK …}

←→ Ø/ ___{√OPEN, √EMPTY … }

←→ -t/ ___{ √BEND … }

←→ -ed/ ___{ √BLESS, √ALLEGE, √AGR … }

←→ -ed/ ___{ √CLOSE, √OBSTRUCT … }

词语段外部循环域（T 功能中心词形态－语音拼读）词汇项列表 2

←→ -en/___{ √BREAK, √SPEAK …}

←→ Ø/ ___{√HIT, √SING, √SHRINK … }

←→ -t/ ___{ √BEND, √BUY … }

←→ -ed/

（Embick，2003：161）

由于来自两个列表的词汇项需要分别对词根循环域和词语段外部循环域上具有句法-语义特征值重叠部分的(overlapped)两个功能中心词 Asp 与 T 进行形态识别[11](Embick,2003),在此基础上进一步满足实质性识别条件[12],才可以为完成跨词语段循环域的形态-语音拼读提供必要条件,换言之,只有满足了实质性识别,才有可能实现跨词语段循环域的形态-句法成功映射,否则,两者仅会成为同音异义语素(homophonous-X)(Embick,2003)。然而,在规则(66)中,词汇项 1 与词汇项 2 重合部分甚少,也就是说,形态-句法在大多数情况下都是脱臼式映射的,这正是造成两者不同步发展的成因。如果当词根内部循环域 Asp 功能中心词的词汇项 Asp ←→ -en/____{√ROT, √SHRINK… } 与词语段外部循环域 T 功能中心词的词汇项 T ←→ -en/____ {√BREAK,√SPEAK…} 在满足形态识别的前提条件下没有发生重合,那么形态-句法脱臼式映射。与之相对,如果当词根内部循环域 Asp 功能中心词的词汇项 Asp ←→ -t/___{ √BEND … } 与词语段外部循环域 T 功能中心词的词汇项 T ←→ -t/___{ √BEND, √BUY … } 在满足实质性识别的前提条件下发生重合,那么形态-句法成功映射(图 6. 7)。

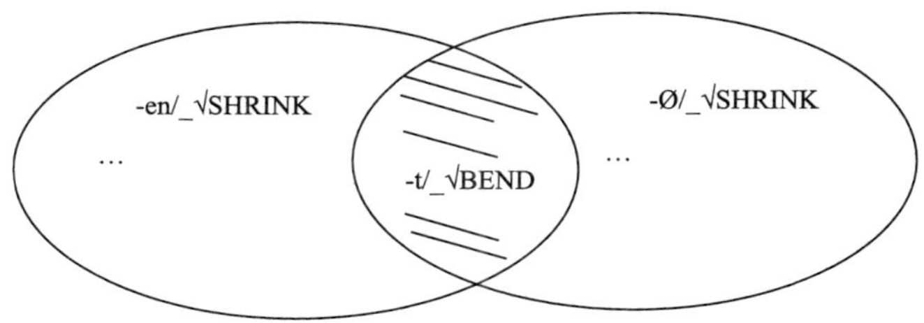

图 6. 7　形态-句法成功“映射”示意图

至此,本研究提出形态-句法脱臼式映射假说(morphology-syntax dislocated mapping hypothesis),内容如(67)所示。

(67) 形态-句法脱臼式映射假说:在跨循环域词语段前提条件下,对词语段外部循环域 T 功能中心词与词根内部循环域 Asp 功能中心词(两者选择性地互为语境同位异体词素),分别实施来自两个系统性融合

> 式的词汇项列表后插入，以竞争性方式选取对这两个功能中心词节点进行插入的词汇项。当所插入的两个词汇项形态-语音特征值配对完全相同时，也就是说，当两个胜出的词汇项在实质性识别时发生重合，则形态-句法成功映射，否则形态-句法为脱臼式映射。

在图 6.7 中，两个词汇项所对应的实质性识别重合部分甚少，这也是低级组受试(20～28 分段)产出 be (bare)+do/did/done/doing、中级预备组受试(30～38 分段)产出 am(is/are)+did/done/do (bare)/doing 与 have(has)+did/doing 等脱臼式形态-句法映射变异性表征式的成因。在下节中，本研究以形态-句法脱臼式映射假说解释相关研究发现。

6.3.2.3　be (was/ were)+do/did/done/doing、am (is/ are)+do/did/doing/done 形态-句法“脱臼式”映射成因分析

研究发现，当受试处在英语基本助动词中介语发展初始阶段时，主要存在以下几种 be 过度产出现象 be(was/were)/is (are/am)+do (bare)/doing/done/did。除了在 T 符合语法判断题型中设置的不符合语法性判断题目 117/118/119/120/124，用以考察 T-[present] 与 T-[past] 必要语境下 be 过度产出现象以外，受试在 T 填空题与判断题题型中自行产出不同形式 be 过度产出的句法现象，也反映了在词语段循环域上，形态、句法分离式发展，而后再通过跨词语段循环域的实质性识别发生映射，构成以上中介语各个发展阶段，由形态-句法脱臼式映射形成的 be 过度产出变异性表征式，下面进一步对 be 过度产出变异性表征式的发展规律进行解析。

首先，低级组受试(20～28 分段)是产出 be (bare)+do (bare) 变异性表征式的主体对象。例如：19 号受试(28 分)在 T 符合语法性判断题型中，对“【题 118】You be have an ice-axe.”中 be(bare)+do(bare) 过度产出现象并未做出任何修改。在 T 填空题型中，该受试也产出了如“【题 18】I *be see the film already.”句子中 be(bare)+do(bare) 变异性表征式。在形态部分，此时低级组受试(20～28 分段)实义动词仅具有被词根循环域(ph=1)上的循环中心词 *v* 语类化的句法-语义特征值。在句法部分，受试对象此时也仅具有词根循环域(ph=1)词根语类化后的底层语音说明 [√BE] *v*]-be。形态-语素语音变体 be 也

没有进入词语段外部循环域(后句法 PF 构件)实施句法推衍。与此同时,形态-句法通过跨词语段循环域进行实质性识别,词汇项列表 1 与词汇项列表 2 没有完全重合,形态-句法映射失败,呈现为形态-句法脱臼式映射,产出了 be(bare)+do(bare) 变异性表征式(如图 6.8 所示)。

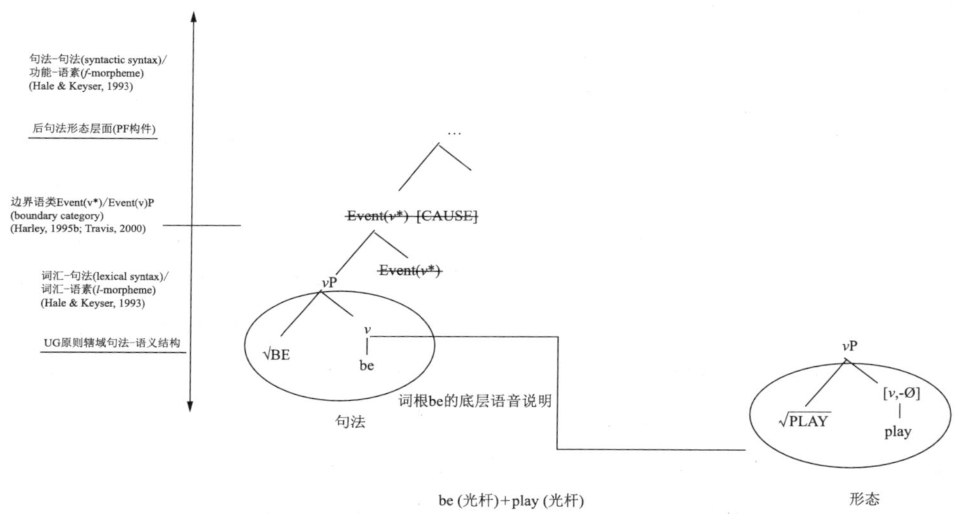

图 6.8　低级组受试(20 ～30 分段)be(光杆) + do(光杆)形态-句法“脱臼式”映射

其次,中级预备组(30～38 分段)是产出 is(am/are)+do (bare) does/did/done/doing 变异性表征式的主体对象。本研究与 Hawkins & Casillas(2008)使用了相同的分级水平测试题目,测得研究结果一致。Hawkins & Casillas(2008)也测得 30～39 分段受试是产出 am/is/are+do(bare)/doing/did/done 的主体对象。不仅如此,本研究还发现该阶段受试存在 have/has+do(bare)/done/did/doing,以及 was(were)+do(bare)/doing/did/done 变异性表征式两者并存的现象,主要发生在 36～38 分段受试之间。以下进行成因分析。在句法方面,中级预备组受试(30～38 分段)仍然处在词根循环域(ph=1)内论元结构阶段。此时在词根循环域上,仅有单一功能中心词节点 AGR(~~T-[Asp]~~)[13] 或 T-[Asp] (~~AGR~~) 存在。受试为了使 AGR(~~T-[Asp]~~) 对词根 √BE 可见,没有对 T-[Asp] (~~AGR~~) 功能中心词节点进行词汇项插入,在满足透明度条件下,仅对 AGR(~~T-[Asp]~~) 功能中心词进行词汇项列表竞争性插入。受试对象此时容易产出“【题 125】I *is agreed with you. ”“【题 106】We *has six classes every day. ”与“【题 118】You*be has an ice-axe. ”例题中的变异性表征式(分级测试得分 48 号受试/ 34 分作答)。究其原因,这是由于中级预备组受试(30～38 分段)在词语段外部循环域上仅存在单一功能中心词节点 AGR(~~T-[Asp]~~)。该阶段受试对象在第三要素原则支配下进行缺省形态操作,将 DP 论元的人称代词相应地缺省为单一功能中心词节点 [person] → Ø/___we[pl]、[person] → Ø/___you[sg],再以 DP 形态格与 [person] → Ø/___AGR[number] 功能中心词节点发生调和(Schütze, 1997)。根据人称、数普遍语法特征层级排序(Harley & Noyer, 2002b),[sg] 为默认节点,这说明受试此时更容易产出 is、has 形态-语音拼读。助动词 has 词汇项的形态-语音特征值是 BE+prep.(Harley 1995b),此时受试在对词根 √BE 可见的词根循环域内论元结构上,可以即刻实现 has 词汇项的形态-语音拼读。由于 HAVE 标记性特征值大于 BE, has (have)+do (bare)/did/done/doing 变异性表征式的产出比 is(are/am)+do (bare)/did/done/doing 更难,相应地,研究发现表明 36～38 分段中级预备组受试是其主体产出对象。在形态方面,中级预备组受试(30～38 分段)在词语段循环域上,既可以产出分词的形态-语音拼读,也就是 Asp-doing/did/done,又可以产出由循环中心词 *v* 语类化的实义动词句法-语义特征值,也就是 T-do 光杆形式(图 6.9)。

中级预备组受试(30～38 分段)在跨词语段循环域上,通过实质性识别,在形态与句法两个词汇项列表不完全重合的前提条件下,发生形态-句法脱臼式映射,产出 is(are/am)+do(bare)/did/doing/done 变异性表征式。研究发现进一步表明产出 is(are/am)+do (bare)/did/doing/done 变异性表征式的主体对象是 30～36 分段受试,然而从 38 分段开始,受试产出了 was+do (bare)/did/doing/done 变异性表征式,而且 67 号受试(38 分)在产出 was^+do (bare)/did/doing/done 时,作答方式是先产出分词形式,然后再在前面附加“^”,添加 was 完成作答。这一作答现象说明受试此时产出 was+do (bare)/doing/did/done 表征式仍旧处于形态-句法脱臼式映射阶段,并且形态先于句法发展(Leung, 2002),而并不是在外论元结构上对句法终端 T 复合功能语素 T-[past, progressive] 进行裂变形态操作,否则,该受试不会产出“【题 112】He *was ^ listen to the radio, when the telephone rang. ”中的 was ^+do (bare) 变异性表征式。下面进一步分析中

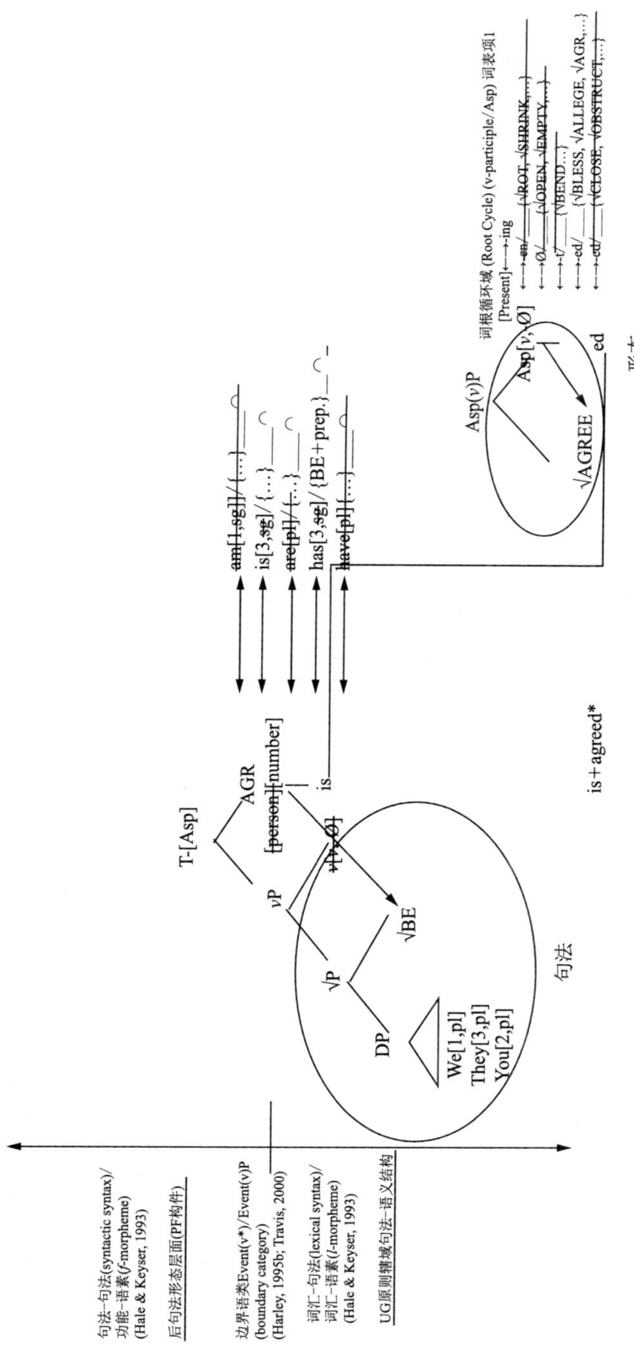

图 6.9 中级预备组(30～38 分段)受试产出 is (am/ are) + do(bare)/ did/ done 成因分析示意图

级预备组受试(36～38 分段)在句法部分产出 was 的原因。当 AGR 功能中心词嫁接在内论元结构单一功能中心词节点 T-[Asp] 之上时，两者构成异干互补式语境同位异体语素 AGR (T-[Asp])（Chomsky，1995；Embick，2015），受试为了防止 T-[Asp,Ø] 在满足透明度条件下被修剪掉，使处在同一个词语段循环域上的功能中心词 AGR(~~T-[Asp]~~) 对词根可见，在词根循环域功能中心词 T-[Asp] 位置上插入 Asp 词汇项列表 1，实现 T-[Asp] 形态－语音拼读，从而阻挡 AGR (~~T-[asp]~~) 对词根可见。当 Asp 词汇项列表 1 对功能中心词节点 T-[Asp] 进行插入时，词汇项 -Ø 在竞争性插入中获胜，进一步依据语音重新调整规则，在词根循环域上，将 be 调整成形态－语音语素变体 was。根据循环－线性化理论（Embick，2010），在词根循环域内论元结构的形态－语音拼读可以被 [DP[√BE] *v*] 词根复合结构中的 DP 论元触发，发生即刻拼读，较之 T-[Asp] 需要在词语段循环域上 [[[[√BE]*v*]T-[Asp]] 被 Asp 词汇项列表 1 插入而言，AGR(~~T-[Asp]~~) 触发形态－语音拼读更为简单，这也是为何 was/were+do(bare)/doing/did/done 产出发生较晚，出现在 36～38 分段受试身上的原因。

总之，be+do 各种变异性表征式会出现在低级组(20～28 分段)与中级预备组(30～38 分段)受试身上，形态与句法在词语段循环域上分别实现词根循环域的句法－语义特征值语类化，或形态－语音特征值屈折化。该阶段的受试在跨词语段循环域实质性识别条件下，无法将形态与句法在词根循环域上 Asp 功能中心词节点的两个词汇项列表 1 完全重合，这导致受试仅仅能够以脱臼式方式进行形态－句法映射，产生 be 过度产出现象(be+do 各种变异性表征式)。然而，时至 40 分段，研究发现表明受试能够在跨词语段循环域实质性识别条件下，将形态－句法进行成功映射，be 过度产出现象消失。

再次，研究表明，中级预备组受试(40 分段)形态－句法成功映射。研究发现时至中级预备组 40 分段，受试对象“退步性地”大量过度产出(非)规则 -ed(*)、-ing(*) 形态语素变体。然而，40 分段中级预备组受试能够识别出 T 符合语法性判断题型中 be 的过度产出现象，并且不再出现 is(am/are)+do(bare)/doing/did 表征式，这一现象说明 40 分段受试形态－句法脱臼式映射不再发生。根据统计分析，研究结果发现 40 分段受试在 T 复合功能语素 T-[present, prog]、T-[past, prog]、T-[present, perfective]、T-[past, perfective] 各个必要语境下，作答准确率总和仅为 0.625%[14]。相比之下，在 T-[past] 必要语境下作答准确率却高达 71.25%。实际上，在 T 复合功能语素各个必要语境下，-ing、-ed 形态语素变体大量过度产出，加和总产出率高达 70.31%。研究表明 75 号受试(40 分段)在作答“【题 112】He is listening to the radio, when the telephone rang.”与“【题 123】My mom ~~is~~ cooking at the kitchen now.”过程中，在产出“is listening”与“is cooking”之后，又分别将以上两题目中的 ~~is~~ 划掉。受试 82 号(40 分段)在例题“【题 10】When I arrived at the station, the train *leave-ed.”中过度产出非规则 -ed* 分词同位异体语素变体。究其成因，40 分段受试在跨词语段循环域实质性识别条件下，形态、句法在各自词根循环域上分别插入两个 Asp 词汇项列表 1，进一步完成两者重合的形态-句法映射，换言之，形态-句法映射成功。40 分段受试之所以大量过度产出 -ed(*)、-ing(*)（非）规则性形态语素变体，是为了阻挡与 T-[Asp] 处于同一个局部性词语段循环域的(ph=1)异干互补功能中心词节点 AGR(~~T-[Asp]~~) 对词根可见而为之。然而，由于 T-[Asp] 处于词根循环域内论元结构位置，受试对象(40 分段)此时用来实现形态-语音拼读的词汇项列表是词根循环域上的 Asp 词汇项列表 1，而不是词语段外部循环域上 T 功能中心词的词汇项列表 2，因此受试对象产出了非规则分词同位异体语素变体 *-ed 与 *-ing。也就是说，40 分段受试尝试性地在跨词语段循环域上进行实质性识别，却发生了形态识别失败，产生了 Asp 词汇项列表 1 错配性形态-语音特征值拼读现象(图 6.10)。

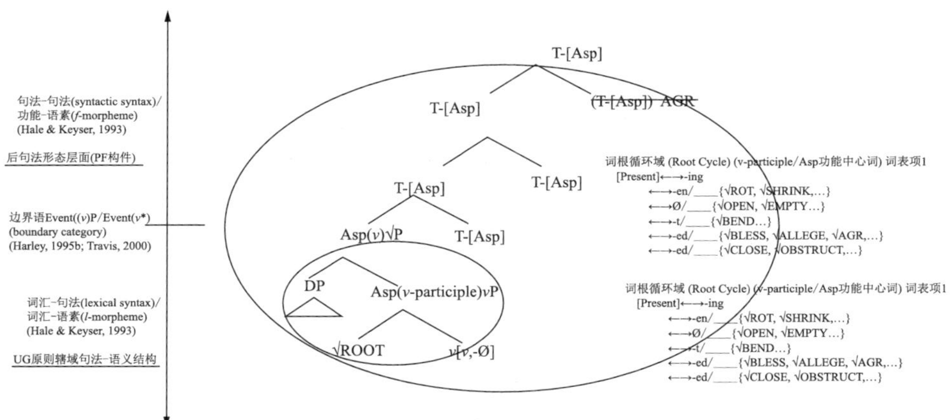

图 6.10　形态-句法成功映射示意图(40 分段)

最终，以上研究结果论证了形态与句法受制于同一个生成机制（generative mechanism）（Marantz，2001），在中介语发展初始阶段分离式发展，脱臼式映射。由于两者均是以句法结构进行搭建的，并且同在局部性词语段内部循环域、外部循环域分别进行词汇项列表的形态识别与跨词语段循环域实质性识别，本研究进一步论证了在微观形态理论视角下，派生形态与屈折形态可以合二为一。

6.3.3　中级组（44～54分段）T复合功能语素的异干互补标记性特征值排序验证MSAH预测力

时至中级组（44～54分段），受试对象开始由词根循环域内论元结构T-[Asp (*v*)]生长至词语段外部循环域外论元结构T-[Event (*v**)]。受试在词语段循环域上的形态-语音拼读方式开始由T功能中心词与Asp功能中心词形态-句法映射的方式转为T复合功能语素的裂变形态操作（中级组44～54分段），如图6.11所示。

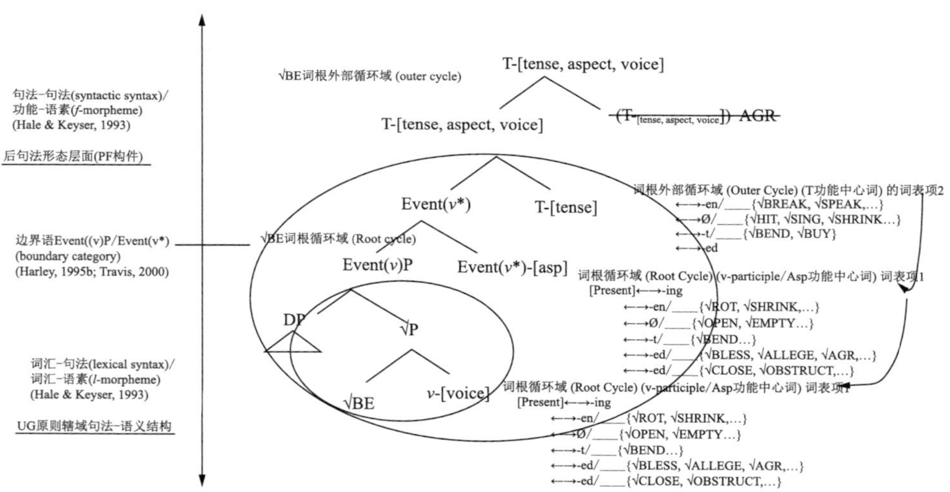

图6.11　形态-语音拼读方式：T复合功能语素裂变形态操作示意图（中级组44～54分段）

以上研究表明，从42分段开始，中级组受试（44～54分段）开始由√BE词根循环域（ph=1）内论元结构T-[Asp(*v*)]句法-语义特征值，生长至词语段外部循环域（ph=2）外论元结构上，由T-[Event (*v**)]句法-语义特征值构型而成的

T 复合功能语素屈折化形态–语音拼读。此时，形态与句法合二为一，不再以形态–句法映射的方式实现形态–语音拼读，而是以对 T 复合功能语素 T-[tense, Asp, voice] 形态–句法特征值进行裂变的形态操作方式，完成形态–语音拼读，MSAH 预测力在此时才得以实现。例如，中级组 115 号受试（52 分）在题例"【题 15】*I were finished my homework already."中，产出了 was+*did 变异性表征式，成因分析如下所述。首先，中级组受试（44～54 分段）在词语段外部循环域上 T-[Event (*v**)] 已经实现了 T 复合功能语素屈折化。在 T-[present, perfective] 必要语境下，产出标记性特征值较小的 T-[past, progressive] 形态特征值，这一现象符合 MSAH 理论预测。115 号受试（52 分）在词语段外部循环域上，以词汇项列表 2 完成对 T 功能中心词的配对性形态–语音拼读插入后，经由裂变形态操作转至词根循环域，但是，这时受试对象并没有转用词汇项列表 1 对 Asp 功能中心词进行配对性形态–语音拼读插入，而是仍旧使用词汇项列表 2 匹配词根循环域 Asp 功能中心词，进行形态–语音拼读，从而导致了以上中介语变异性表征式的产出。

综上所述，时至中级组受试（44～54 分段），T 在词语段外部循环域外论元结构上，句法终端 T 复合功能语素才得以屈折化实现。换言之，依附性句法–语义特征几何结构构型的标记性复合功能语素非对称性形态–句法特征值才真正出现，MSAH 理论预测力在中级组受试阶段（44～54 分段）得到验证：T-[present]>>T-[present, progressive]>>T-[past]>>T-[present, perfective]>>T-[past, progressive]>>T-[past, perfective]。也就是说，此时 T 复合功能语素由时、体、态句法–语义特征几何结构（Cowpe，2003）构型而成的异干互补标记性特征值线性化习得排序规律符合 MSAH 理论预测。

6.4　中级预备组（32～42 分段）词语段循环域的 C 异干互补词汇项

在探讨研究问题 4 时，研究结果表明研究假设 4 仅得到部分验证（见 5.4.2.2 节数据报告）。在三组受试中介语发展过程中，仅有中级预备组受试（32～42 分段）在 C 句型转换题型中，习得 C 功能语素异干互补词汇项时，存在由 [*u*F] 至 [*m*F] 单向性、替换性、渐进式习得排序规律，C-be(Infl.)>>C-have(Infl.)>>C-do(Infl.) ([*u*F]>>[*m*F]) 符合 MSAH 理论预测。究其成因，MSAH 理论预测力需要结合受试所处中介语发展的阶段，先关注词语段循环域上的 C 功能语素是否已被赋值，才能在局部域上线性化排序 C 异干互补词汇项习得规律。

6.4.1 UG 核心句法-语义与形态-句法分离式发展

研究发现表明，三组受试在作答 C 功能语素两种题型时，会产出如表 6. 5 所示的嵌套式双标表征式(Hurford，1975；Maratsos & Kuczaj，1978)。

表 6. 5 C 嵌套式双标表征式 C(*v*)-be/have/do+[null/do/have/be] 产出分布频率

组别 / C 功能语素各必要语境	低级组(20～30 分)(产出频次/百分率)	中级预备(32～42 分)(产出频次/百分率)	中级组(44～54 分)(产出频次/百分率)
C-[be+(null/be/have/do)]-8	(37/1020)　3. 63%	(28/1710)　1. 64%	(4/990)　. 40%
C-[have+(null/be/have/do)]-9	(4/1020)　. 39%	(39/1710)　2. 28%	(3/990)　. 30%
C-[do+(null/be/have/do)]-10	(21/1020)　2. 06%	(85/1710)　4. 97%	(30/990)　3. 03%
v-[be+(null/be/have/do)]-11	(32/1020)　3. 14%	(13/1710)　. 76%	(1/990)　. 10%
v-[have+(null/be/have/do)]-12	(4/1020)　. 39%	(2/1710)　. 12%	(0/990)　. 00%
v-[do+(null/be/have/do)]-13	(28/1020)　2. 75%	(7/1710)　. 41%	(0/990)　. 00%

注：表中为 C 两题型加合数据

由表 6. 5 可知，首先，低级组受试(20～30 分段)嵌套式双标表征式 *v*-[be/have/do+(Ø/be/have/do)] 与 C-[be/have/do+(Ø/be/have/do)] 产出分布频率呈现出相互呼应趋势，也就是说，产出率呈现出的百分比十分相似。我们据此进一步推论出低级组受试(20～30 分段)在基本助动词中介语发展初始阶段，受制于 UG 原则辖域，在同一个局部性词根循环域 [[[√BE] Event (*v*)]…C]，异干互补语境同位异体语素 Event (*v*) 与 C 句法-语义特征值同步发展。此时低级组受试(20～30 分段)在 √BE 所在词根循环域内论元结构上，还不具备屈折化 C 复合功能语素能力(C 复合功能语素与 T 复合功能语素为异干互补功能语素），而仅有词语段内部循环域（ph=1）核心句法－语义特征值构型的词汇－句法存在。也就是说，核心句法－语义特征值与形态－句法特征值分离式发展。该研究发现与 Gavruseva & Lardiere（1996）研究发现一致。Gavruseva & Lardiere（1996）从词汇论角度出发，主张在中介语发展过程中，在 IP 功能语类投射发生之前，就已经存在 CP 投射。也就是说，CP 核心句法－语义自治（White，2003a）。同时，该研究发现也验证了 Aronoff（2001）基于词位理论视角（lexeme-based）所主张的形态－句法、句法－语义分别自治的观点。其次，时至中级预备级组（32～42 分段），C-[be/have/do+(null/be/have/do)] 嵌套式双标表征式产出率与 *v*-[be/have/do+(null/be/have/do)] 嵌套式双标表征式产出率呈现出分离式发展趋势，这一现象再次体现出形态－句法与句法－语义分离式发展。中级预备组受试（32～42 分段），在词根循环域（ph=1）内论元结构上，几乎不再有 *v*-[be/have/do+(null/be/have/do)] 嵌套式双标表征式产出现象发生，这一现象说明中级预备组受试（32～42 分段）在词语段循环域 [[[√BE] Event (*v*)] Event (*v**)] 的语段间边沿，已经逐渐开始产生句法－语义特征值。而相比之下，当词根循环域上的复合中心词 [[√BE] Event (*v*)] 显性提升至 Event (*v**) 功能中心词时，由于 Event (*v**) 仅为语段间要素而非语段循环中心词（Embick，2010），因此仅凭 Event (*v**) 句法－语义特征值无法触发显性形态－语音特征值拼读，而此时受试对象的屈折化功能中心词 T 还没有生长出来（40 分段以后，才有词语段外部循环域外论元结构上的句法终端 T 功能语素屈折化实现，见第 6.3.2 节论证），由于受试尚不能对 Event (*v**) 所在局部性词语段外部循环域的非语段循环中心词 T 进行形态－语音拼读，此时中级预备组（32～42 分段）仍旧呈现出 C-[be/have/do+(Ø/be/have/do)] 嵌套式双标表征式产出率较高的现象。也正是由于中级预备组受试（32～42 分段）在词语段循环域 [[[√BE] Event (*v*)] Event (*v**)] 的边沿要素 Event (*v**) 已逐渐产生句法－语义特征值，因此几乎不再产出 *v*-[be/have/do+(Ø/be/have/do)] 嵌套双标表征式。此时，仅有嵌套式双标表征式 C-[do/have/be+(Ø+be+have+do)] 产出，这一现象说明中级预备组受试（32～42 分段）词根循环域内论元结构完整，词语段外部循环域外论元结构尚待构型。

最终，本研究测出中级预备组（32～42 分段）产出符合 MSAH 理论预测的以下习得排序：C-be(Infl.)>>C-have(Infl.)>>C-do(Infl.)。这是建立在词根内部循环域内论元结构完整、词语段外部循环域外论元结构尚待构型之中基础之上的（见 5. 4. 2. 2 节数据报告）。

6.4.2 多重词语段循环域交互作用下局部性单一词语段循环域的形态-语音拼读

研究发现进一步表明，MSAH 对 C 功能语素各个异干互补词汇项线性化习得排序的理论预测力发生在以复合中心词提升操作构型多重词语段，与循环-线性化操作构型局部性单一词语段循环域的交互作用（interaction）下得以实现（Marantz，2007；Embick，2010，2015）。

首先，低级组受试（20～30 分段）在 √BE 词根循环域内论元结构上构型词语段循环域（ph=1）形态-语音拼读的方式比较特殊。例如：低级组 6 号受试（22 分段）在作答 C 句型转换题型时，产出以下现象，如（68）所示。

（68）【题 159】My hobby is <u>to feed fish.</u> （请对画线部分提问）
受试作答：What <u>to feed fish is my hobby?</u>（What 在原测试题目中已给出）

这种现象的发生说明低级组受试（20～30 分段）仅有 √BE 词根循环域（ph=1）内论元结构存在，性质是非宾格动词（unaccusative verb）。换言之，此时不存在外论元结构，而仅有词汇-语素构型而成的单一内论元结构（single argument structure）存在。根据词汇-节点簇假说（lexical-nodes hypothesis），句法派生不包含词汇语类（Harley & Noyer，2000），也就是说，低级组受试（20～30 分段）此时没有在后句法 PF 构件上产生句法推衍[15]。然而，根据 Chomsky（2001）对强语段的推论性规定，也就是说，PF 构件的循环性拼读发生在强语段，我们发现此时受试的确已经在词根循环域上发生了 √BE 异干互补同位异体语素的词汇项形态-语音拼读 is[16]。具体成因如 Embick（2010：53-54）所说："如果将词根循环域补语位置上的 DP 看作一个独立循环域时，则在 *v*P 域内，DP 可以触发该词根循环域即刻发生形态-语音拼读。"也就是说，低级组受试(20～30 分段)在 √BE 局部性词根循环域(ph=1)内论元结构 [[√BE] Event (v)]-am/is/are 发生了形态-语音拼读(图 6.12)。

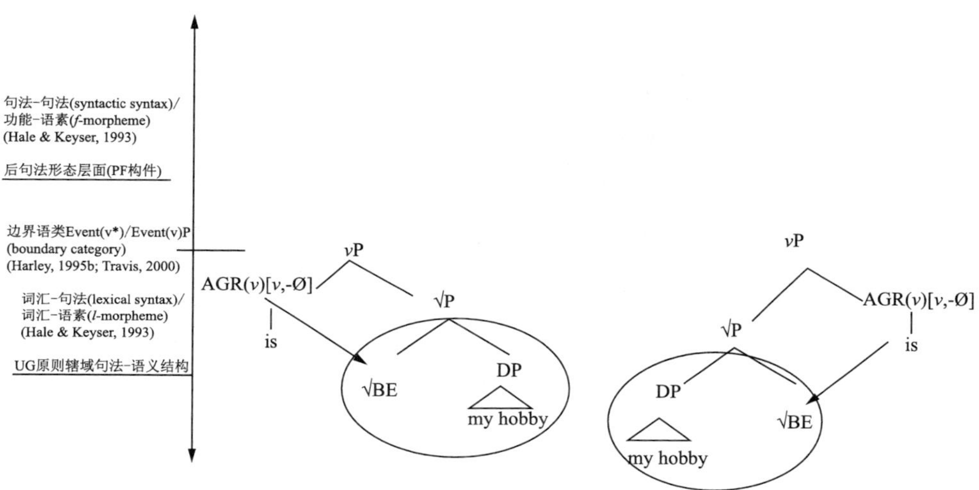

图 6.12 低级组(20～30 分段)√BE 词根内部循环域(ph = 1)内论元结构示意图

其次,中级预备级组受试(32～42 分段)在 √BE 词语段外部循环域外论元结构上逐渐开始构型 T/C(强)语段循环域二(ph=2)。研究表明,中级预备级组 48 号受试(34 分)在 C 句型转换题型中产出如(69)所示表征式,成因分析如下所述。

(69)【题 55】The hotel is nearby. (要求:请对画线部分提问,完成疑问句)

受试作答:Where is do? (Where 在原题中已经给出)

【题 160】John has joint the soccer team.

(要求:请对画线部分提问,完成疑问句)

受试作答:What is have joint? (What 在原题中已经给出)

中级预备组受试(32～42 分段)易产出无主语 C-[be[~~subj.~~+(Ø/be/have/do)]] 嵌套式双标表征式,这说明此时受试在词语段外部循环域外论元结构上,还不存在屈折化的 T 功能语素。也就是说,没有 T-EPP 驱动 DP 主语提升至 [Spec, T] 位置进行允准。按照语段推导方式(Chomsky,2001;Marantz,2007),

此时中级预备级受试虽然已经在 √BE 词根循环域所在（强）词语段循环域一（ph=1）发生了复合中心词提升操作（Embick，2015），合并 [[√BE] *v*] 至 Event(*v**) 中心词，然而由于 Event (*v**) 不是强语段循环中心词，需要等待直至下一（强）词语段循环域二（ph=2）非循环功能中心词 T 出现（T 承袭强语段循环中心词 C 的特征），才会发生局部性（强）词语段循环域二（ph=2）循环拼读。因此中级预备组受试（32～42 分段）此时仅对处于较低一级 [[[√BE] *v*]Event (*v**)] 所在（强）词语段一（ph=1）边沿要素 Event (*v**) 进行语音成分操作，产生了这种无主语的嵌套式双标表征式。换言之，仅对 Event (*v**) 句法-动因语素 [CAUSE] 句法-语义特征值进行语音运算操作，需要等到下一个（强）词语段二（ph=2）循环中心词 C 或 T 出现后（T 承袭 C 的特征），与 √BE 构成语境同位异体语素，才能发生形态-语音拼读，实现形态特征赋值。因此研究发现 48 号受试（34 分）在 C-[be+(null/be/have/do)] 嵌套式双标表征式中产出的 do、have 均为光杆形式。

研究发现进一步表明，中级预备组受试（32～42 分段）在 C 翻译题与句型转换两题型中，习得标记性特征值不同的词汇项 C-be、C-have、C-do 准确度得分排序（C-F：do>have>be：54. 87 % >49. 09 % >38. 60；C-Z：be>have>do：65. 85% > 39. 30% > 34. 27%）存在相当大差异性。尤为引起我们关注的是 C-do 习得准确度得分在两题型中反差如此之大。成因分析如下所述，在 C 翻译题型中，中级预备组受试（32～42 分段）对词汇项 C-do 习得准确度得分位于首位（do>have>be：54. 87% >49. 09% >38. 60），这是由于 do 在日常教学中使用频次过多，导致受试对象产生 do 过度产出现象（O'Grady，2008；Ellis，2012）。相比之下，在 C 句型转换题型中，由于测试题目均为特殊疑问句，并且在试题中 Wh 疑问词均已给出（见附录 3-4），因此受试误用 Wh 疑问词替代 Do 用作提问方式，例如，42 号受试（32 分）产出 *What in the kitchen is mom? 中介语变异性表征式，说明该阶段受试没有将 do 提至 [Spec, C] 位置引发疑问句的意识。

综上所述，仅有中级预备组受试（32～42 分段）在 C 句型转换题型中习得排序规律符合 MSAH 理论预测（见 5. 4. 2. 2 节数据报告），说明此时受试对象已经发生了（强）词语段一（ph=1）复合中心词提升至 Event (*v**) 的外合并操作，然而中级预备组受试（32～42 分段）在词语段外部循环域外论元结构上的 T/ C 复合功能语素尚未出现（如图 6. 13 所示）。

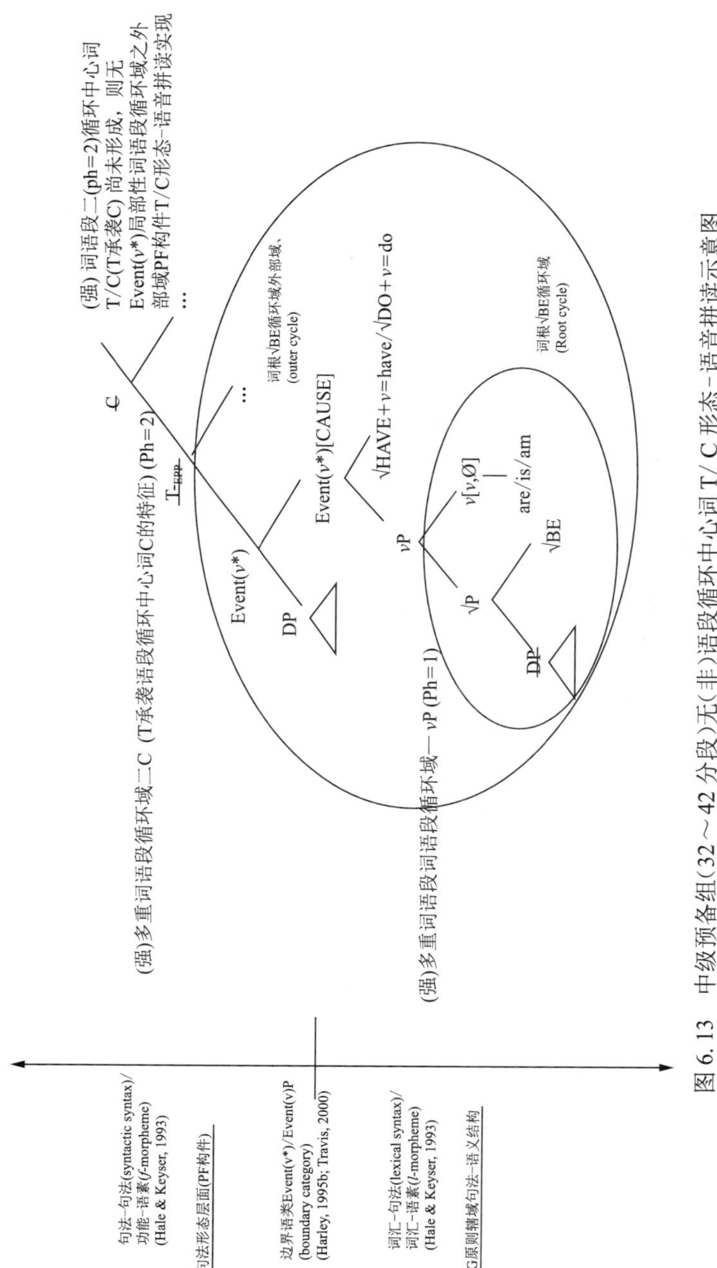

图 6.13　中级预备组(32～42 分段)无(非)语段循环中心词 T/C 形态-语音拼读示意图

中级组受试(32～42 分段)C 复合中心词的产出现象说明了复合中心词提升操作是多重词语段上(强)语段循环域的构型方式。研究表明中级组(42～52 分段) 108 号受试(48 分)在作答 C 句型转换题型时,产出题例(70)变异性表征式,成因分析论述如下。

(70)【题 49】You have been <u>to London</u> before.(请对画线部分提问,构成疑问句)

受试作答:<u>Have been</u> you …before?(受试作答)

这是由于此时中级组受试(44～54 分段)在词语段外部循环域外论元结构上,句法终端 T 复合功能语素已经实现了屈折化。在局部域词语段上,C 复合功能语素的构型是经由语音词缀驱动复合中心词提升 [[[[√BE] Event (*v*)] Event (*v**)]T],外合并至 C 功能中心词构型而成的。中级组(42～52 分段)108 号受试(48 分)产出 *Have been you … 变异性表征式是被提升至 C 功能中心词的 T 复合功能语素没有发生裂变形态操作所致。受试在构型 T 复合功能语素后,经过裂变形态操作,释放 T 复合功能语素的时、体、态特征值,最终以次级词(subword)形成句法终端功能语素上的单一位置(slot),再在后句法 PF 构件上逐一实现相应句法终端次级词的词汇项后插入,进行形态-语音拼读(图 6. 14)。

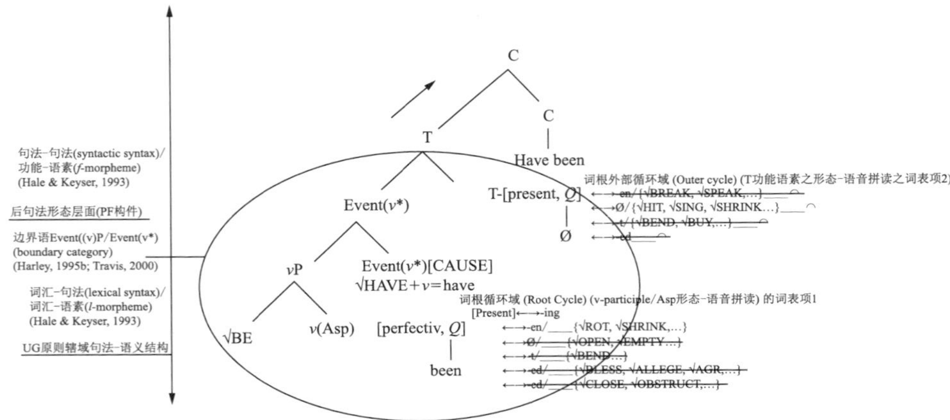

图 6. 14　语音词缀驱动 T 复合中心词提升、合并至强语段循环中心词 C 构型 C 复合功能语素

研究发现验证了 Embick（2015）关于外合并的主张，也就是说，PF 构件语音词缀驱动中心词提升操作应该是复合中心词提升操作，而不是标准理论中复合中心词子成分（sub-constituents）的提升操作（Radford，2009）。中级组受试（44～54 分段）C 复合功能语素构型是经由词语段外部循环域已完成屈折化的 T 复合中心词提升至 C 功能中心词后发生的屈折化现象，换言之，C 复合功能语素上标记性较大的特征值是 T-[present, perfective]、T-[past, perfective]（T 承袭 C 的特征值）等，显而易见，英语中 C 功能语素仅在一个位置上通过插入词汇项 do、have、be 引发疑问句，中级组受试（44～54 分段）虽然已经掌握了 C 复合功能语素的标记性特征值，然而受到第三要素原则驱动（Chomsky，2005），不易发生裂变形态操作，因此中级组受试（44～54 分段）在习得 C 复合功能语素上异干互补词汇项时，其排序规律不符合 MSAH 理论预测。

6.4.3 中级预备组（32～42 分段）C 复合功能语素形态-句法特征值习得排序符合 MSAH 理论预测

在中介语发展第一阶段（低级组：20～30 分段），低级组受试（20～30 分段）受制于循环-线性化理论影响（Embick，2010），发生 UG 核心句法-语义结构与形态-句法特征分离式发展，在（强）词语段循环域一（ph=1）核心句法-语义结构上 [[[√BE] Event (*v*)] ...C]，即刻实现 C-be (Infl.) 形态-语音拼读。在中介语发展第二阶段（中级预备组：32～42 分段），在词语段内部循环域上（ph=1），受试对象的语段间边沿要素被逐渐赋值 [[[...Event (*v**)]~~T] C~~]-do/have，直至中级组受试（44～54 分段）在（强）词语段外部循环域（ph=2）外论元结构上，实现了 T 复合功能语素屈折化（T 承袭语段中心词 C 的特征）。换言之，中级预备组受试（32～42 分段）仅在词语段内部循环域上（ph=1）[DP[√BE] Event (*v*)]，能够实现形态-语音特征值拼读 C-be(Infl.)、C-have(Infl.)。再加上 HAVE 标记性特征值比 BE 更大，因此中级预备组受试（32～42 分段）实现了 C-be (Infl.)>>C-have(Infl.)>>C-do(Infl.)（[*u*F]>>[*m*F]），习得程度排序符合 MSAH 对 C 异干互补词汇项线性化排序的理论预测。最后，在中介语发展第三阶段（中级组：44～54 分段），中级组受试（44～54 分段）在词语段外部循环域上（ph=2），实现了 T 复合功能语素屈折化，以复合中心词提升至 C 功能中心词的方式构型 C 复合功能语素，甚至发生了在多重词语段循环域上 C-have been 未发生裂变的情况。由于 MSAH 理论预测力是在局部性词语段循环域上对异干互补语素变体线性化排序所实施的，因此无法在多重词语段循环域上对 C 异干互补词汇项习得排序规律实施理论预测，中级组受试（44～54 分段）对 C 异干互补词汇项的习得排序规律不符合 MSAH 理论预测。

综上所述，仅有中级预备组（32～42 分段）C-be (Infl.)>>C-have(Infl.)>> C-do(Infl.) ([*u*F]>>[*m*F]) 习得排序规律复合 MSAH 理论预测。

6.5　不同组别受试对象在词语段循环域的异干互补词汇项发展规律

首先，在 6. 1～6. 4 节研究发现与讨论中，本研究论证了处于中介语发展初始阶段三组不同英语水平的藏族英语学习者，在全局性多重词语段循环域与局部性单一性词语段循环域（Marantz，2007；Embick，2010，2015）交互作用下，如何在确保 UG 核心句法－语义结构无损的前提条件下，从 [√BE] *v*] 词根循环域（低级组 20～30 分段）生长至词语段外部循环域（中级组 44～54 分段），实现不同功能语素异干互补词汇项系统性形态变异的屈折化发展过程。

其次，MSAH 针对异干互补词汇项由 [*u*F] 到 [*m*F] 单向性、替换性、渐进式线性化习得排序的理论预测力，需要结合以下情况进行预测。考察在词根循环域（ph=1）内论元结构上的功能语素 Event (*v*/*v**)、AGR(T)，以及词语段外部循环域（ph=2）外论元结构上的 T 功能语素（T 承袭语段中心词 C 的特征）是否已经实现屈折化，在这个基础之上，才能进一步在局部性词语段循环域上，对后插入给相应功能语素的标记性异干互补词汇项线性化排序进行理论预测。

最后，三组受试在习得功能语素 Event (*v*/*v**)、AGR(T)、T、C 时，呈现出以下情形。在词根循环域上，当低级组受试（20～30 分段）习得 Event (*v*/*v**) 功能语素异干互补词汇项，中级预备组（32～42 分段）习得 AGR 功能语素的异干互补词汇项时，习得排序规律符合 MSAH 理论预测；在词语段外部循环域上，当中级组（44～54 分段）习得 T 异干互补形态特征值，中级预备组（32～42 分段）习得 C 功能语素异干互补词汇项时，其习得排序规律符合 MSAH 理论预测。

6.6　英语基本助动词之复合中心词——（异干互补）语境同位异体语素习得复杂度假说

本研究进一步结合三组藏族受试在全局性多重词语段循环域（Marantz，2007；Embick，2010）与局部性单一词语段循环域（Embick，2015）交互作用下，习得功能语素 Event (*v*/*v**)、AGR (T)、T、C 异干互补词汇项的历时与共时数据（详见 6.1～6.4 节），得到以下归纳性研究发现。首先，提出归纳式假说——英语基本助动词之复合中心词——（异干互补）语境同位异体语素习得复杂度假说（HCC-SCAEP），并详述它的两个系统性预测力。其次，进一步论证了 MSAH 假说预测力仅仅是 HCC-SCAEP 假说系统性预测力的其中之一。最终，论证了 HCC-SCAEP 假说的预测力是验证生物性器官语言官能混合式系统化理论构建生长机制的推导过程（Chomsky，2005；Embick，2010）。

6.6.1　英语基本助动词在全局性与局部性词语段循环域上的形态-语音互动

6.6.1.1　*局部性词语段循环域的词汇项列表在英语基本助动词中介语发展初始阶段的形态-语音拼读*

受制于语境敏感度（contextual sensitivity）对词汇项序列形态-语音拼读的影响，Hawkins & Casillas（2008）从词汇论视角出发，对比了本族语母语习得者与非母语习得者在中介语发展初始阶段对词汇项序列（vocabulary entry）获取方式的差别，如（71）所示。

（71）本族语者的词汇序列

/s/ ←→ [V, -past,+sg, 3p]+_____

非母语习得者的词汇序列

/s/ ←→ /[V]+____/[T, -past]_____/[N,+sg, 3person] _____

（Hawkins & Casillas，2008：602）

Hawkins & Casillas（2008）主张在中介语发展初始阶段，低水平非母语英语习得者的心理语法表征与本族语者相同，都受制于语言官能。不同之处在于，本族语者根据词汇项序列的语境敏感度，一次性地对句法终端特征束进行标注。相比之下，非母语习得者的词汇项序列语音实现方式具有相互依存关系，会根据词汇项语境敏感度所需标注的句法终端姊妹节点数量与其共现。Hawkins & Casillas（2008）据此进一步提出了语境复杂度假说，内容如(72)所示。

（72）非母语习得者在中介语发展初始阶段获取词汇项序列的难易程度，取决于与其共现的句法终端姊妹节点数量。

本研究在微观形态理论视角下（Chomsky，2001；Marantz，2001，2007；Embick & Noyer, 2007；Embick，2010，2015），针对非母语习得者对句法终端词汇项序列的标注与获取方式，也有着与 Hawkins & Casillas（2008）类似的研究发现。首先，在局部性词语段外部循环域上，附加分离语素（dissociated morphemes）性质的词汇项，通过语音词缀驱动复合中心词提升的形态操作方式构型复合中心词（Embick，2015），再在局部性词语段循环域上，通过循环-线性化理论串联毗邻的语音，使之成为（异干互补）语境同位异体语素（Embick，2010），再对其插入竞争性排序的异干互补词汇项，由具有标记性的特征值驱动，实现具有排序性的形态-语音特征值拼读，如图 6. 15 所示。

6.6.1.2　词语段循环域（异干互补）语境同位异体语素之习得复杂度制约条件

实际上，研究发现进一步表明，在局部性与全局性词语段循环域上，通过形态-语音互动（Embick，2010），三组不同英语水平的藏族英语学习者在习得基本助动词（异干互补）语境同位异体语素时，受到两个维度变量的制约。第一个维度是从全局域视角出发，在无语音的形态-语音互动条件下，由多重词语段循环域构型而成的复合中心词，是形态-句法词性质的附加语结构成分（Embick，2010）。第二个维度是从局部域视角出发，在单一局部性语段循环域上，形态-语音相互作用，构型（异干互补）语境同位异体语素，其性质属于次级词，在具有标记性的形态-语音特征值词汇项进行插入时发生排序（Embick，2010，2015），如图 6. 16 所示。

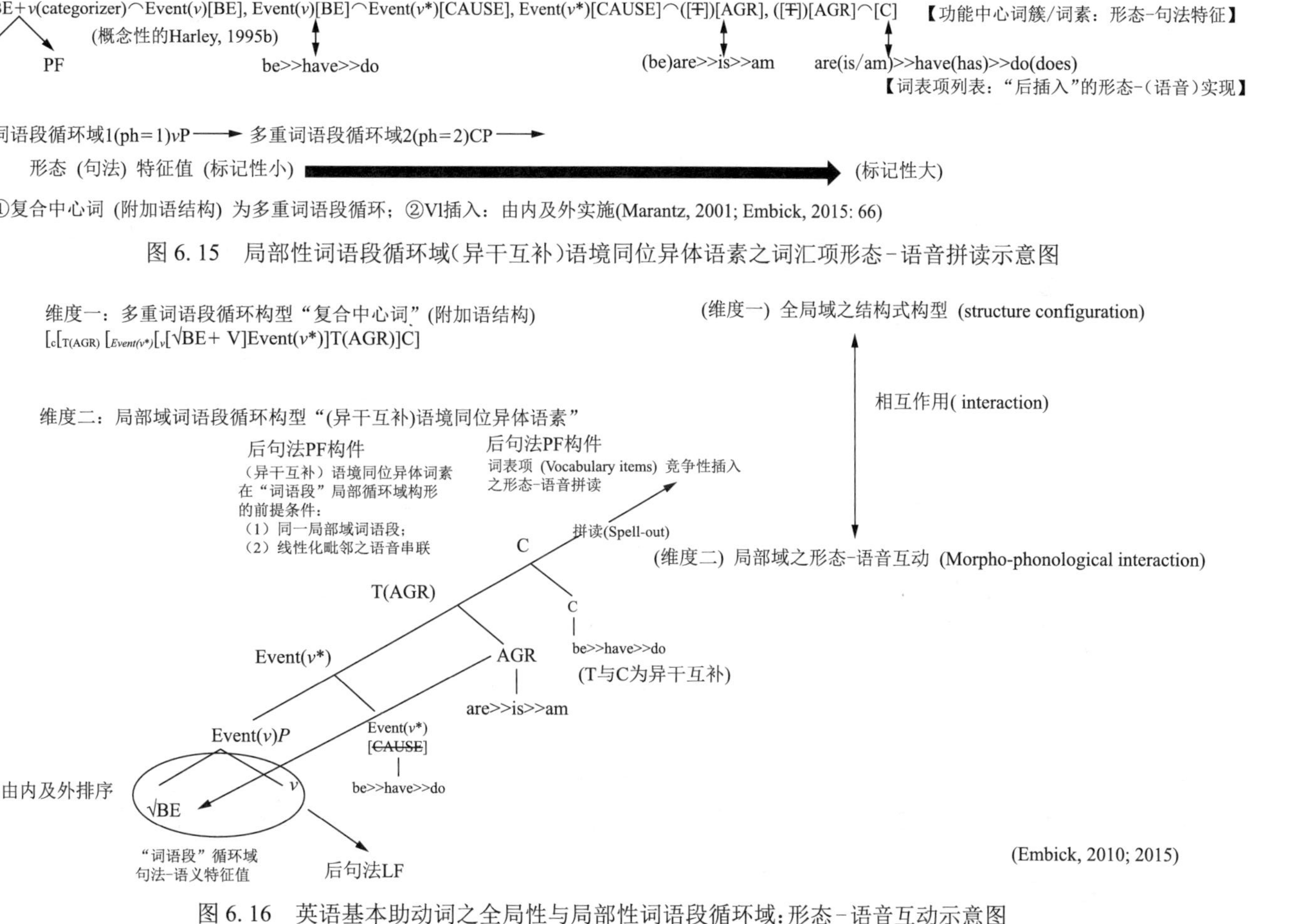

图 6.15　局部性词语段循环域(异干互补)语境同位异体语素之词汇项形态–语音拼读示意图

图 6.16　英语基本助动词之全局性与局部性词语段循环域：形态–语音互动示意图

6.6.2 HCC-SCAEP 假说内容及分析

首先，在全局性形态-语音互动方面，本研究整合了 6.1～6.4 节三组不同英语水平藏族受试在词语段循环域上 [[√BE] *v*]，习得功能语素 Event (*v*/*v**)、AGR(T)、T、C 中介语发展各个阶段的共时与历时数据。共时与历时数据均显示低级组受试(20～30 分段)处于 [[√BE] *v*] 词根循环域(ph=1)所对应的内论元结构生长阶段。中级预备级组受试(32～42 分段)经由复合中心词提升操作，提升至非循环中心词的句法-动因语素位置，也仅仅形成了语段间边沿要素 Event (*v**) 的句法-语义特征赋值，暂时无法发生形态-语音拼读，时至中级组受试(44～54 分段)才生长至词语段外部循环域相对应的外论元结构位置 [[[[√BE] Event (*v*)] Event (*v**)] T]，实现了句法终端 T 复合功能语素的屈折化(如表 6.6 所示)。其次，在局部性形态-语音互动方面，本研究关注功能语素 Event (*v*/*v**)、AGR (T)、T、C 在局部性单一词语段循环域上，受到标记性形态-句法特征值驱动，所导致的不同组别受试习得异干互补词汇项时产生规律性排序的成因，用来验证标记性形态-句法特征值习得排序假说(MSAH)理论预测力的内部效度。最终，本研究进一步在全局性(无语音)多重词语段循环域与局部性(语音)单一词语段循环域的交互作用下，提出了英语基本助动词之复合中心词-(异干互补)语境同位异体语素习得复杂度假说(HCC-SCAEP)，如图 6.17 所示。

HCC-SCAEP 在全局性多重词语段循环域上构型复合中心词，与局部性单一词语段循环域上的标记性异干互补词汇项产生交互作用(Embick，2010，2015)，形成三维一体的理论预测系统。系统一的理论预测力：当在派生语法模块内部发生形态-语音互动时，句法终端各个功能语素 Event (*v*/*v**)、AGR(T)、T、C 在局部性词语段循环域上被插入异干互补词汇项，英语基本助动词在标记性形态-语音特征值驱动下，相应地产生以下习得排序规律，由 [*u*F] 至 [*m*F] 单向性、替换性、渐进式发展，也就是本研究推论性假说 MSAH 的理论预测力。系统二预测力：在全局性形态-语音互动过程中，由于处在非派生语法模块之中，非句法终端复合中心词 Event (*v*/*v**)、AGR(T)、T、C 在外接口 C-I 词根语义驱动下(Harley & Noyer，2000；Marantz，2001)[17]，其习得发展规律存在于中介语

表 6.6 英语基本助动词中介语发展初始阶段系统性变异性：三组受试由词根循环域生长至外部循环域（子句语段内论元至外论元结构）之各发展阶段时间表（历时、共时数据）

组别/分数段	Event(v/v*) 功能语素	AGR 功能语素	T 复合功能语素	C 复合功能语素	（后句法 PF 构件）词根循环域/子句语段内论元结构生长至词语段外部循环域/子句语段外论元结构过程
低级组 （20～30 分段） （34 人）	【填空题：v-T】 v-Ø 少量产出 be (bare)/ have(bare)/ do(bare); being/having/doing have+v(Ø) /do+v(Ø) 大量产出 【翻译题：v-F】 v*-Ø 量大产出 v*-be 准确率高达 50.65%、v*-have v*-do 准确率仅为 6.47%、8.82% （成因：受试仅习得了系动词 √BE 词根内部循环域 ph=1 内论元结构）	【填空题：AGR-T】 being/be/ber/bees/bery 词根 √BE（形态）语音语素变体大量出现 （成因：受试习得了 √BE 词根内部循环域 ph=1 内论元结构之循环中心词 v 的句法-语义特征值）	【T-T 与 T-P 题型】 无定式发展阶段（T-[non-finite]） ① be(bare)+do(bare) ② doing/done ③ to do(bare) ④ random morphological error 大量产出 （成因：受试习得了 √BE 词根内部循环域 ph=1 内论元结构之循环中心词 v 句法-语义特征值）	【C 句型转换：C-Z】 题 159. My hobby is to feed fish. What to feed fish is my hobby? （22 分 6 号受试产出） （成因：受试仅有①仅有 [[[√BE]v]…C]UG 核心句法-语义结构存在；②仅有 √BE 词根内部循环域 ph=1 内论元存在）	仅有 √BE 词根循环域 ph=1 子句语段内论元结构存在 推论：受试仅有 √BE 词根循环域之循环中心词 v 句法-语义特征值
中级预备组 （32～42 分段） （57 人）	【填空题：v-T】 be(bare)/ have(bare)/ do(bare) being/having/doing have+v(Ø) /do+v(Ø) 大量产出 【翻译题：v-F】 v*-[be/have/do+(Ø/be/have/do)] 嵌套形式双标表征式大量产出 （成因：受试习得了词语段内部循环域 ph=1 边沿要素 Event (v*) 句法-语义特征值）	【填空题：AGR-T】 AGR-are、AGR-is、AGR-am 作为①系动词；②助动词在相应必要语境下，were/was 产出比率相似 （成因：受试在词语段循环域外部域所对应的子句语段外论元结构 T-[Event (v*)] 尚不存在）	【T-T 与 T-P 题型】 （1）30～38 分段受试： ① am/is/are+do(bare)/doing/done ② have/has+do(bare)/doing/done ③ was/were+do(光杆)/doing/done 并存 词语段循环域（句法）： [[DP[√BE]v]T-[Asp] (AGR)] 论元/词根内部循环域 Asp 词汇项 1 插入， 触发词根循环域内论元形态-语音拼读 词语段循环域（形态）： [[√ROOT]Asp(v)] 词根内部循环域 Asp 词汇项 1 插入触发形态-语音拼读 （成因：跨循环域之实质性识别失败，形态-句法分离式发展，形态-句法脱臼式映射） (2) 40 分段受试： 大量产出 T-ing(*)/T-ed(*) 分词同位异体语素变体 词语段循环域（句法）： [[DP[√BE]v]T-[Asp] (~~AGR~~)] 词根循环域 Asp 词汇项 1 插入触发形态-语音拼读 词语段循环域（形态）： [[√ROOT]Asp(v)] 词根循环域 ASP 词汇项 1 插入触发形态-语音拼读 （成因：跨循环域之实质性识别成功，形态-句法成功映射，两者合二为一）	【C 句型转换：C-Z】 题 160 John has joint the soccer team. What is have joint? 题 55 The hotel is nearby. Where is do? （34 分 48 号受试产出） What is have/is do 嵌套式"双标记无主语表征出式产出 （成因：受试 √BE 词语段循环域外部域 T-[Event (v*)] 外论元结构之句法终端 T 复合功能语素未实现屈折化，无 T-EPP 投射驱动主语提升至 [Spec, TP] 位置	√BE 词根循环域 ph=1 边沿句法-语义特征值 Event (v*) 生成（概念性），然而局部性词语段外部循环域 T-[Event (v*)] 之 T 复合功能语素尚未实现屈折化，子句语段外论元结构尚未生成 推论：仅有 √BE 词根循环域内部 DP 论元，或外部循环域单一功能中心词 T-[Asp] 被词根循环域词汇项 Asp1 插入，触发形态-语音拼读

续表

组别/分数段	Event(v/v*) 功能语素	AGR 功能语素	T 复合功能语素	C 复合功能语素	(后句法 PF 构件)词根循环域/子句语段内论元结构生长至词语段外部循环域/子句语段外论元结构过程
中级组(44～54分段)(33人)	【填空题:v-T】 be(bare)/ have(bare)/ do(bare) being/having/doing have+v(Ø) /do+v(Ø) 产出数量大幅度下降 【翻译题:v-F】 v*-[be/have/do+(Ø/be/have/do)] 嵌套形式双标表征式产出大幅下降 【翻译题:v-F】 v*-do、v*-have、v*-be 习得准确率均达到 77.5%以上,且无显著性组内差异 (成因:受试词语段外部循环域之子句语段外论元结构 T-[Event (v*)] 在句法终端 T 复合功能语素屈折化实现)	【填空题:AGR-T】 ① 在 AGR-is(助)必要语境下,受试产出 were/was 比率高于在 AGR-am(系)与 AGR-are(系)必要语境下的产出比率; ② 在 AGR 各必要语境下,有 will be 产出 (成因:受试在词语段循环域外论元结构 T-[Event (v*)] 的句法终端 T 复合功能语素实现屈折化)	【T-T 与 T-P 题型】 词语段循环域转至外部循环域之子句语段内论元结构 T-[Asp(v)] 转至外论元结构 T-[Event (v*)] 之句法终端 T 复合功能语素屈折化实现 [[[√BE]Asp(v)]T(AGR)] → [[[[√BE] Event (v)] Event(v*)]T(AGR)] ① have+done/did ② am/is/are+doing/did ③ was+doing/did 并存 (成因:have+did/was+did 的产生是由于 T 复合功能语素在词语段外部循环域被 Asp 词汇项列表 2 插入后,经由裂变形态操作,对尚未释放的 T-[Asp] 功能中心词在转至词根循环域后,相应的应使用 Asp 词汇项 1 进行插入,而部分受试在两个层面均使用了 Asp 词汇项列表 2)	【C 句型转换:C-Z】 题 49 You have been to London before. Where have been you… (48 分 108 号受试产出) (成因:受试 T 复合功能语素已经实现屈折化。有外论元结构 T-[Event (v*)] 在句法终端 T-[Tense, Asp, Voice] 复合功能语素出现。由句法-语义特征几何构型标记性较大的 T 复合中心词被外合并入 C 复合功能语素后,未发生裂变,未释放 T-[Asp] 特征值所致	子句语段外论元结构出现,句法终端 T 复合功能语素实现屈折化 推论:√BE 词语段外部循环域 T-([Event (v*)] 之句法终端 T 复合功能语素实现屈折化,需经裂变形态操作,触发形态-语音拼读

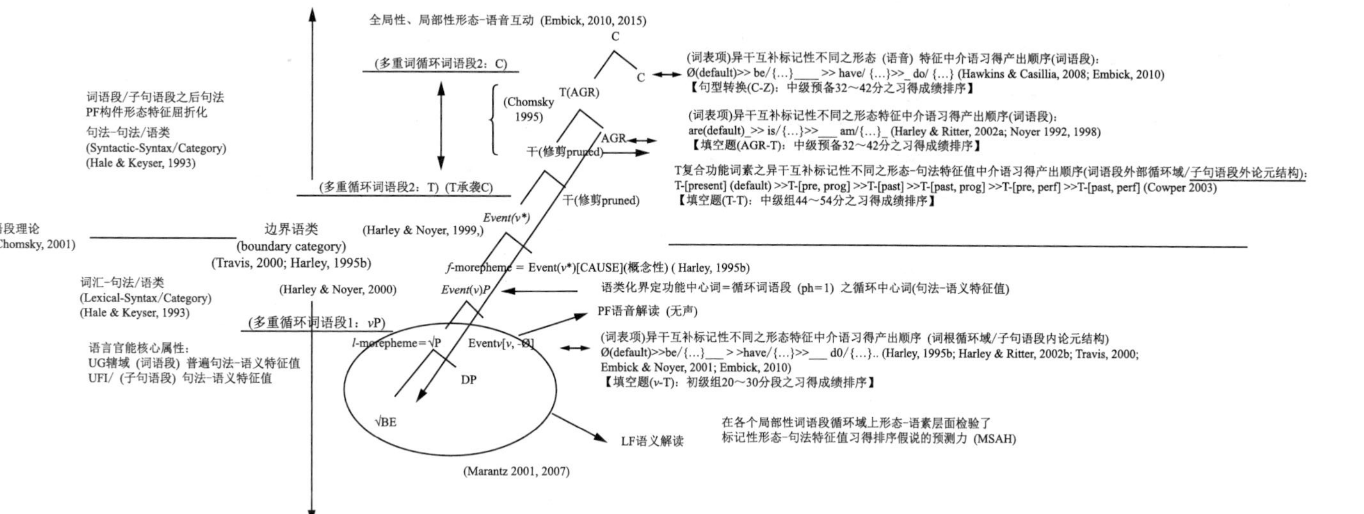

图 6.17 英语基本助动词复合中心词——（异干互补)语境同位异体语素习得复杂度假说

（hypothesis of complexity with complex heads —suppletive contextual allomorphy of English primary auxiliary in interlanguage development）

历时发展过程中(Embick,2010),相应地会产生以下预测力,也就是说,非句法终端功能语素与词根循环域 [[√BE]*v*] 距离的远近与习得难易度呈正比。词根语义驱动词根循环域生长至词语段外部循环域的方式是构型子句语段内论元结构生长至外论元结构的手段及方式(Harley & Noyer,2000;Marantz,2001)。与之相应,在由词根循环域生长至词语段外部循环域的过程中,受试的习得发展规律以由内及外的方式发生。

简而言之,本研究推论性假说 MSAH 理论预测力仅仅处于归纳性假说 HCC-SCAEP 两个系统性理论预测力的其中之一。

6.6.3　英语基本助动词中介语发展对语言官能混合式系统化理论构建的论证

Chomsky(2005:10-11)在论述语言官能生物性器官的理论构想时主张"生物性语言的最优化设计是为了外接口于语言官能之外的第三要素运算原则,从而满足提高计算效率的意旨"。Chomsky(2005)描述了生物性器官语言官能的理论构型。首先,它需要拥有孤立的(isolating)核心属性。其次,语言官能是一个离散且无穷大的集合(discrete infinities)。具体而言,由 *n* 个句法实体组成。再次,它以最简化手段——外合并的方式构型新的句法实体,形成一个无边际的层级性结构。最后,语言的最优化设计是为了满足接口条件,语段应该尽可能地最小化(minimized)。为降低语音运算负担,在语段循环时只拼读一个语音。Embick(2010)在论述生物性器官语言官能混合式系统化理论构建时,对生物性器官语言官能的生长过程作出如下描述:

> 首先,形态-句法将会生成一个具有结构性的复合表征式(generate a structured representation of a complex form),这是语言官能的核心属性。在局部性词语段循环域上将它线性化(linearize it),将语音形式(phonological form)赋给这些语素。然后,另一个系统开始从这个句法实体生成无限大的竞争性句法实体(infinite competitors from this object)。如果我们需要以适切性且完整的构型(well-formedness)来评估它们,那么我们需要实证方面的数据驱动这类混合结构的构建

(hybrid architecture)。应该排除一切怀疑:我们需要像这样的两个具有根本性区别的(distinct)系统……(Embick,2010:x)

Embick(2010)针对中介语发展过程的生物性器官生长过程,进一步提出了语言官能混合式生长过程的两个系统化理论构建要素,分别隶属于派生理论和非派生理论(non-derivational theory)。同时,进一步对两者关系作出了界定:派生语法模块具有局部性(localism)与连续性(serialism)特点,非派生语法模块具有全局性(globalism)与平行性(parallelism)特点。在语言官能混合式理论构建过程中,两个系统在三维空间中生长,进行混合式系统化理论构建。其中,系统一的预测力发生在局部性单一词语段循环域上。在通过循环-线性化操作进行线性化语音串联后,异干互补词汇项列表对功能语素进行排序性插入,因其具有标记性形态特征值,从而产生了预测力,并且该预测力得到了本研究的数据支持。与之相对,系统二的预测力发生在全局性多重词语段循环域上。在外化于语言官能的无语音形态-语音互动过程中,多重词语段循环域呈现出离散与无限性复合句法实体,不具有理论预测力,本研究数据支持该结论,如表 6.7 所示。

表 6.7　生物性语言官能混合式系统化理论构建预测表

语言官能生物属性三维空间生长过程	系统化理论	维度	中介语发展之预测力	预测对象
	系统 1:派生理论 语法理论(grammar theory) (Chomsky,2001;Marantz,2001;Embick,2010,2015)	维度 1:连续性 维度 2:局部性(循环-线性化操作) ① 同一局部性词语段循环域 ② 与线性化语音串联的交互作用	词汇项列表的竞争性插入:标记性形态-语音特征值习得排序预测力【√】 【本研究实证数据支持预测力】	局部性词语段循环域上(异干互补)语境同位异体语素/异干互补词汇项列表
	系统 2:非派生理论 外化于语法理论(out of grammar) (Embick,2010)	维度 3:全局性/平行性 ① 语音词缀驱动复合中心词提升操作构型多重词语段循环域的论元结构 ② 形态-语音受制于同一个运算系统	词语段内部与外部循环域构型子句语段内论元与外论元结构,语言习得历时发展过程中的预测力【√】 【本研究实证数据支持该解释力】 形态-语音互动的预测力【×】 【本研究实证数据支持预测力】	离散与无限化的复合句法实体

实际上，在这里 Embick（2010）对语言官能生长过程的描述正是对生物性器官语言官能混合式系统化的理论构建过程。本研究在全局性多重词语段循环域与局部性词语段循环域的交互作用下，探寻藏族英语学习者在形态层面习得功能语素 Event (*v*/*v**)、AGR(T)、T、C 的历时与共时实证数据，提出归纳性假说 HCC-SCAEP。该假说的理论预测力验证了语言官能混合式系统化的理论构建。在此基础上，本研究进一步论证了在中介语发展过程中，生物性器官语言官能的生长机制无异于母语习得中的语言官能生长机制。

6.7 小结

首先，在 6. 1～6. 4 节研究发现与讨论中，本研究针对不同组别受试对象在不同题型中，习得各个功能语素 Event (*v*/*v**)、AGR(T)、T、C 异干互补词汇项时，符合 MSAH 理论预测排序规律的成因进行了分析。

研究发现表明，在词语段循环域上，三组藏族受试习得各个功能语素 Event (*v*/*v**)、AGR(T)、T、C 的发展过程，是从语类化词根循环中心词 [[√BE]*v*] 开始，以语音词缀驱动复合中心词提升操作的方式，合并至下一个功能中心词 Event (*v*/*v**)、AGR (T)，再由词根循环域生长至词语段外部循环域，最终合并至 T 功能中心词，构型成词 / 子句语段的外论元结构，在各个层级结构上逐渐形成无限且离散式的功能语素（Marantz，2001，2007；Embick，2010，2015）。然而，MSAH 理论预测需要考察三组藏族受试所处中介语发展的不同阶段，也就是说，需要考察处于词根循环域内论元结构的 Event (*v*/*v**) 功能语素、AGR (T) 功能语素，以及词语段外部循环域外论元结构的 T 复合功能语素是否已经实现了屈折化，才能够进一步在局部性词语段循环域上，验证相应后插入给功能语素的标记性大小不同的异干互补词汇项线性化习得排序规律是否符合 MSAH 理论预测。

其次，在 6. 6 节中，本研究进一步结合三组藏族受试习得功能语素 Event (*v*/*v**)、AGR(T)、T、C 异干互词汇项的共时与历时数据，提出了本研究的归纳性假说 HCC-SCAEP，进一步论证了推论性假说 MSAH 的理论预测力并非处于绝对空间的一维现象，而仅仅是处于 HCC-SCAEP 假说在语言官能混合式系统化三维生长空间中，其中一个维度上的异干互补形态语素变体线性化排序（Embick，

2010)。

最后,HCC-SCAEP 进一步验证了在局部性词语段循环域与多重词语段循环域的交互作用下,混合式系统化生物器官——语言官能的生长机制可以被再次激活(Embick,2010),在语言习得关键期以后(Meisel,1997),这种生长机制无异于母语习得过程中的语言官能生长机制。

注:

1. Eubank & Grace(1998)以 70%准确率作为界定受试习得第三人称单数主谓一致呼应关系的标准;Vanikka & Young-Scholten(1994)以 60%准确率作为界定受试习得题元动词主谓一致性关系的标准。

2. 本研究对 have 与 do 屈折形态语素变体的判准条件为:① has/does 具有屈折化实现;② 论元结构完整,且两者缺一不可。这是由于 does 与 has 既是 AGR 功能中心词屈折化形态语素变体,又是 T 屈折化中心词异干互补词汇项在语音规则再调整下的非屈折化(形态)语音语素变体,因此以上两个判准条件缺一不可。

3. Embick(2015:142)指出:"使用缺省操作的主要动机是由于融合性本身不能使更为不充分标注的词汇项列表进行插入。"

4. Embick(2015:176-178)主张:"-s/-ed 这类同位异体语素变体,处于灰色区域(gray area),既可以是系统性融合之词汇项的形态-语音拼读;也可以是偶然性的同音异义语音语素变体(homophonous-X)。"

5. 根据 SPSS 录入的受试原始作答反应,我们在此处将中级预备组起始分数暂且调至 30 分。

6. 最小树假说是指在二语习得过程中,学习者借由普遍语法和二语输入的刺激,按照自下而上的等级习得功能语类,如先习得屈折短语 IP 才能习得标示句词短语 CP。二语习得最后应最起码在功能语类方面能取得与本族语者同样水平(Vainikka & Young-Scholten,1994,1996a,1996 b)。

7. 本研究采用 Embick(2015)省略了词根前缀结构的方式([DP[√ROOT]*v*])。实际上,这里的语类化词根是复合结构,经由复合中心词移动与词汇-语类词根提升后与语类功能界定中心词合并。

8. Embick(2015:224)强调:"在普遍语法特征库中,与时态特征、人称特征,以及数特征相比而言，虽然语类化界定功能中心词是‘配角，(understudied)，但是暂且没有确凿的文献说明两者完全不同。”

9. Embick（2015：43）主张“语类化界定功能中心词负责派生形态语义（semantic）功能成分”。

10. 由于 is(am/are)+do(bare)/doing/did/done 中介语变异性表征式的出现始于 30 分段受试，这里暂且将中级预备组受试分数段调整为 30 分段起始。

11. Embick（2003：161）主张：“形态识别（Morphological Identity）是指在同一个词语段循环域上，词根内部域与词语段外部域的非循环 Asp 功能中心词具有重叠的句法-语义特征值。以同一个系统性融合式词汇项对词语段循环域的两个 Asp 功能中心词进行竞争性插入，实现形态-语音配对是同质化不同层面分词的一种手段。”

12. Embick（2003：161）主张：“实质性识别（substantive identity）：当两个词语段循环域在满足以下必要条件时：① 发生语音识别；② 发生形态特征识别，若负责插入的词汇项形态特征集合完全相同，且相同形态特征集以相同语音说明进行配对性插入，则两个词汇项表现出跨循环词语段循环域的实质性识别。”

13. 本研究采用 Chomsky（1995）与 Embick（2015）的方式，将 AGR 嫁接于 T，两者是所处同一词语段循环域的异干互补语境同位异体语素。

14. 统计数据是 T-T 与 T-P 两题加合的数据。为了避免非规则语素变体 *-ed、*-ing 产生争议性，此处仅对规则性动词形态语素变体 -ed、-ing 进行统计，采用 0、1 计分。

15. 这一现象也验证了 Chomsky（2005：14）对成分统治（c-command）核心属性的界定：“当中心词（head：简称为 H）补语是它所在循环域上唯一能被 H 驱动且能够在最小范围内进行搜寻的成分时，对标示语（specifier）与补语（complement）做出的区分已经失去了独立存在的意义（independent significance）。其实，仅仅关乎先合并还是后合并的问题。”

16. 本研究认为 6 号受试(22 分)产出 is 并非随机变异。因为，5.4.2 节中的数据显示在两类题型中，受试作答 C-be 准确率较之 C-have、C-do 均较高。其中，在句型转换题型中(C-Z)高达 38.56%，在翻阅原始数据时，我们发现受试一经产出 √BE 相应形态语素变体，就立即对其进行形态-语音拼读 am、is、are，而非词根 √BE 底层语音运算形式的光杆 be 动词。

17. Marantz（2001：21）指出：“词根与论元结构间接关联（connected），外论元（external argument）并非动词的论元。”

第7章 结论

本研究旨在验证标记性形态-句法特征值习得排序假说(markedness morpho-syntactic sequential acquisition hypothesis: MSAH)的内部效度。

在微观形态理论视角下(Chomsky, 2000, 2001; Marantz, 2001, 2007; Embick & Noyer, 2007; Embick, 2010, 2015),本研究以语段理论(Chomsky, 2000, 2001)为理论依据,以词语段循环域(Marantz, 2001, 2007; Embick, 2010, 2015)为工作假说,以句法-语义特征几何结构(Harley, 1994; Harley & Ritter, 2002a, 2002b; Cowper, 2003)与形态-句法特征层级排序(Noyer, 1992)相互结合作为预测手段,以标记性缺省转换原则(Noyer, 1998)为必要条件,结合形态不充分标注性假说(McCarthy, 2007, 2008),针对基本助动词 do、have、be 在各个功能语素 Event (*v*/*v**)、AGR (T)、T、C 上被后插入的标记性异干互补词汇项,对其习得排序规律进行理论预测:由无标记性形态特征值([*u*F])到标记性形态特征值([*m*F])产生单向性、替换性、渐进式习得排序规律,这种规律无法反向而置。

总体而言,研究目标基本得到实现,研究方法得到有效运用,根据研究结果有了进一步的研究发现。本章论及研究发现以及研究发现相互间的关联性。同时,论及理论与实践方面的研究贡献、研究局限性和对未来研究的展望。

7.1 研究发现

7.1.1 MSAH 在派生语法模块内部局部性词语段循环域的形态语素变体预测力

在派生语法模块内部，为了检验推论性假说 MSAH 对标记性形态特征值驱动下的异干互补词汇项习得排序理论预测力，本研究在微观形态理论视角下（Chomsky，2001；Harley & Noyer，1999，2000；Marantz，2001，2007；Embick & Noyer，2007；Embick，2010，2015），考察了处于中介语发展初始阶段三组不同英语水平的藏族受试。在局部性词语段循环域上，关注各个功能语素 Event (*v*/*v**)、AGR(T)、T、C 的标记性异干互补词汇项习得发展规律，提出以下四个研究问题。

研究问题 1：Event (*v*/*v**) 功能语素上的异干互补词汇项 Ø、be、have、do 在局部性词语段循环域的习得排序规律，是否呈现为由 [*u*F] 到 [*m*F] 单向性、替换性、渐进式发展？

研究问题 2：AGR 功能语素上的异干互补词汇项 are、is、am 在局部性词语段循环域的习得排序规律，是否呈现为由 [*u*F] 到 [*m*F] 单向性、替换性、渐进式发展？

研究问题 3：T 复合功能语素的异干互补形态−句法特征值 T-[present]、T-[past]、T-[present, progressive]、T-[past, progressive]、T-[present, perfective]、T-[past, perfective] 习得发展规律，是否呈现为由 [*u*F] 到 [*m*F] 单向性、替换性、渐进式发展？

研究问题 4：C 复合功能语素上的异干互补词汇项 C-Ø、C-be、C-have、C-do 在局部性词语段循环域的习得排序规律，是否呈现为由 [*u*F] 到 [*m*F] 单向性、替换性、渐进式发展？

通过横断面分层抽样的研究设计进行实证数据收集，进一步得到以下研究发现。第一，受试在无标记性必要语境下，不存在标记性形态−句法特征值逆序产出的变异性现象；与之相对，在标记性必要语境下，则存在无标记性形态−句法特征值变异性产出现象。第二、三组受试对无标记性形态−句法特征值与标记性形态-句法特征值的习得程度，呈现出显著性组内及组间差异性，中介语形态变异性呈现出由无标记性到标记性特征值习得程度渐进式发展的系统性变异现象仅得到部分验证。受试习得无标记性与标记性特征值的程度存在组间与组内差异性，这一现象证伪了功能特征失效假说（Hawkins & Chan，1997）所主张的在语言习得关键期后（Meisel，1997），由于普遍语法特征库不再可及，导致句法性永久损伤这一零假设的论断。第三，受试对象的默认无标记性形态-句法特征值过度产出，导致默认无标记性形态特征值产出率与整体错误率呈正相关。以上研究发现表明，在语言官能核心句法 UG 句法-语义结构无损的前提条件下，三组藏族受试在以循环-线性化形态操作（Embick，2015）构型同一词语段循环域的语境同位异体语素时，受制于标记性句法-语义特征几何结构形成的标记性形态-句法特征值驱动，后插入的异干互补词汇项排序呈现出由无标记性特征值 [*u*F] 到标记性特征值 [*m*F] 单向性、替换性、渐进式系统化变异规律，没有反向而置的现象发生。

该研究结果基本上验证了推论性假说 MSAH 的理论预测力，进一步验证了在生物性器官语言官能混合式系统化理论构建的生长过程中，形态-语音互动的预测力是发生在局部域的形态语素变体层面的理论推断（Embick，2010）。

7.1.2 HCC-SCAEP 对生物性器官语言官能混合式系统化理论构建的预测力

本研究进一步在全局性多重词语段循环域与局部性单一词语段循环域（Marantz，2007；Embick，2010，2015）交互作用下，在形态层面整合了三组不同英语水平的藏族受试习得基本助动词 do、have、be 的历时与共时数据，得到以下推论性研究发现。

首先，三组受试在习得边界语类 Event (*v*/*v**) 词汇/动因-语素时（Travis，2000；Harley，1995b），仅有低级组受试（20～30 分段/填题型：*v*-T）在局部性词语段循环域上的异干互补词汇项习得成绩排序 is(am/are)>>has>>does 符合 MSAH 理论预测。局部域形态语素变体存在 be>>have>>do([*u*F]>>[*m*F]) 由 [*u*F] 至 [*m*F] 单向性、替换性、渐进式习得排序规律。依据循环-线性化推论（Embick，2010），在 [DP[√BE]*v*] 词根循环域上，由 DP 论元驱动形态-语音拼读的方式验证了此时低级组受试（20～30 分段）仅有 [[√BE] *v*] 所在词语段循环域 ph=1 对应的子句语段内论元结构存在，进一步验证了内论元结构与外论元结构相互分离的理论推断（Marantz，2001，2007；Harley & Noyer，2000）。与此同时，在局部性词语段循环域上，低级组受试（20～30 分段）习得词汇／动因－功能语素 Event (*v*/*v**) 上的语境同位异体语素姊妹节点数量的不同，会导致习得难易度产生差异性，与不同习得难易度相对应的词汇项产生共现 [[√BE] Event (*v*)]-be（1 个子姊妹节点）>>[[[√BE] Event (*v*)] Event (*v**)]-have（2～3 个姊妹节点）>>[[[√BE]~~Event (*v*)~~] Event (*v**)]-do（3 个姊妹节点），这一现象验证了中介语系统性变异性假说—语境复杂度的预测力（Hawkins & Casillas，2008）。

其次，三组受试对象在习得 AGR 功能语素时，仅有中级预备组受试（32～42 分段／填题型：AGR-T）异干互补语境同位异体语素标记性词汇项排序规律 are>>is>>am 符合 MSAH 理论预测。低级组受试（20～24 分段）产出规律符合无赋值特征假说的理论预测（Eubank，1993，1994，1996），其习得排序规律不符合 MSAH 理论预测。低级组受试（26～30 分段）受制于第三要素原则驱动，将缺省形态操作与词汇项的系统性融合应用于 AGR 功能语素习得过程之中，其排序也不符合 MSAH 理论预测力。中级预备组受试（30～34 分段）在形态－句法特征层级排序（Noyer，1998）与人称、数形态特征几何结构驱动下（Harley & Ritter，2002b），其标记性异干互补词汇项的习得排序规律符合 MSAH 的理论预测。

再次，三组受试对象在习得 T 复合功能语素时，仅有中级组受试（44～54 分段／填题型：T-T）基于句法－语义特征几何结构与形态－句法特征值的标记性，所产出的习得排序规律 T-[present]>>T-[present, progressive]>>T-[past]>>T-[past, progressive]>>T-[present, perfective]>>T-[past, perfective] 验证了 MSAH 理论预测。研究结果显示，在仅有词语段内部循环域的循环中心词句法－语义特征值存在时，低级组受试（20～24 分段）相应地仅仅会产出无定式与任意性形态变体以及光杆实义动词。与此同时，在词语段循环域上，低级组受试（26～30 分段）先行产出分词形态－语音拼读的现象验证了形态－句法分离假说（Lardiere，1998a，1998b，2000），并且形态先于句法发展（Leung，2002）。低级组受试（20～28 分段）、中级预备组受试（30～38 分段）形态－句法分离式发展，两者脱臼式映射。这两个阶段的受试对象会产出 be+do/doing/did/done（低级组：20～28 分段），以及 is(am/are)+do/doing/did/done（中级预备组：30～38 分段）等 be 动词过度产出的变异性表征式。在微观形态理论视角下，本研究进一步提出了形态-句法脱臼式映射假说，旨在解读 be 过度产出现象的成因是由于形态-句法脱臼式映射所致，直到 40 分段，受试对象才完成形态-句法成功映射。中级组受试(44～54 分段)在词语段外部循环域上，屈折化了 T 复合功能语素，使派生形态与屈折形态合二为一，形态-句法不再发生映射，而是转成使用裂变形态操作的方式，实现形态-语音拼读。至此，中级组受试(44～54 分段)T 复合功能语素异干互补形态特征值的习得排序才得以验证了 MSAH 的理论预测力。低级组受试(20～30 分段)到中级组受试(44～54 分段)的变化过程是由词根循环域生长至词语段外部循环域的过程，对应于子句语段内论元结构生长至外论元结构的过程，最终，实现了 T 复合功能语素屈折化。这一过程验证了最小树假说的理论预测力(Vainikka & Young-Scholten, 1994, 1996a, 1996b)。在中级组受试(44～54 分段)习得由不同句法-语义特征几何结构构型而成的 T 复合功能语素时，受制于标记性特征值驱动，形态语素变体的排序规律验证了特征组装(复杂度)假说的理论预测力(Lardiere, 2008, 2009a; 戴曼纯, 2011)。

三组受试在习得 C 复合功能语素时，仅有中级预备级组受试(32～42 分段)在 C 句型转换题型中，产生了局部性词语段循环域上的标记性异干互补词汇项习得成绩排序 C-be>>C-have>>C-do 符合 MSAH 理论预测的现象。研究结果表明，默认形态特征值 C-Ø 生成方式证伪了宏观参数方案下(Chomsky, 1981)非此即彼的参数值设置方式，研究结果论证了在微观形态理论视角下(Chomsky, 2001; Marantz, 2007)赋值形态特征值的可行性。低级组受试(20～30 分段)在词根循环域上的核心句法-语义自治 [[√BE]*v*]...C]，与词语段外部循环域 C 复合功能语素的形态-句法特征值分离式发展。中级组受试(32～42 分段)产出了 C-[be/have/do+(Ø/be/have/do)] 嵌套式双标记表征式，这一现象论证了词语段内部循环域的语段间边沿要素 Event (*v**) 句法-语义特征值虽然已经被赋值，然而，词语段外部循环域上的 T 复合功能语素却还没有实现屈折化(T 承袭循环中心词 C 的特征)。以上证据论证了多重词语段循环

域的循环中心词是 *v* 与 C（Marantz，2001，2007）。在 C 复合功能语素实现屈折化以后，中级组受试（44～54 分段）产出了变异性表征式 Have been you…，这一现象证伪了词汇论视角下局部性中心词提升操作（T-C 移动）（Radford，2009）是构成疑问句方式的主张，验证了语音词缀驱动复合中心词提升操作才是构成疑问句的方式（Embick，2010，2015）。

本研究得到以下归纳性结论：藏族受试在习得基本助动词时，中介语发展始于词根循环域的语言官能核心句法实体，[[√BE] *v*] 仅具有 UG 辖域的句法–语义特征值，对应于子句语段内论元结构 *v*P。受试在中介语后续发展过程中，以复合中心词提升（Embick，2015）与循环–线性化操作（Embick，2010）交互作用的方式，实现形态–语音拼读。在局部性词语段循环域构成的语境同位异体语素上，实现了标记性异干互补词汇项竞争性插入的形态–语音拼读，从而验证了 MSAH 对标记性形态–句法特征值习得排序的理论预测。最终，基本助动词从词根循环域 [[√BE] *v*] 派生出来，屈折而成的功能语素 Event (*v*/*v**)、AGR(T)、T 、C 呈现出离散且无限发散式特点。与此同时，根据与词根 √BE 距离的远近，可以进一步判断出受试中介语形态–句法的发展过程是由词语段内部循环域生长至词语段外部循环域，也就是说，是由子句语段内论元结构生长至外论元结构，由易到难的习得发展过程。

本研究基于此提出了归纳性假说英语基本助动词之复合中心词——（异干互补）语境同位异体语素习得复杂度假说（HCC-SCAEP），进一步验证了关于生物性器官语言官能（Chomsky，2005）混合式系统化生长机制的理论构想（Embick，2010）。HCC-SCAEP 假说由两个系统组成。在本研究中，相关研究结果支持 HCC-SCAEP 假说。系统一是指在派生语法模块内部（Chomsky，2001；Marantz，2007；Embick，2015），通过局部域形态–语音互动，在 UG 核心句法–语义结构无损的前提条件下，经由循环–线性化操作，推论性假说 MSAH 对异干互补词汇项的排序性插入实施理论预测。具体表现为由无标记性形态特征值 [*u*F] 到标记性形态特征值 [*m*F] 单向性、替换性、渐进式系统性发展规律：Event (*v*/*v**)-Ø>>be>>have>>do（低级组 20～30 分段 / 填空题），AGR-are>>is>>am（中级预备组 32～42 分段 / 填空题），T-[present]>>T-[present, progressive]>>T-[past]>>T-[present, perfective]>>T-[past, progressive]>>T-[past, perfective]（中级组 44～54 分段/填空题），C-Ø>>be>>have>>do（中级预备组 32～42 分段/句型转换题）。系统二是指在派生语法模块外部，HCC-SCAEP 在全局域形态-语音互动下实施的预测力存在于形态层面，离词根最近的复合中心词习得程度最好，最先出现，依次排开，并且在词根循环域生长至词语段外部循环域的过程中，习得程度由易到难，*v*P（低级组：词根循环域/子句语段内论元结构）>>AGR (T)（中级预备组：词根循环域/子句语段内论元结构）=C（中级预备组：词语段循环域/子句语段内论元结构）>>T（中级组：词语段外部循环域/子句语段外论元结构）。这一研究结果验证了全局域视角下的形态-语音互动性是外化于语法模块的，并且是存在于语言习得历时发展过程中的理论推断（Embick，2010）。这一过程存在于词根语义驱动的词根循环域生长至词语段外部循环域，对应于子句语段内论元结构生长至外论元结构的过程之中。低级组受试（20～30 分段）仅有语言官能核心句法属性，也就是仅有词根句法-语义特征值的存在，所对应的词根循环域 ph=1 是封闭式的词语段内部循环域，也就是子句语段的内论元结构 *v*P。时至中级预备组（32～42 分段），受试对象仅能依靠外化于语言官能的语音词缀驱动复合中心词提升，获取词语段间边沿要素的句法-语义特征值 Event (*v**)，而此时仍旧没有发生形态-语音拼读，直至中级组时（44～54 分段），受试才能够将复合中心词提升、合并到（非）循环中心词 T/ C 位置上（T 承袭语段中心词 C 的特征），构成词语段外部循环域 ph=2，也就是子句语段的外论元结构，至此才能触发 T 复合功能语素的形态-句法特征值实现屈折化。

最终，我们达成以下研究结论，本研究推论性假说 MSAH 对局部性词语段循环域上异干互补词汇项的排序规律的理论预测之所以得到部分验证（详见 6.1～6.4 节研究发现与讨论），是由于它的预测力并不是发生在绝对空间中的一维现象，而是处于归纳性假说 HCC-SCAEP 三维生长空间中介语发展过程中的某一阶段，在多重词语段循环域与单一词语段循环域的交互作用下，对局部性词语段循环域上的标记性异干互补词汇项列表进行的线性化排序预测。与此同时，研究结论也论证了在关键期以后（Meisel，1997），三组不同英语水平的藏族受试在习得基本助动词 do、have、be 时，中介语语法表征仍然遵循生物性器官语言官能混合式系统化的理论构建（Embick，2010），也就是说，藏族受试的语言官能生长机制可以被再次激活，无异于母语习得过程中语言官能的生长机制。

7.2 研究贡献

7.2.1 理论贡献

在理论框架方面，从20世纪90年代至今，生成语法框架下特征理论视角的二语习得研究致力于为形态-形式联系观与形式-形态分离观（戴曼纯、康悦，2009）提供理据，两派之争在于中介语形态-句法变异性究竟是UG不再可及所导致，也就是说，不可解读特征无法驱动可解读特征值核查（Tsimpli & Roussou，1991；Tsimpli & Smith，1991；Tsimpli & Dimitrakopoulou，2007；Beck 1997，1998；Bley-Vroman，1989，1990；Hawkins & Chan，1997；Hawkins & Liszka，2003；Hawkins & Hattori，2006；Hawkins et al.，2008；Ayoun，2005；Liszka，2009），抑或是UG仍旧可及，中介语变异性仅仅是由于形态-句法映射问题所致（Schwartz & Sprouse，1994，1996；Epstein et al.，1996，1998；Flynn & Martohardjono，1994；Grondin & White，1996；White，1990，1991，1992，2003a，2003b；Prévost & White，1999，2000；White，2003a；Lardiere，1998a，1998b，2000，2007a，2007b，2012；Haznedar，2001；Geçkin & Haznedar， 2008；Haznedar & Schwartz，1997；Haznedar & Gavruseva，2013；Ionin & Wexler，2002；Batmanian et al.，2008；Muftah & Eng，2011）。与此同时，特征理论视角下的三语习得研究论及的内容也仅仅是关于一语、二语形态特征值迁移问题与UG可及性问题之间的探讨（Leung，2002， 2005，2006，2007a，2007b；García Mayo，2006；García Mayo et al.，2006；Bardel & Falk，2007；Gutierrez Mangado & Garcia Mayo，2008；Iverson，2009，2010；Jaensch，2009；Lindqvist，2009；Lozano，2002；Rothman et al.，2011；Antonova-ünlü，2015；Perales et al.，2009）。相关学者针对三语中介语发展初始阶段的一语、二语形态特征值迁移问题，提出以下四种多语形态-句法特征值迁移假说（multilingual morphosyntactic transfer hypothesis）（Rotheman et al.，2009；García Mayo & Rothman，2012）：L2成分因素迁移假说（L2 status factor hypothesis）（Bardel & Falk，2007；Falk & Barde，2011）、完全一语迁移假

说(absolute L1 transfer hypothesis)(De Bot,2004)、渐强模式假说(cumulative-enhancement model)(Flynn et al. ,2004)、类型优选模式假说(typological primacy model)(Rothman & Iverson,2008;Rothman & Cabrelli Amaro,2010;Rothman,2010,2011)。这四种假说分别与不同范式相互结合,诸如心理学、语言类型学,结论各自为营,无法统一在生成语法范式下的同一个理论框架之中。

本研究在微观形态理论视角下(Harley & Noyer,1999;Marantz,2007;Embick & Noyer,2007;Embick,2010,2015),统一了生成语法二语、三语习得研究领域的上述不兼容性问题。同时,将二语、三语中介语语法表征习得研究统一在了同一个理论框架之中。在以语类化词根界定狭义语言官能核心属性的基础之上,再以后句法形态层面的屈折化功能语素在局部性词语段循环上的形态-语音互动为手段,考察藏族三语英语学习者基本助动词的习得发展规律。如此一来,一语、二语形态特征值迁移问题不复存在。

在预测力方面,本研究做出了如下贡献。本研究以语类化词根作为构型语段循环域的方式,降低了语言官能的核心属性(Chomsky,2005),从技术手段上来说,更加微观,预测力更加精准。词语段(Marantz,2007)与子句语段(Chomsky,2001)相互结合,前者作为工作假说,后者则是用以揭示中介语形态-句法特征值习得发展规律的理论依据。词语段与子句语段同质化,以词语段循环域作为工作假说的方式,既可以分别构型词语段与子句语段的内论元结构与外论元结构(Marantz,2001,2007;Harley & Noyer,2000),又可以实现形态-句法与形态-语音的相互分离(Lardiere,1998a,1998b,2000),在预测力的实施过程中,词语段与子句语段可分可合,理论优势尽显。

7.2.2 实践价值

近二十年来,我国关于少数民族三语英语习得的研究,着眼于语言习得外部因素的较多(刘全国,2005;马吉德,2011;刘懋琼,2013;陈•巴特尔,赵志军,2021)。致力于生成语法范式下的微观形态理论视角(Chomsky,2001;Marantz,2007;Embick,2010,2015),考察少数民族学生三语英语习得的研究尚为空白,本研究填补了这一研究空白,以藏族三语英语习得者为例,针对少数民族地区学生英语习得的中介语发展过程展开研究,对内部语言心理表征式

(I-language)(Chomsky,1986)的中介语语法发展规律进行探寻,进一步为我国少数民族学生英语课堂教学提供语言本体论方面的借鉴与参考。

受制于地域条件、经济发展及师资力量等多方面因素的制约,相比汉族学生而言,藏族学生英语语言水平整体较低(詹先友,2012;捌马阿末,2012;陈•巴特尔,赵志军,2021)。正是由于这个原因,本研究提供了一次难能可贵的实证机会,窥视关键期后(Meseil,1997)藏族英语学习者在中介语发展初始阶段,学习基本助动词 do、have、be 形态屈折化的发展过程,如同慢动作分解播放一样清晰可见,实属难能可贵。

7.3 研究局限

受制于客观条件制约,本研究没有进行诱导性口语产出任务测试,期待在未来的研究中可以实施诱导性口语产出任务进行测试。

英语基本助动词出现在中介语发展最初阶段英语学习者身上,基于此,本研究所关注的藏族受试英语水平较低,处于 20～54 分段(英语语法水平测试 100 分满)。我们期待后续研究可以进一步考察中介语发展最终状态下,高水平英语学习者的英语基本助动词中介语形态变异性发展规律。

在微观形态理论视角下(Chomsky,2001;Marantz,2007;Embick & Noyer,2007;Embick,2010,2015),不存在一语、二语形态特征值迁移问题影响。换言之,二语、三语英语基本助动词的中介语形态特征值屈折化发展过程,不存在差异性。本研究无法证明或证伪这一结论,期待后续研究可以通过对比我国汉族学生与藏族学生的英语基本助动词中介语习得发展规律,论证两者在形态层面的中介语语法表征屈折化过程无差异的事实。

参考文献

Aronoff, M. *Morphology by Itself*[M]. Cambridge: MIT Press, 2001.

Antonova-ünlü, E. & Sağin-Şimşek, Ç.The use of verbal morphology in Turkish as a third language: The case of Russian-English-Turkish trilinguals[J]. *International Journal of Bilingualism*, 2015, *19*(3): 347-362.

Bardel, C. & Falk, Y. The role of the second language in third language acquisition: the case of Germanic syntax[J]. *Second Language Research*, 2007, *23*(4): 459-484.

Batmanian, N., Sayehli, S. & Valian, V. Inclusion of auxiliaries: Competence and performance differences in early learners[C]// Leah, R., Florence, M., & Annabelle, D. *EUROSLA Yearbook*, Newcastle: John Benjamins, 2008: 215-234.

Battistella, E. L. *Markedness: The Evaluative Superstructure of Language*[M]. New York: State University of New York Press, 1990.

Bailey, N., Madden, C. & Krashen, S. Is there a "natural sequence" in adult second language learning?[J]. *Language Learning*, 1974, *24*(2): 235-243.

Bonet, E. *Morphology After Syntax: Pronominal Clitics in Romance*[D]. Cambridge: MIT Press, 1991.

Bonet, E. Feature structure of Romance clitics[J]. *Natuaral Language and Linguistic Thoery*, 1995, *13*(4): 607-647.

Borer, H. & Rohrbacher, B. Features and projections: arguments for the full competence hypothesis[C]// Hughes, E., Hughes, M. & Greenhill, A. *Proceedings of the 21st Annual Boston University Conference on Lnaguage Development*. Somerville: Cascadilla Press, 1997: 24-35.

Cancino, H., Rosansky, E. J. & Schumann, J.H. The acquisition of English negatives and interrogative by native Spanish speakers[C]// Hatch, E. *Second Language Acquisition: A Book of Readings*. Rowley: Newbury House, 1978: 208-230.

Carroll, S.-E. Re-assembling formal features in second language acquisition: beyond minimalism [J]. *Second Language Research*, 2009, *25*(2): 245-253.

Celce-Murcia, M. & Larsen-Freeman, D. *The Grammar Book: An ESL/EFL Teacher's Course(2nd)*[M]. Boston: Heinle ELT, 1998.

Chomsky, N. *Lectures on Government and Binding*[M]. Foris: Dordrecht, 1981.

Chomsky, N. *Barriers*[M]. Cambridge: MIT Press, 1986.

Chomsky, N. Some notes of economy of derivation and representation[C]// Laka, I. & Mahajan, A. *Functional Heads and Clause Structure.* Cambridge: MIT Working Papers in Linguistics, 1989: 43-74.

Chomsky, N. *The Minimalist Program*[M]. Cambridge: MIT Press, 1995.

Chomsky, N. Minimalist inquiries: the framework[C]// Roger, M., Michaels, D. & Uriagereka, J. *Step by Step: Essays in Syntax in Honor of Howard Lasnik.* Cambridge: MIT Press, 2000/1998: 89-155.

Chomsky, N. Derivation by phase[C]// Kenstovicz, M. *Ken Hale: A Life in Language*. Cambridge: The MIT Press, 2001: 1-52.

Chomsky, N. Beyond explanatory adequacy[C]// Belletti, A. *Structures and Beyond:The Cartography of Syntactic Structures(vol. 3)*. New York: Oxford University Press, 2004: 104-133.

Chomsky, N. Three factors in language design[J]. *Linguistic Inqiry*, 2005, *36*(1): 1-22.

Chomsky, N. On phases[C]// Freidin, R., Otero, C. & Zubizarreta, M. *Foundational Issues in Linguistic Theory: Essays in Honor of Jean-Roger Vergnaud.* Cambridge: MIT Press, 2008: 133-166.

Cinque, G. *Adverbs and Functional Heads*[M]. Oxford: Oxford University Press, 1999.

Corder, S. P. The significance of learners' errors[J]. *Internatioanl Review of Applied Linguistics*, 1967 (5): 161-179.

Corder, S. P. *Error Analysis and Interlanguage*[M]. Oxford: Oxford University Press, 1981.

Cowper, E. Tense, Mood and Aspect: A Feature-Geometric Approach [EB/OL]. (2003-01-01)[2016-03-23].http://homes.chass.utoronto.ca/～cowper/Cowper.TMA2003.pdf.

Cowper, E. The Geometry of Interpretable Features: Infl in English and Spanish[J]. *Language*, 2005, *81*(1): 10-46.

Cowper, E. & Hall, D. C. The syntactic manifestation of nominal feature geometry[C]// Burelle, S. & Somesfalean, S. *Proceedings of the 2002 Annual Conference of the Canadian Linguistics Association*. Montreal: Cahiers linguistiques de l'UQAM, 2002: 55–66.

De Bot, K. The multilingual lexicon: Modeling selection and control[J]. *International Journal of Multilingualism*, 2004, *1*(1): 17-32.

Dulay, H. & Burt, M. Should we teach children syntax?[J]. *Language Learning*, 1973, *23*(2): 245-258.

Dulay, H. & Burt, M. Natural sequences in child second language acquisition[J]. *Lanuage Learning*, 1974, *24*(1):37-53.

Ellis, R. *The Study of Second Language Acquisition*[M]. Oxford/Shanghai: Shanghai Foreign Language Education Press, 1994.

Ellis, N. Frequency-based accounts of second language acquisition[C]// Gass, S. & Mackey, A. *The Routledge Handbook of Second Language Acquisition.* London & New York: Routledge, 2012: 193-210.

Embick, D. Features, syntax, and categories in the Latin perfect[J]. *Linguistic Inquiry*, 2000, *31*(2) :185-230.

Embick, D. Locality, listedness, and morphological identity[J]. *Studia Linguistica*, 2003, *57*(3): 143-169.

Embick, D. On the structure of resultative participles in English[J]. *Linguistic Inquiry*, 2004, *35*(3): 335-392.

Embick, D. *Localism Versus Globalism in Morphology and Phonology*[M]. Cambridge: MIT Press, 2010.

Embick, D. *The Morpheme: A Theoretical Introduction*[M]. Boston/Berlin: Water de Gruyter Inc., 2015.

Embick, D. & Marantz, A. Cognitive neuroscience and the English past tense: Comments on the paper by Ullman et al[J]. *Brian and Language*, 2005(93): 243-247.

Embick, D. & Noyer, R. Movement operations after syntax[J]. *Linguisitc Inquiry*, 2001, *32*(4): 555-595.

Embick, D. & Noyer, R. Distributed morphology and the syntax/morphology interface[C]// Ramchand, G. & Reiss, C. *The Oxford Handbook of Linguistic Interfaces*. Oxford: Oxford University Press, 2007: 289-324.

Embick, D. & Marantz, A. Architecture and blocking[J]. *Linguistic Inquirey*, 2008, *39*(1): 1-53.

Eubank, L. On the transfer of parametric values in L2 development[J]. *Language Acquisition*, 1993/1994, *3*(3): 183-208.

Eubank, L. Optionality and the initial state in L2 development[C]// Hoekstra, T. & Schwartz, B. D. *Language Acquisition Studies in Generative Grammar.* Amsterdam: John Benjminss, 1994: 369-388.

Eubank, L. Negation in early German-English interlanguage: more valueless features in the L2 initial state[J]. *Second Language Research*, 1996, *1*(12): 73-106.

Eubank, L. & Grace, S. V-to-I and inflection in non-native grammars[C]// M. Beck. *Morphology and Its Interface in L2 Knowledge*. Amsterdam: John Benjamins, 1996.

Falk, Y. & Bardel, C. Object pronouns in German L3 syntax: Evidence for the L2 status factor[J]. *Second Language Research*, 2011, *27*(1): 59-82.

Flynn, S. Principled theories of L2 acquisition[J]. *Studies in Second Language Acquisition*, 1984, *7*(1): 99-108.

Flynn, S., Foley, C. & Vinnitskaya, I. The cumultative-enhancement model for language acquisition. Comparing adults' and children's patterns of development in first, second and third language acquisition[J]. *International Journal of Multilingualism*, 2004, *1*(1): 3-17.

Franceschina, F. Morphological or syntactic deficits in near-native speakers? An assessment of some current proposals[J]. *Second Language Research*, 2001, *17*(3): 213-247.

García Mayo, M. P. Synthetic compounding in the English interlanguage of Basque-Spanish bilinguals[J]. *International Journal of Multilingualism*, 2006, *3*(4): 231-257.

García Mayo, M. P., Lázaro Ibarrola, A. & Liceras, J. M. Placeholders in the English interlanguage of bilingual (Basque/Spanish) children[J]. *Language Learning*, 2005, *55*(3): 445-489.

García Mayo, M. P., LázaroIbarrola, A. & Liceras, J. M. Agreement in the English interlanguage of Basque Spanish bilinguals: A minimalist farewell to *pro*[J]. *International Journal of Applied Linguistics*, 2006, *1*(151): 83-98.

García Mayo, M. P. & Villarreal Olaizola, I. The development of suppletive and affixal tense and agreement morphemes in the L3 English of Basque-Spanish bilinguals[J]. *Second Language Research*, 2011, *27*(1): 129-149.

García Mayo, M. P. & Rothman, J. L3 morphosyntax in the generative tradition: the initial stage and beyond[C]// Cabrelli Amaro, J., Flynn, S. & Rothman, J. *Third Language Acquisition in Adulthood.* Amsterdam: John Benjamins Publishing Company, 2012.

Gavruseva, L. & Lardiere, D. The emergence of extended phrase structure in child L2 acquisition[C]// Stringfellow, A., Cahana-Amiity, D., Hughes, E. & Zukowski, A. *Proceedings of the 20th Annual Boston University Conference of Language Development.* Sommerville: Cascadilla Press, 1996: 225-236.

Goad, H. & White, L. Ultimate attainment of L2 inflection: effects of L1 prosodic structure[C]// Foster-Cohen, S., Sharwood Smith, M., Sorace, A. & Ota, M.

EUROSLA Yearbook 4. Amsterdam: John Benjamins, 2004: 119-145.

Goad, H. & White, L. Ultimate attainment in interlanguage grammars: A prosodic approach[J]. *Second Language Research*, 2006 (22): 243-268.

Goad, H. & White, L. Prosodic structure and the representation of L2 functional morphogy: A nativist approach[J]. *Lingua*, 2008, *4*(118): 577-594.

Goad, H. & White, L. Prosodic transfer and the representation of determiners in Turkish-English interlanguage[C]// Snap, N., Leung, Y. & Smith, M. *Representational Deicits in SLA: Studies in Honor of Roger Hawkins*. Amsterdam: John Benjamins, 2009a: 1-26.

Goad, H. & White, L. Articles in Turkish/English interlanguage revisted: Implicatins of vowel harmony[C]// GarcíaMayo, M. & Hawkins, R. *Second Language Acquisition of Articles: Empirical Findings and Theoretical Implicaionts*. Amsterdam: John Benjamins, 2009b: 201-232.

Goad, H., White, L. & Steele, J.Missing inflection in L2 acquisition: Defective syntax or L1-constrained prosodic representations?[J]. *Canadian Journal of Linguistics*, 2003, *48*(3/4): 243-263.

Grondin, N. & White, L. Functional categories in child L2 acquisition of French[J]. *Language Acquisition*, 1996, *1*(5): 1-34.

Gutierrez Mangado, J. & Garcia Mayo, M. P. Non-adult long-distance wh-questions in the non-native acquisition of English[C]// Perez, Vidal C., Juan Garau, M. & Bel, A. *A Portrait of the Young in the New Multilingual Spain*. Clevedon: Multilingual Matters, 2008: 264-286.

Hale, K. & Keyser, S. J. On argument structure and the lexical expression of syntactic relations[C]// Hale, K. & Keyser, S. J. *The View from Building 20: Essays in Linguistics in Honor of Sylvain Bromberger.* Cambridge: MIT Press, 1993: 53-109.

Halle, M. Distributed morphology: Impoverishment and fission[C]// Lecarme, J., Lowenstamm, J. & Shlonsky, U. *Research in Afroasiatic Grammar*. Amsterdam/ Philadelphia: John Benjamins Publishing Comany, 2000: 125-149.

Halle, M. & Marantz, A. Distributed morphology and the pieces of inflection[C]// Hale, K. & Keyser, S. J. *The View from Building 20*: *Eassays in Linguistics in Honor of Sylvain Bromberger.* Cambridge: MIT Press, 1993: 111-176.

Halle, M. & Marantz, A. Some Key Features of Distributed Morphology[C]// Carnie, A. Harley, H. & Bures, T. *MIT Working Papers in Linguistics 21*, 1994: 275-288.

Harley, H. Hug a Tree: Deriving the morphosyntactic Feature Hierarchy[C]// Harley, H. *MIT Working Papers in Linguistics 21.* Cambridge: MIT Press, 1994: 289-320.

Harley, H. Abstracting away from abstract case[J]. *North East Linguistics Society,* 1995a, *1*(25): 207-221.

Harley, H. S*ubjects, Event and Licensing*[D]. Cambrige: MIT, 1995b.

Harley, H. The syntax/morphology interface[C]// Artemis, A. & Kiss, T. *Syntax, Theory and Analysis*: *An International Handbook (Vol. 11)*. Boston: De Gruyter Mouton, 2015/2010: 1128-1154.

Harley, H. & Carnie, A. PRO, the EPP, and nominative case: Evidence from Irish infinitivals[J]. *University of Pennsylvania Working Papers in Linguistics 5*, 1997, *4*(3): 71-85.

Harley, H. & Ritter, E. Person and number in pronouns: A feature-geometric analysis[J]. *Language*, 2002a, *78*(3): 482-526.

Harley, H. & Ritter, E.Structuring the bundle: A universal morphosyntactic feature geometry[C]// Simon H. J. & Weise H. *Pronouns*: *Grammar and Represesntation.* Amsterdam: John Benjamins, 2002b: 23-39.

Harley, H. & Noyer, R. Distributed morphology[J]. *Glot International*, 1999, *4*(4): 3-9.

Harley, H & Noyer, R. Formal versus encyclopedic properties of vocabulary: Evidence from nominalisations[C]// Peeters, B. *The Lexicon-encyclopaedia Interface.* Amsterdam: Elsevier Press, 2000: 349-374.

Hawkins, R. *Second Language Syntax*: *A Generaive Introduction*[M]. Oxford:

Blackwell Publishers Ltd., 2001.

Hawkins, R & Casillas, G. Explaining frequency of verb morphology in early L2 speech[J]. *Lingua*, 2008, *118*(4): 595-612.

Hawkins, R. & Hattori, H. Interpretation of English multiple wh-questions by Japanese speakers: A missing uninterpretable feature account[J]. *Second Language Research*, 2006 (22): 269-301.

Hawkins, R. & Liszka, S. Locating the source of defective past tense marking in advanced L2 English speakers[C]// Van Hout, R., Hulk, A., Kuiken, F. & Towell, R. *The Lexicon-syntax Interface in Second Language Acquisition.* Amsterdam: John Benjamins, 2003: 21-44.

Hawkins, R. & Chan, Y.-H. The partial availability of Universal Grammar in second language acquisition: the "failed functional features hypothesis" [J]. *Second Language Research*, 1997, *13*(3): 187-226.

Hawkins, R., Casillas, G., Hattori, H., Hawthorne, J., Husted, R., Lozano, C., Okamoto, A., Thomas, E., & Yamada, K. The semantic effects of verb raising and its consequences in second language grammars[C]// Liceras J., Zobl, H. & Goodluck, H. *The Role of Formal Features in Second Language Acquisition*. New York: Lawrence Erlbaum Associates, 2008: 328-351.

Haznedar, B. The acquisition of the IP system in child L2 English[J]. *SSLA*, 2001, *1*(23): 1-39.

Haznedar, B. & Schwartz, B. D. Are there optional infinitives in child L2 acquisition?[C]// Hughes, E., Hughes, M. & Greenhill, A. *Proceedings of the 21st Annual Boston University Conference on Language Development.* Somerville: Cascadilla Press, 1997: 257-268.

Haznedar, B. & Gavruseva, E. Childhood second language acquisition[C]// Herschensohn, J. & Yong-Scholten, M. *The Cambridge Handbook of Second Language Acquisition*. New York: Cambridge University Press, 2013: 338-352.

Housen, A. A corpus-based study of the L2-acquisition of the English verb system[C]// Granger, S., Hung, J. & Petch-Tyson, S. *Computer Learner Corpora,*

Second Language Acquisition and Foriegn Language Teaching. Amsterdam: John Benjamins Publishing Company, 2002: 77-116.

Huddleston, R. D. Criteria for auxiliaries and modals[C]// Greenbaum, S., Leech, G. & Svartvik, J. *Studies in English Linguistic for Randolph Quirk*. London: Longman, 1980: 65-78.

Hurford, J. A child and the English question formation rule[J]. *Journal of Child Language*, 1975 (2): 299-301.

Ionin, T. & Wexler, K. Why is "is" easier than "-s"?: acquisition of tense/agreement morphology by child second language learners of English[J]. *Second Language Acquisition,* 2002, *18*(2): 95-136.

Iverson, M. Competing SLA Hypothesis Assessed: Comparing Heritage and Successive Spanish Bilinguals of L3 Brazilian Portuguese[C]// Pires, H. & Rothman, J. *Minimalist Inquiries into Child and Adult Language Acquisition*: *Case Studies Across Portuguese*. Berlin: Mouton de Gruyter, 2009: 221-244.

Iverson, M. Informing the age of acquisition debate: L3 as a litmus test[J]. *International Review of Applied Linguistics (IRAL)*, 2010, *2-3*(48): 221-243.

Jaensch, C. L3 Enhanced feature sensitivity as a result of higher proficiency in the L2[C]// Leung, Y-K. I. *Third Language Acquisition and Universal Grammar*. Bristol: Multilingual Matters, 2009: 115-143.

Kiraz, M. *A Construction Grammar Approach to How Turkish Learners of English Use Auxiliary Verbs in Terms of Tense, Aspect and Voice*[M]. Kent: Kent State University, 2010.

Klammer, T. P., Schulz, M. R. & Volpe, A. D. *Analyzing English Grammar*[M]. 7th ed. New York/London/Toronto/Sydney: Pearson Education, Inc., 2013.

Lardiere, D. Case and tense in the "fossilized" steady state[J]. *Second Language Research*, 1998a, *14*(1): 1-26.

Lardiere, D. Dissociating syntax from morphology in a divergent end-state grammar[J]. *Second Language Research*, 1998b, *14*(4): 359-375.

Lardiere, D. Mapping features to form in second language acquisition[C]//

Archibald, J. *Second Language Acquisition and Linguistic Theory*. Oxford: Blackewell, 2000: 102-129.

Lardiere, D. On morphological competence[C]// Dekydtspotter, L., Sprouse, R. & Liljestrand, A. *Proceedings of the 7th Generative Approaches to Second Language Acquisition Conference (GASLA 2004)*. Somerville: Cascadilla Proceedings Project, 2005: 178-192.

Lardiere, D. Acquiring (or assembling) functional categories in second language acquisition[C]// Belikova, A., Meroni, L. & Umeda, M. *Proceedings of the 2nd Conference on Generative Approaches to Language Acquisition North America (GALANA)*. Somerville: Cascadilla Proceedings Project, 2007a: 233-244.

Lardiere, D. *Ultimate Attainment in Second Language Acquisition: A Case Study*[M]. Mahwah: Lawrence Erlbaum Associates, 2007b.

Lardiere, D. Feature assembly in second language acquisition[C]// Liceras, J., Zobl, H., & Goodluck, H. *The Role of Formal Features in Second Language Acquisition*. New York: Lawrence Erlbaum, 2008: 106-140.

Lardiere, D. Some thoughts on the contrastive analysis of features in second language acquisition[J]. *Second Language Research*, 2009a, *25*(2): 173-227.

Lardiere, D. Further thoughts on parameters and features in second language acquisition: a reply to peer comments on Lardiere's "Some thoughts on the contrastive analysis of features in second language acquisition" in SLA 25(2)[J]. *Second Language Research*, 2009b, *25*(3): 409-422.

Lardiere, D. Linguistic approaches to second language mophosyntax[C]// Gass, S. M. & Mackey, A. *The Routledge Handbook of Second Language Acquisiton*. London: Routledge, 2012: 106-126.

Lakshmanan, U. & Selinker, L. Analysing interlanguage: how do we know what learners know?[J]. *Second Language Research*, 2001, *17*(4): 393-420.

Leung, Y-K. I. *Functional Categories in Second and Third Language Acquisition: A Cross-linguistic Study of the Acquisition of English and French by Chinese and Vietnamese Speakers*[D]. Québec: McGill University, 2002.

Leung, Y-K. I. L2 vs. L3 initial state: A comparative study of the acquisition of French DPs by Vietnamese monolinguals and Cantonese-English bilinguals[J]. *Bilingualism: Language and Cognition*, 2005, *1*(8): 39-61.

Leung, Y.-K. I. Full transfer vs. partial transfer in L2 and L3 acquisition[C]// Slabakova, R., Montrul, S. & Prévost, P. *Inquiries in Linguistic Development: in Honor of Lydia White*. Amsterdam: John Benjamins, 2006: 157-188.

Leung, Y. -K. I. L3 acquisition: Why it is interesting to generative linguistic[J]. *Second Language Research*, 2007a, *23*(1): 95-114.

Leung, Y.- K. I. The verbal functional domain in L2A and L3: Tense and agreement in Cantonese-English-French interlanguage[C]// Liceras, J. M., Zobl, H. & Goodluck, H. *The Role of Formal Features in Second Language Acquisition*. Mahwah: Lawrence Erlbaum, 2007b: 385-409.

Liceras, J. On parameters, functional categories and features… and why the trees shouldn't prevent us from seeing the forest[J]. *Second Language Research*, 2009, *25*(3): 279-289.

Lindqvist, C. The use of the L1 and L2 in French L3: examining cross-linguistic lexemes in multilingual learners' oral production[J]. *International Journal of Multilingualism*, 2009, *6*(3): 281-297.

Liszka, S. A. Associating meaning to form in advanced L2 speakers: An investigation into the acquisition of the English present simple and present progressive[C]// Snape, N., Leung, Y-K. I. & Smith, M. S. *Representational Deficits in SLA: Studies in Honor of Roger Hawkins*. Amsterdam: John Benjamins, 2009: 229-246.

Lozano, C. The interpretation of overt and null pronouns in non-native Spanish[C]. Marsden, H., Pourcel, S. & Whong-Barr, M. *Durham Working Papers in Linguistics 8*, 2002: 53-66.

McFadden, T. *The Position of Morphological Case in The Derivation: A Study of the Syntax-Morphology Interface*[D]. Philadelphia: University of Pennsylvania, 2004.

Mackey, A. & Gass, S. M. *Second Language Research Methodology and Design*[M]. Mahwah: Lawrence Erlbaum Associates, 2005.

Markino, T.-Y. *Acquisition Order of English Morphemes by Japanese Secondary School Students*[M]. Tokyo: Shinozaki Shorin, 1980.

Marantz, A. Case and licensing[C]// Eric, R. *Arguments and Case: Explaining Burzio's Generalization*. Amsterdam: John Benjamins Publishing Company, 1991: 11-30.

Marantz, A. No Escape from syntax: Don't try morphological analysis in the privacy of your own lexicon[J]. *Universty of Pennsyivania Working Papers in Linguisitcs,* 1997, *4*(2): 1-15.

Marantz, A Words[Z]. *Handouts.* Cambridge: MIT Press, 2001: 1-28.

Marantz, A. Phases and words[C]// Choe, S.-H. *Phases in the Theory of Grammar*. Seoul: Dong Inc., 2007: 191-222.

Maratsos, M. & Kuczaj, S.-A. Notes and discussion: Against the transformationalist account: a simpler analysis of auxiliary overmarking[J]. *Journal of Child Language*, 1978, *5*(1): 337-345.

McFadden, T. *The Position of Morphological Case in The Derivation: A Study of the Syntax-Morphology Interface*[D]. Philadelphia: University of Pennsylvania, 2004.

McCloskey, J. Subjects and subject positions in Irish [C]// Robert, D. B. & Roberts, I. *The Syntax of Celtic Languages*. Cambridge: Cambridge University Press, 1996: 241-283.

McCarthy, C. *Morphological Variability in Second Language Spanish*[D]. Montreal: McGill University, 2007.

McCarthy, C. Morphological variability in the comprehension of agreement: an argument for representation over computation[J]. *Second Language Research*, 2008, *24*(4): 459-486.

Meisel, J. The acquisition of the syntax of negation in French and German: Contrasting first and Second language development[J]. *Second Language*

Research, 1997, *13*(3): 227-263.

Milon, J. P. The development of negation in English by a second language learner[J]. *TESOL Quarterly*, 1974, *2*(8): 137-143.

Montrul, S. & Yoon, J. Putting parameters in their proper place[J]. *Second Language Research*, 2009, *25*(2): 291-311.

Muftah, M. Y. A. & Eng, W. B. The acquisition of English be auxiliary and thematic verb constructions by adult Arab ESL learners[J]. *International Journal of English Linguistics*, 2011, *1*(2):91-105.

Nelson, G. & Greenbaum, S. *An Introduction to English Grammar*[M]. 4th ed. New York/London: Routledge, 2016.

Noyer, R. *Features, Positions and Affixes in Autonomous Morphological Structure*[D]. Cambridge: MIT Press,1992.

Noyer, R. Impovrishment theory and morphosyntactic markedness[C]// Lapointe, S. G., Brentari, D. K. & Farrell, P. M. *Morphology and Its Relation to Syntax and Phonology.* Stanford: CSLI, 1998: 264-285.

O' Grady, W. The emergentist program[J]. *Lingua*, 2008, *118*(4): 447-464.

Ouhalla, J. Sentential negation, relativized minimality and the aspectual status of auxiliaries[J]. *The Linguistic Review*, 1990, *7*(2): 183-231.

Parrott, M. *Grammar for English Language Teachers*[M]. 2nd ed. Cambridge: Cambridge University Press, 2000.

Perales, S., García Mayo, M. P. & Liceras, J. M. The acquisition of L3 English negation by bilingual (Spanish/Basque) learners in an institutional setting[J]. *International Journal of Bilingualism*, 2009, *13*(1): 3-33.

Pinker, S. *Words and Rules*[M]. London: Weidenfeld & Nicholson, 1999.

Pollock, J.-Y. Verb movement, universal grammar, and the structure of IP[J]. *Linguistic Inquiry*,1989 (20): 365-424.

Prévost, P. & White, L. Accounting for morphological variation in second language acquisition: truncation or missing inflecion[C]// Friedemann, M.-A. & Rizzi, L. *The Aquisition of Syntax*. London: Longman, 1999: 202-235.

Prévost, P. & White, L. Missing surface inflection or impairment in second language acquisition? Evidence from tense and agreement[J]. *Second Language Research*, 2000, *16*(2): 103-133.

Quirk, R., Greenbaum, S., Leech, G. & Svartvik, J. *A Comprehensive Grammar of the English Language*[M]. New York: Longman Inc., 1985.

Radford, A. *Syntactic Theory and the Acquisition of English Syntax*: *The Nature of Early Child Grammars in English*[M]. Oxford: Blackwell, 1990.

Radford, A. *Syntax*: *A Minimalist Introduction*[M]. Beijing: Foreign Language Teaching and Research Press, 2000.

Radford, A. *Analysing English Sentences*: *A Minimalist Apporach*[M]. Cambridge: Cambridge University Press, 2009.

Rankin, T. Verb second in advanced L2 English: A learner corpus study[C]// Bowles, M. *Proceedings of the 10th Generative Approaches to Second Language Acquisition*, 2009: 46-59.

Rasinger, S. M. Age of arrival and second language acquisition of English copula and auxiliary constructions：A study on Bengali-English in east London[C]// Cohen, J., McAlister, K. T., Rolstad, K. & MacSwan, J. *Proceedings of the 4th International Symposium on Bilingualism*, Somerville: Cascadilla Press, 2005: 1910-1920.

Rizzi, L. *Relativized Minimality* [M]. Cambridge: MIT Press, 1990.

Roberts, I. Have/be raising, move F, and procrastinate[J]. *Linguistic Inquiry*, 1998, *1*(29): 113-125.

Rohrbacher, B. *Morphology-Driven Syntax*: *A Theory of V to I Raising and Pro-drop*[M]. Amsterdam: John Benjamins, 1999.

Rothman, J. On the typological economy of syntactic transfer: Word order and relative clause high/low attachment preference in L3 Brazilian Portuguese[J]. *International Review of Applied Linguistics in Language Teaching*, 2010, *48*(2/3): 245-273.

Rothman, J. L3 syntactic transfer selectivity and typological determinacy: The typological primacy model[J]. *Second Language Research*, 2011, *27*(1): 107-128.

Rothman, J. & Iverson, M. Poverty-of-the-simulus and SLA epistemology: Considering L2 knowledge of aspectual phrasal semantics[J]. *Language Acquisition: A Journal of Developmental Linguistics*, 2008, *4*(15): 270-314.

Rowland, C.-F. & Theakston, A.-L. The acquisition of auxiliary syntax: A longitudinal elicitation study. Part 2: The modals and auxiliary DO[J]. *Journal of Speech, Language, and Hearing Research*, 2009, *52*(6): 1471-1492.

Rothman, J. & Cabrelli Amaro, J. What variables condition syntactic transfer? A look at the L3 initial state[J]. *Second Language Research*, 2010, *26*(2): 189-218.

Rothman, J., Iverson, M. & Judy, T. Some notes on the generative study of L3 acquisition[J]. *Second Language Research*, 2011, *27*(1): 5-20.

Sagey, E. The Representation of Features and Relations in Non-Linear Phonology[D]. Cambrige: MIT, 1986.

Samad, A. -A. & Hussein, H. Teaching grammar and what student errors in the use of the English auxiliary "BE" can tell us[J]. *The English Teacher*, 2010, *XXXIX*(39): 164-178.

Schütze, C. *INFL in Child and Adult Language*: *Agreement, Case and Licensing*[D]. Cambridge: MIT, 1997.

Schwartz, B. & Sprouse, R. Word order and nominative case in nominative language acquisition: a longitudinal study of (L1 Turkish) German interlanguage[C]// Hoekstra, T. & Schwartz, B. *Language Acquisition Studies in Generative Grammar*. Amsterdam: John Benjamins, 1994: 317-368.

Schwartz, B. & Sprouse, R. L2 cognitive states and the full transfer/full access model[J]. *Second Language Researh*, 1996, *1*(12): 40-72.

Sigurðsson, H. A. The locus of case and agreement[C]// *Working Papers in Scandinvian Syntax 65*. Lund: Lund Universty, 2000: 65-108.

Sigurðsson, H. A.Case: abstract vs. morphological[C]// *Working Papers in Scandinavian Syntax 67*, Lund: Lund Universty, 2001: 103-151.

Slabakova, R. Features or parameters: which one makes second language acquisition easier, and more interesting to study?[J]. *Second Language Research*, 2009, *25*(2): 313-324.

Slabakova, R. L3/Ln acquisition: A view from the outside[C]// Cabrelli Amaro, J., Flynn, S. & Rothman, J. *Third Language Acquisition in Adulthood.* Amsterdam: John Benjamins, 2012: 115-139.

Slabakova, R., Leal, T. & Liskin-Gasparro, J. We have moved on: Current concepts and positions in Generative SLA[J]. *Applied Linguistics*, 2014, *35*(5): 601-606.

Stauble, A.-M. A comparison of a Spanish-English and a Japanese-English second language continuum: negation and verb morphology[C]// Andersen, R. *Second languages*: *A Cross-Linguistic Perspective.* Rowley: Newbury House, 1984: 323-353.

Stromswold, K. Learnability and the acquisition of auxiliary and copula be[C]// Daly, R. & Riehl, A. Baltimore: Maryland University, *ESCOL.*, 1991 (8): 335-346.

Theakston, A.-L., Lieven, E.-V. M., Pine, J.-M. & Rowland, C.-F. The acquisition of auxiliary syntax: BE and HAVE[J]. *Cognitive Linguistics*, 2005, *16*(1): 247-277.

Theakston, A.-L. & Rowland, C.-F. The acquisition of auxiliary syntax: A longitudinal elicitation study. Part 1: The modals and auxiliary BE[J]. *Journal of Speech, Language, and Hearing Research*, 2009, *6*(52): 1449-1470.

Thomson, A. J. & Martinet, A.V. *A Practical English Grammar*[M]. 3th ed. Oxford: Oxford University Press, 1980.

Travis, L. The L-syntax/s-syntax boundary: Evidence from Austronesian[C]// Paul, I., Pillips, V., & Travis, L. *Formal Issues in Austronesian Linguistics*. Dordrecht: Kluwer Academic Pubishers, 2000: 167-194.

Travis, L.The Role of features in syntactic theory and language variation[C]// Liceras, J., Zobl, H. & Goodluck, H. *The Role of Formal Features in Second Language Acquisition*. Amsterdam: John Benjamins, 2008: 22-47.

Tsimpli, I.-M. & Roussou, A. Parameter-resetting in L2?[J]. *UCL Working Papers in Linguistics*, 1991(3): 149-169.

Tsimpli, I.-M. & Smith, N. Second language learning: Evidence from a polyglot savant[J]. *UCL Working Papers in Linguistics*, 1991(3): 171-183.

Tsimpli, I.-M. & Dimitrakopoulou, M. The interpretability hypothesis: Evidence from *w*h-interrogatives in second language acquisition[J]. *Second Language Research*, 2007, *2*(23): 215-242.

Vainikka, A. & Young-Scholten, M. Direct access to X-bar theory: Evidence from Korean and Turkish adults learning German[C]// Hoekstra, T. & Schwartz, B. D. *Language Acquisition Studies in Generative Grammar*. Amsterdam: John Benjamines, 1994: 265-316.

Vainikka, A. & Young-Scholten, M. The early stages of adult L2 syntax: additional evidence from Romance speakers[J]. *Second Language Research*, 1996a, *2*(12): 140-176.

Vainikka, A. & Young Scholten, M. Gradual development of L2 phrase structure[J]. *Second Language Research*, 1996b, *12*(1): 7- 39.

Warner, A. R. *English Auxiliaries*: *Structure and History*[M]. 2nd ed. Cambridge/ New York: Cambridge University Press, 1995.

White, L. The verb-movement parameter in second language acquisition[J]. *Language Acquisition*,1990/1991, *1*(4): 337-360.

White, L. Adverbs placement in second language acquisition: some effects of negative evidence in the classroom[J]. *Second Language Research*, 1991, *2*(7): 133-161.

White, L. Long and short verb movement in second language acquisition[J]. *Canadian Journal of Linguistics*,1992, *2*(37): 273-286.

White, L. Universal Grammar and Second Language Acquisition: The nature of interlanguagerepresentation[EB/OL].(1998-01-01)[2017-12-18].http://www.nflrc.hawaii.edu/NetWorks/NW09/white.pdf.

White, L. *Second Language Acquisition and Universal Grammar*[M]. Cambridge/ New York: Cambridge University Press, 2003a.

White, L. Fossilization in steady-state L2 grammars: persistent problems with inflectional morphology[J]. *Bilingualism: Language and Cognition*, 2003b, *2*(6): 129-141.

White, L. Some questions about feature re-assembly[J]. *Second Language Research*, 2009, *25*(2): 343-348.

常辉，马炳军 . 中国学生对 -s 和 is 的习得研究 [J]. 现代外语，2006，29(3)：265-329.

陈•巴特尔，赵志军 . 西部民族地区义务教育资源空间差异性及均衡性研究——基于国家义务教育均衡评估数据的实证分析 [J]. 教育发展研究，2021，41(12)：61-70.

曹晓燕 . 实用藏语 [M]. 拉萨：西藏人民出版社，2010.

戴曼纯 . 二语习得中的特征与特征组装 [J]. 语言教学与研究，2011(4)：91-99.

戴曼纯，郭力 . 中国英语学习者 BE 动词的习得规律 [J]. 外语教学，2007，28 (3)：41-46.

戴曼纯，王严 . 中国学生英语 have 的习得研究 [J]. 外语教学理论与实践，2008，(4)：9-18.

戴曼纯，康悦 . 二语习得研究语言学视角的理论思考——形式-形态分离与句法-形态映射 [J]. 语言教学与研究，2009，138 (4)：55-63.

马吉德 . 论文化差异对三语习得的影响——以藏族学生学习英语为例 [J]. 四川文理学报，2011，21 (1)：136-138.

李昭锦 . 中国英语学习者 Wh- 疑问句习得研究——基于特征理论的视角 [D]. 北京：北京外国语大学，2014.

李芝 . 中介语形态变异性研究——时体语类特征习得与形式-形态映射 [D]. 北京：北京外国语大学，2011.

李玲 . 藏族学生英语写作错误分析——以拉萨师范高等专科学校为例 [D]. 武汉：华中师范大学，2013.

刘艾娟，戴曼纯，李芝 . 特征组装视角的英语冠词习得研究 [J]. 外语教学与研究，2013，45(3)：385-397.

刘全国 . 西北藏族学生英语学习风格的调查研究 [J]. 民族教育研究，2005，16 (5)：93-96.

捌马阿末．近十年藏区教育发展现状、困境及突破——以甘孜藏族自治州为例 [J]. 西南农业大学学报（社会科学版），2012，10 (1)：172–176.

刘懋琼．多元文化语境下新疆高校少数民族学生三语习得障碍与对策分析 [Z]. 第十届中国跨文化交际国际学术研讨会，海口，2013.

刘绍龙．英语中介语错误及其动态范式——儿童及大学生英语动词 Be 习得错误的个案调查 [J]. 现代外语，2000，23 (1)：77–88.

容姗姗．特征理论视角的英语限定性关系从句习得研究 [D]. 北京：北京外国语大学，2015.

唐鑫．西藏地区藏族高中学生英语写作错误分析 [D]. 苏州：苏州大学，2015.

王娟．基于语料库的中国 EFL 学习者高频动词 DO 的使用研究 [D]. 西安：西北大学，2009.

吴清茹．基于语料库的英语专业大学生英语写作中基本助动词研究 [D]. 济南：山东大学，2014.

詹先友．藏区教育的地域性和民族性研究 [J]. 民族教育研究，2012，23 (3)：5–10.

附　录

附录 1　词语段循环域功能语素异干互补词汇项代码及判别标准表 (coding and rating)

1-1　Event(*v*/*v**) 功能语素代码表

<table>
<tr><th></th><th></th><th>题目标签</th><th>正确代码</th><th>代码</th><th>题目标签</th><th>正确代码</th><th>代码</th><th>备注</th></tr>
<tr><td rowspan="3">Event(v/v*)功能语素代码表</td><td>v-be 必要语境</td><td>T(v)-be</td><td>正确代码 2</td><td rowspan="3">T(v)Ø-1;
T(v)be (Infl)-2;
T(v)have (Infl)-3;
T(v)do (Infl)-4;
T(v)be(bare)/being-5 假；
T(v)have(bare)/having-6 假；
T(v)do(bare)/doing-7 假；
T(v)Ø=1+5+6+7</td><td>F(v)-be</td><td>正确代码 2+11</td><td rowspan="3">F(v*)Ø-1
F(v*)be-2；
F(v*)have-3；
F(v*)do-4；
F(v*)be+(do/have/be/ <s>Ø 系</s>)-11 假
F(v*)have+(do/have/be/Ø)-12 假
F(v*)do+(do/have/be/ Ø)-13 假</td><td rowspan="3">T(v): v 功能语素 do/have/be 填空题

F(v*): v* 功能语 do/have/be 翻译题</td></tr>
<tr><td>v-have 必要语境</td><td>T(v)-have</td><td>正确代码 3</td><td>F(v)-have</td><td>正确代码 3</td></tr>
<tr><td>v-do 必要语境</td><td>T(v)-do</td><td>正确代码 4</td><td>F(v)-do</td><td>正确代码 4</td></tr>
</table>

1-2　AGR 功能语素代码表

		题目标签	代码	正确代码	题目标签	代码	正确代码	备注
AGR 功能语素代码表	AGR-are 必要语境	are -T	be/to be/being/been-0；are-1；is-2；am-3；was/were-4	正确代码 1	are-X	are-1；is-2；am-3	正确代码 1	are-T: are(is/am) 填空 are-X: are(is/am) 选择
	AGR-is 必要语境	is -T		正确代码 2	is-X		正确代码 2	
	AGR-am 必要语境	am- T		正确代码 3	am-X		正确代码 3	

1-3 T 功能语素代码表

		题目标签	正确代码	代码	题目标签	正确代码	代码	备注
T 功能语素代码表	T-do 必要语境	(T) T-present（do）	正确代码 1	T-non-finite T-done/doing-0+13 (T-done/doing error-13) T-to do -9 T-be(was/were)+does/did-21 T-be(was/were)+done/doing-12 Pre-T Stage1[v 功能语素] T-be(was/were)+do-7 T-random error-10 Stage 2[AGR 功能语素] T-am/is/are+do-8 T-am/is/are+doing-3 (T-am/is/are+ done/did-15 假) T-have+do-17 Stage 3[T 功能语素] T-finite T-do/does-1 T-did-2+11 (T-ed irregular error-11 假) T-was+doing-4 (T-was/were+ done/did-16 假) T-have/has+done-5 (T-have/has+ doing/did-18 假) (T-have/has/had+been+done-20 假) T-had+done-6 (T-had+doing/did-19 假) T-will do 14	(P)-T-present (do)	代码同填空题	正确代码 1	(T)-T: Tense 填空题 (P)-T:Tense 判断题
	T-did 必要语境	(T)-T-past（did）	正确代码 2+11		(P)-T-past (did)		正确代码 2+11	
	T-is+doing 必要语境	(T)-T-present+prog (is+doing)	正确代码 3		(P)-T-present+prog (is+doing)		正确代码 3	
	T-was+doing 必要语境	(T)-T-past+prog (was+doing)	正确代码 4		(P)-T-past+prog (was+doing)		正确代码 4	
	T-have+done 必要语境	(T)-T-present+perf (have+done)	正确代码 5		(P)-T-present+perf (have+done)		正确代码 5	
	T-had+done 必要语境	(T)-T-past+perf (had+done)	正确代码 6		(P)-T-past+perf (had+done)		正确代码 6	

1-4 C 功能语素代码表

<table>
<tr><th></th><th></th><th>题目
标签</th><th>正确
代码</th><th>代码</th><th>题目
标签</th><th>正确
代码</th><th>代码</th><th>备注</th></tr>
<tr><td rowspan="3">C 功能语素
代码表</td><td>C-be 必要语境</td><td>(Z)C-be</td><td>正确代码 5</td><td rowspan="3">(v)Ø-1;
(v)be-2;
(v)have(have been)-3;
(v)do-4;
(v)be+(do/have/be/ ~~Ø 系~~)-11
(v)have+(do/have/~~be~~/Ø)-12
(v)do+(do/have/be/ Ø)-13
(C)be-5;
(C) have-6;
(C)do-7
(C) do+have-14;
(C)be+(do/have/be/ ~~Ø 系~~)-8
(C)have+(do/have/~~be~~/Ø)-9
(C) do+(do/~~have~~/be/Ø)-10</td><td>(F)C-be</td><td rowspan="3">代码同句型
转换题</td><td>正确代码 5</td><td rowspan="3">(Z)C-do:C 功能词素
do 句型转换;
(F)C-do:C 功能词素
do 翻译题</td></tr>
<tr><td>C-have 必要语境</td><td>(Z)C-have</td><td>正确代码 6</td><td>(F)C-have</td><td>正确代码 6</td></tr>
<tr><td>C-do 必要语境</td><td>(Z)C-do</td><td>正确代码
7+14</td><td>(F)C-do</td><td>正确代码
7+14</td></tr>
</table>

附录 2　英语水平分级测试（English Placement Test）

姓名：____________学号：___________性别：____年龄：____

藏语：从____岁开始学习　汉语：从____岁开始学习　英语：从____岁开始学习

མིང་།སློབ་ཨང་།ཕོ་མོ།ལོ་ཚོད།

བོད་སྐད་ལོ་ག་ཚོད་ནས་བཟུང་སྦྱང་པ་ཡིན།རྒྱ་སྐད་ལོ་ག་ཚོད་ནས་སྦྱང་པ་ཡིན།དབྱིན་སྐད་ལོ་ག་ཚོད་ནས་སྦྱང་པ་ཡིན།

（注：请在以下确定答案处打“√”，若有必要，请做多选！）

有无海外学习英语的经历或生活经历：有□　无□

ཕྱི་རྒྱལ་དུ་དབྱིན་སྐད་སྦྱོང་པའི་མྱོང་བ་དང་འཚོ་བ་རོལ་བའི་མྱོང་བ་ཡོད།□མེད།□

༼གསལ་བཤད།གཤམ་གྱི་དྲི་བར་ཁྱེད་རང་གི་དངོས་ཡོད་གནས་ཚུལ་དང་བསྟུན་ནས་གུག་རྟགས་བྲིས་རོགས།མང་དུ་འདེམས་ཆོག༽

使用藏语的语境：① 家里□　② 学校□　③ 社会□

使用汉语的语境：① 家里□　② 学校□　③ 社会□

使用英语的语境：① 家里□　② 学校□　③ 社会□

བོད་སྐད་བེད་སྤྱོད་པའི་སྐད་ཀྱི་ཁོར་ཡུག།ཁྱིམ་ནང་།□སློབ་གྲྭ།□སྤྱི་ཚོགས།□

རྒྱ་སྐད་བེད་སྤྱོད་པའི་སྐད་ཀྱི་ཁོར་ཡུག།ཁྱིམ་ནང་།□སློབ་གྲྭ།□སྤྱི་ཚོགས།□

དབྱིན་སྐད་བེད་སྤྱོད་པའི་སྐད་ཀྱི་ཁོར་ཡུག།ཁྱིམ་ནང་།□སློབ་གྲྭ།□སྤྱི་ཚོགས།□

藏语语言水平：① 母语□　② 高级水平者□　③ 中级水平者□　④ 初级水平者□

汉语语言水平：① 母语□　② 高级水平者□　③ 中级水平者□　④ 初级水平者□

英语语言水平：① 母语□　② 高级水平者□　③ 中级水平者□　④ 初级水平者□

བོད་སྐད་ཀྱི་ཆུ་ཚད།ཕ་སྐད།□ཆུ་ཚད་མཐོན་པོ།□ཆུ་ཚད་འབྲིང་པ།□ཆུ་ཚད་དམའ་མོ།□

རྒྱ་སྐད་ཀྱི་ཆུ་ཚད།ཕ་སྐད།□ཆུ་ཚད་མཐོན་པོ།□ཆུ་ཚད་འབྲིང་པ།□ཆུ་ཚད་དམའ་མོ།□

དབྱིན་སྐད་ཀྱི་ཆུ་ཚད།ཕ་སྐད།□ཆུ་ཚད་མཐོན་པོ།□ཆུ་ཚད་འབྲིང་པ།□ཆུ་ཚད་དམའ་མོ།□

语言习得情况：

小学：① 藏语授课□　② 汉语授课□　③ 英语授课□

初中:① 藏语授课□ ② 汉语授课□ ③ 英语授课□

高中:① 藏语授课□ ② 汉语授课□ ③ 英语授课□

大学:① 藏语授课□ ② 汉语授课□ ③ 英语授课□

སྐད་རིགས་ཉམས་སྦྱོང་གི་གནས་ཚུལ།

སློབ་ཆུང་།བོད་སྐད་ཀྱིས་སློབ་ཁྲིད་བྱེད་པ།□ རྒྱ་སྐད་ཀྱིས་སློབ་ཁྲིད་བྱེད་པ།□ དབྱིན་སྐད་ཀྱིས་སློབ་ཁྲིད་བྱེད་པ།□

དམའ་འབྲིང་།བོད་སྐད་ཀྱིས་སློབ་ཁྲིད་བྱེད་པ།□ རྒྱ་སྐད་ཀྱིས་སློབ་ཁྲིད་བྱེད་པ།□ དབྱིན་སྐད་ཀྱིས་སློབ་ཁྲིད་བྱེད་པ།□

མཐོ་འབྲིང་།བོད་སྐད་ཀྱིས་སློབ་ཁྲིད་བྱེད་པ།□ རྒྱ་སྐད་ཀྱིས་སློབ་ཁྲིད་བྱེད་པ།□ དབྱིན་སྐད་ཀྱིས་སློབ་ཁྲིད་བྱེད་པ།□

སློབ་ཆེན།བོད་སྐད་ཀྱིས་སློབ་ཁྲིད་བྱེད་པ།□ རྒྱ་སྐད་ཀྱིས་སློབ་ཁྲིད་བྱེད་པ།□ དབྱིན་སྐད་ཀྱིས་སློབ་ཁྲིད་བྱེད་པ།□

1. How many people _____ in your family?

A. are they B. is it C. are there D. is

2. —What time is it? — _________.

A. Ten and a quarter. B. Ten minus the quarter.

C. A quarter past ten. D. Fifteen after ten o'clock.

3. I get up at 8 o'clock _____ morning.

A. in the B. in C. the D. at the

4. How much _____ where you live?

A. do houses cost B. does houses cost

C. does cost houses D. do cost houses

5. Where are you going _____ Friday?

A. at B. in C. on D. the

6. _____ come to my party next Saturday?

A. Do you can B. Can you to C. Can you D. Do you

7. What _____ in London last weekend?

A. you were doing B. did you do C. you did D. did you

8. Is your English improving? ________.

A. I hope it B. Hoping C. I hope so D. I hope

9. I'm going to KFC _____ some food.

A. buy B. for buy C. to buy D. for to buy

10. Lhasa is the most attractive city _____.

A. I've ever seen. B. that I see.

C. I've never seen. D. that I saw already.

11. Japan isn't _____ China.

A. as big than B. so big than C. so big that D. so big as

12. He was mowing the lawn when I _____ him yesterday.

A. saw B. had seen C. was seeing D. have seen

13. Last Tuesday I_____ to the Passport Office.

A. must gone B. must go C. had to go D. had go

14. —What were you doing at 7:30 on Wednesday evening? —I______TV.

A. was watching B. watched C. was watched D. watching

15. What time _____ to bed during the weekend?

A. do you go B. are you go C. do you going D. you are going

16. —______ like Beijing? —Yes, I do.

A. You do B. Do you do C. Did you D. Do you

17. I'm afraid I haven't got _____.

A. any scissors B. scissor C. some scissors D. a scissor

18. This book is mine and that book is_____.

A. yours B. your C. your's D. you're

19. Would you mind______me that pencil?

A. to pass to B. pass

C. passing D. that you should pass

20. I live in London now. I______to Frane for a long time.

A. don't been B. didn't come C. haven't been D. don't come

21. I don't understand what language _____.

A. speak you B. you speak

C. you are speaking D. are you speaking

22. She came to Britain _____.

A. four days ago B. at four days

C. before four days D. since four days

23. My mother never _____ out in the evenings.

A. goes B. go C. is going D. going

24. _____ Beijing?

A. Since when you live in B. How much time you are living in

C. How long have you been living in D. How long time are you living in

25. _____ car is the red BMW?

A. Whose B. To whom C. Who's D. Of who

26. I'm sorry. I haven't done my report _____.

A. up to the now B. already C. until the present D. yet

27. My friend doesn't speak Chinese. I don't _____.

A. also B. neither C. either D. too

28. That's the house__________.

A. in the which Mr. Brown lives B. in which Mr. Brown lives in that

C. Mr. Brown lives in D. Mr. Brown lives in that

29. If___________.

A. you come to my office, I'd talk to you.

B. you shall come to my office, I'll talk to you.

C. you came to my office, I would to talk to you.

D. you come to my office, I'll talk to you.

30. She asked me how big______.

A. is your house B. my house was C. was my house D. is my house

31. My friend let _____ his bike yesterday.

A. to borrow B. me borrowing C. me to borrow D. me borrow

32. ___________, what would you spend it on?

A. When you had a lot of money B. If you had a lot of money

C. If you would have a lot of money D. If you shall have a lot of money

33. I _____ smoking last year, but I didn't.

A. should give up B. should have given up

C. should given up D. should giving up

34. I'm _____ the film on Wednesday.

A. looking forward to see B. looking forward to seeing

C. look forward seeing D. looking forward seeing

35. I'm not _____ grammar.

A. interested to learn B. interested in learning

C. interesting to learning D. interesting in learning

36. The film was very good. It's _____.

A. worth seeing B. worth to see

C. worthwhile to see D. worthwhile see

37. I have difficulty _____ English.

A. to write B. in writing C. about writing D. to writing

38. When I lived in France, I _______ a lot of wine.

A. was use to drinking B. was used to drink

C. used to drink D. used to drinking

39. I wish_____ Russian.

A. I could speak B. I would speak

C. I can speak D. I'll be able to speak

40. What will you do when ______studying.

A. you're finishing B. you'll have finished

C. you've finished D. you are going to finish

41. The chancellor(大臣) ___ the new wing yesterday, but it still isn't finished.

A. had to open B. has to have opened

C. was to have opened D. had to have opened

42. I'd rather _____ English than Japanese.

A. you should learn B. you learnt

C. that you might learn D. you learn

43. No sooner _____ in through the door than the phone rang.

A. I had walked B. was I walking C. had I walked D. I was walking

44. We're having a party at _____.

A. the house of David　　B. the David's house

C. David' s　　D. house of David

45. If he hadn't known the boss, he _____ the job.

A. wouldn't get　　B. hadn't got

C. wouldn't have got　　D. wouldn't had got

46. I'd sooner _____ a car than a motorbike.

A. him to buy　　B. that he buy　　C. he bought　　D. he should buy

47. I need to go to _____ toilet.

A. the　　B. a　　C. Ø　　D. some

48. It's time______some work.

A. for to do　　B. she would do　　C. she did　　D. she were to do

49. It's now 9 o'clock and the train______arrive at 8:15.

A. had to　　B. must　　C. is due to　　D. is going to

50. We regret______that the course has been cancelled.

A. to tell　　B. telling　　C. to have said　　D. to say

附录 3　功能语素标记性特征值不同的异干互补词汇项测试题目

3-1　考察 Event(v/v*) 功能语素标记性特征值不同的异干互补词汇项 be、have、do 任务

I. 【请选择 do、have、be、Ø 之一，用所选词的适当形式补全句子】

【do, have, be, Ø དག་ལས་གང་རུང་ཞིག་འདེམས་ནས་དེའི་རྣམ་པ་འོས་འཚམ་གྱིས་བརྗོད་པར་ཁ་སྐོང་དགོས།】

[do 必要语境]

【v-doT1】168. Carol________(not eat) fruit.

【v-doT2】56. She_______(not smoke) any more(不再吸烟).

【v-doT3】174. Linda_____ (not like) caviar(鱼子酱).

【v-doT4】58. They______ (not speak) Chinese.

【v-doT5】177. We______ (not use) mobile phone on the plane.

[have 必要语境]

【v-haveT1】57. The week_____7 days.

【v-haveT2】169. He_____an American accent (口音).

【v-haveT3】59. He_____a beard(小胡子).

【v-haveT4】61. You_____better(最好) go by air.

【v-haveT5】179. Dan ____gone somewhere.

[be 必要语境]

【v-beT1】60. parachutes(降落伞)____useful

【v-beT2】170. The bookstore______ over there.

【v-beT3】176. The Gold____a metal.

【v-beT4】178. The sky_____blue.

【v-beT5】180. David_____from the USA.

【干扰项】

1. the cloth(布料) feels smooth(滑).

2. The cake___tastes good. (尝起来… …)

3. The dress___looks beautiful. (看起来… …)

4. The music___ounds good. (听起来……)

5. The bread___smells(闻起来) delicious(很香).

II. 【句子翻译：汉译英】【བརྗོད་པ་ལོ་ཙཱ། ༼རྒྱ་ཡིག་ནས་དབྱིན་ཡིག་ལ་སྒྱུར་དགོས། ༽】

【v-beF1】2. 北京（Beijing）是中国的首都（Capital of China）。

【v-beF2】70. 邮局（The post office）在那边（over there）。

【v-beF3】183. 厨师（The chef）是一个年轻人。

【v-beF4】89. 公寓（The department）在一楼（on 1st floor）。

【v-beF5】187. 哈尔滨（Harbin）在中国的北部（the north of China）。

【v-haveF1】91. 我牙疼（toothache）。

【v-haveF2】5. 我得了重感冒（heavy cold）。

【v-haveF3】65. 我在部队（in the army）已经（already）五年多了（more than 5 years）。

【v-haveF4】193. 我已经（already）在这里工作（work）6 年（for six years）了。

【v-haveF5】92. Mary （已经）生病（be ill）三天了。

【v-doF1】185. 我不赞同（approve of ）这个想法（this idea）。

【v-doF2】64. Lily 不在这里工作（work）。

【v-doF3】67. Jack 不说法语（speak French）。

【v-doF4】190. 他们没有邀请（invite） Kim 去舞会（to the party）。

【v-doF5】94. Tom 昨天没有去玩具店（toy store）。

【干扰项】

1. 花（the flower）闻起来（smell）很香（sweet）。

2. 我感觉（feel）很累（tired）。

3. 汤（the soup）尝起来（taste）烫（hot）。

4. 扎西（Tashi ）看起来像（look like）他的父亲（father）。

5. 她今天看似（seem）很高兴（happy）。

3-2 考察 AGR 功能语素的异干互补词汇项 AGR-are、AGR-is、AGR-am 任务

I.【选择题下列每题的选项中仅有一个选项正确，请选择】

【གཤམ་གྱི་དྲི་བ་རེ་ལས་ཡང་དག་པ་གཅིག་ལས་མེད་དེ།གང་ཡིན་ཤོད་དང་།】

【areX1】37. We__ on the way back home.

A. am B. are C. is

【areX2】144. They____my neighbors.

A. am B. are C. is

【areX3】156. You _____not a Japanese girl.

A. am B. are C. is

【areX4】40. They____ married.

A. am B. are C. is

【areX5】140. They____ excellent (优秀的) students.

A. is B. are C. am

【isX1】33. The milksour.

A. are B. is C. am

【isX2】149. The meeting____ in Room 101.

A. is B. are C. am

【isX3】137. Taiwan_____surrounded (被…围绕) by sea.

A. is B. are C. am

【isX4】36. Today____ the Mid-autumn Day(中秋节).

A. am B. is C. are

【isX5】152. Whose car___ the red BMW(宝马)?

A. is B. are C. am

【amX1】145. I____called Daisy.

A. is B. are C. am

【amX2】138. I____due to leave at 8 o'clock to school every day.

A. are B. is C. am

【amX3】34. I___ not certain to come back soon.

A. is　　　　B. are　　　　C. am

【amX4】42. I_____ a French citizen.

A. is　　　　B. are　　　　C. am

【amX5】143. I_____ in favor of higher prices.

A. is　　　　B. are　　　　C. am

【(部分)干扰项】

1. The machine___ new device.

A. has　　　　B. have　　　　C. having

2. Linda___ to return to Germany tomorrow.

A. have　　　　B. has　　　　C. having

3. We ____ to (不得不)work it out.

A. have　　　　B. has　　　　C. having

4. I ____ some trouble in reading her handwriting.

A. has　　　　B. have　　　　C. having

5. There_____ not seem to be any mistakes(错误) in the essay.

A. does　　　　B. do　　　　C. doing

6. Cindy____ not seem to leave(离开).

A. does　　　　B. do　　　　C. doing

7. Donna____ not clean her room at all.

A. does　　　　B. do　　　　C. doing

8. You____ not break into (打断) our conversation.

A. do　　　　B. does　　　　C. done

9. She dreams of owning_____ house.

A. the　　　　B. a　　　　C. Ø

10. I love___ sky here.

A. the　　　　B. a　　　　C. Ø

II.【请用所给提示词的适当形式填空,补全句子】

【གཤམ་ལས་སྟོན་པའི་མིང་ཚིག་གི་རྣམ་པ་འོས་འཚམ་ཅན་གྱིས་བརྗོད་པར་ཁ་སྐོང་དགོས།】

【areT1】77. They____(be) neighbors(邻居).

【areT2】109. We____(be) both college students(大学生).

【areT3】205. You____(be) both my friends.

【areT4】86. My eyes____(be) red.

【areT5】199. They___(be) in the park at the moment.

【isT1】72. Tiramisu____(be) made by egg and butter.

【isT2】79. Someone___(be) knocking at the door(敲门).

【isT3】201. Your explanation____(be) right.

【isT4】212. Mary____(be) found of (喜爱)music.

【isT5】200. Her job____(be) to teach children English

【amT1】74. I___ (be) delighted (很高兴)to meet you.

【amT2】84. I____ (be) not reluctant to leave. (我不愿意离开)

【amT3】196. I____(be) the president of Student Union(学生会主席).

【amT4】208. I ____ responsible for the arrangement.

【amT5】203. I ____glad that you are here.

【(部分)干扰项】

1. Jane and Tom ____(have) known each other for a long time.
2. Such rock(岩石) ____(have) no fossil(化石).
3. He_____(have) no sense of humor(幽默感).
4. After school Lisa_____(have) to pick up(接……) her kids.
5. Lisa ____(do) not go in for(喜欢……) that kind of thing.
6. Alex_____(do)not dare(不敢) to speak English.
7. It____(do) not cause(引起) his interest.
8. You_____(do) not need to write letter to her again.

3-3 考察 T 复合功能语素之标记性特征值不同的屈折特征诱导性产出任务

I. 【请先判断正误,再划出错误的地方并改正】

【རིགས་པས་བརྟར་ཤ་གཅད་ནས་ནོར་འཁྲུལ་བཅོས་དགོས།】

【T-P-present1】20. The class usually end at 11:00. [ ]

【T-P-present2】21. Ed swim every afternoon. [ ]

【T-P-present3】118. You be have an ice-axe(冰镐). [ ]

【T-P-present4】125. I agree with you. [ ]

【T-P-present5】120. I often be play tennis on Sunday morning. [ ]

【T-P-past1】119. I was saw a good film last night. [ ]

【T-P-past2】23. Last week I go to Atlanta for a conference. [ ]

【T-P-past3】29. She call(打电话) me yesterday (昨天). [ ]

【T-p-past4】117. We were had dinner with our friends last night(昨晚). [ ]

【T-P-past5】124. I was brushed my teeth (刷牙) last night. [ ]

【T-P-pre+prog1】30. I play the piano(钢琴) at the moment(现在). [ ]

【T-P-pre+pro2】123. My mom cook (做饭) at the kitchen now. [ ]

【T-P-pre+pro3】127. He sleep with a bear now. [ ]

【T-P-pre+pro4】26. Mr. Right answer a phone call now. [ ]

【T-P-pre+pro5】133. Look! The bus come. [ ]

【T-P-past+prog1】128. He work at his computer, when the power cut occurred. [ ]

【T-P-past+prog2】24. I met Donna, while I wait for the bus. [ ]

【T-p-past+prog3】132. David play football, when his teacher passed by(经过的时候). [ ]

【T-P-past+prog4】25. When her daughter(女儿) arrived at home, she wash the clothes. [ ]

【T-P-past+prog5】129. It rain hard, when I left my office yesterday. [ ]

【T-P-pre+perf1】28. I be to Lhasa before. [ ]

【T-P-pre+perf2】131. He teach at Harvard for 20 years. [ ]

【T-P-pre+perf3】31. He drink 3 cups of coffee already [ ]

【T-P-pre+perf4】134. Lisa finish her task already. [ ]

【T-P-pre+perf5】122. He live here since 1978. [ ]

【T-P-past+perf1】32. When the teacher saw the window, it break. [ ]

【T-P-past+perf2】135. They finish the breakfast, when I got there. [ ]

【T-P-past+perf3】130. Before their mother came back home last night, the kids go to bed. [ ]

【T-P-past+perf4】22. He recalled(回忆起) that they meet before. [ ]

【T-P-past+perf5】26. I returned the book that I borrow from the library last week. [ ]

II. 【根据所给词的适当形式填空，补全句子】

【གཤམ་གྱི་མིང་གི་རྣམ་པ་འོས་འཚམ་གྱིས་བརྗོད་པར་ཁ་སྐོང་དགོས།སྐོང་ཆ་རེ་ལ་མིང་གཅིག་ཡིན་པས་མ་ཁྱབ།】

【T-T-present1】7. I always______(wake) up at midnight(半夜).

【T-T-present2】99. Susan usually_____(go) to the church(教堂) on Sunday.

【T-T-present3】16. We often_____(play) football (足球) together.

【T-T-present4】106. He______(like) playing the guitar(吉他).

【T-T-present5】104. We_____(have) six classes every day(每天).

【T-T-past1】98. I _____(see) David out half an hour ago(半小时前).

【T-T-past2】103. He_____(visit) me last night(昨晚).

【T-T-past3】8. Ten minutes ago(十分钟前) William_____(call).

【T-T-past4】11. They_____(go) to see the film last night(昨晚).

【T-T-past 5】110. I_____(learn) to drive three years ago.

【T-T-pre+prog1】97. She______(do) her homework.

【T-T-pre+prog2】114. He_______(read) the newspaper(报纸) at the moment (现在).

【T-T-pre+prog 3】12. Many children__________(swim) in the river now.

【T-T-pre+prog4】9. The kids________(play) badminton(羽毛球) now.

【T-T-pre+prog5】115. Listen! She_________(sing) an English song now.

【T-T-past+prog1】17. When the doorbell rang, she_________(write) a letter.

【T-T-past+prog2】14. He_________(study) in the library at the time of fire.

【T-T-past+prog3】105. Ann__________(watch) TV, when the doorbell rang.

【T-T-past+prog4】112. He__________(listen) to the radio, when the telephone rang.

【T-T-past+prog5】100. My brother fell down, while he________(ride) his bicycle yesterday.

【T-T-pres+perf1】15. I______(finish) my homework already

【T-T-pre+perf2】113. I______(be) to London before.

【T-T-pre+perf3】18. I______(see) the film already.

【T-T-pre+perf4】111. I______(know) him since 2001.

【T-T-pre+perf5】107. Alex____(go) away already（已经）.

【T-T-past+perf1】108. When I arrived at the cinema(电影院), the film____(be) on.

【T-T-past+perf2】19. John________(learn) Chinese, before he came to China.

【T-T-past+perf3】116. She________(read) the novel, before she came to school.

【T-T-past+perf4】10. When I arrived at the station(火车站), the train_____(leave).

【T-T-past+perf5】102. She found her key that she_______(lose) (丢失).

3-4　考察 C 功能语素的异干互补词汇项 C-be、C-have、C-do 诱导性产出任务

I. 【请对画线部分提问，完成疑问句】

【གཤམ་གྱི་རྟགས་བཀོད་པའི་བརྗོད་པ་ལ་དྲི་གཞི་བཀོད་ནས་བརྗོད་པ་ཁ་སྐོང་དགོས།】

【C-beZ1】51. My height(我的身高)is 1. 65 metres. What_____________?

【C-beZ2】54. The hotel is nearby(在附近). Where____________?

【C-beZ3】159. My hobby(爱好) is to feed fish(养鱼). What__________?

【C-beZ4】167. The policeman are on the corner for some reason. Why__________on the corner?

【C-beZ5】161. The school is behind that building(楼房). Where_________?

【C-haveZ1】49. You have been to London before. Where__________ before?

【C-haveZ2】55. She has been to China. Where____________?

【C-haveZ3】163. They have lived here for 10 years. How long____________ here?

【C-haveZ4】166. They have passed the exam (通过考试). What__________ ________?

【C-haveZ5】160. John has joint the soccer team(橄榄球队). What_________ ________?

【C-doZ1】158. James studies arts in the university. What________in the university?

【C-doZ2】165. She lives in the countryside. Where______________?

【C-doZ3】48. They play basketball after school. What___________ after school?

【C-doZ4】52. Paul works for a public authority(事业单位). Where________ _________?

【C-doZ5】162. She wants to go to the cinema(电影院). Where___________ _______?

II.【句子翻译(汉译英)】

【བརྗོད་པ་ལོ་ཙཱ།༼རྒྱ་ཡིག་ནས་དབྱིན་ཡིག་ལ་སྒྱུར་དགོས།༽】

【C-beF1】87. 冬天(winter)冷(cold)吗？

【C-beF2】1. 妈妈(mom)在厨房(in the kitchen)吗？

【C-beF3】189. 鸡肉在冰箱里面(in the freezer)吗？

【C-beF4】71. 魁北克(Quebec)在加拿大的东部(East of Canada)吗？

【C-beF5】93. 你的车(car)在房子外面(outside the house)吗？

【C-haveF1】88. 他已经(already)把灯关(turn off the light)了吗？

【C-haveF2】3. 中国已经加入(join to)WTO 了吗？

【C-haveF3】6. 你已经吃午饭(lunch)了吗？

【C-haveF4】191. 你们已经(already)认识彼此(known each other)多久(how long)了？

【C-haveF5】186. 你已经(already)找到你的钢笔了吗(yet)？

【C-doF1】184. King 经常(often)踢足球(play football)吗？

【C-doF2】68. Lisa 经常(often)打扫房间(clean the room)吗？

【C-doF3】95. 你们昨天去钓鱼(catch the fish)了吗？

【C-doF4】66. 你住在(live)附近(nearby)吗？

【C-doF5】96. 上周(last week)你去动物园(zoo)了吗？

附录 4　数据报告

4-1　实证研究

4.2 节受试情况——分级水平测试三组间具有显著组间差异相关数据

分级测试分数描述性统计								
	N	均值	标准差	标准误	均值的 95%置信区间		极小值	极大值
					下限	上限		
低级组	34	26. 06	3. 634	. 623	24. 79	27. 33	20	30
中级预备组	57	36. 70	3. 454	. 457	35. 79	37. 62	32	42
中级组	33	48. 67	3. 663	. 638	47. 37	49. 97	44	54
总数	124	36. 97	9. 062	. 814	35. 36	38. 58	20	54

方差齐性检验			
分级测试分数			
Levene 统计量	df1	df2	显著性
. 149	2	121	. 862

ANOVA

	平方和	df	均方	F	显著性
组间	856 6. 725	2	428 3. 363	338. 055	. 000
组内	153 3. 146	121	12. 671		
总数	100 99. 871	123			

事后多重比较

分级测试分数 LSD						
(I) 组别	(J) 组别	均值差 (I-J)	标准误	显著性	95%置信区间	
					下限	上限
低级组	中级预备组	−10.643	.771	.000	−12.17	−9.12
	中级组	−22.608	.870	.000	−24.33	−20.89
中级预备组	低级组	10.643	.771	.000	9.12	12.17
	中级组	−11.965	.779	.000	−13.51	−10.42
中级组	低级组	22.608	.870	.000	20.89	24.33
	中级预备组	11.965	.779	.000	10.42	13.51

4-2 Event(v/v*) 功能语素

5.1 节研究结果

v* 功能语素试题信度系数

可靠性统计量			
Cronbach's Alpha	项数	Cronbach's Alpha	项数
.888	15	.883	15

v* 功能语素试题分测验信度系数

	Cronbach's Alpha	项数		Cronbach's Alpha	项数
V 功能语素 do 翻译题	.812	5	V 功能语素 do 填空题	.819	5
V 功能语素 have 翻译题	.828	5	V 功能语素 have 填空题	.651	5
V 功能语素 be 翻译题	.712	5	V 功能语素 be 填空题	.799	5

5.1.2 节受试作答描述性分析

描述性统计分析						
组别		N	极小值	极大值	均值	标准差
低级组	v_doF	34	. 0	. 6	. 088	. 149 3
	v_haveF	34	. 000 0	. 400 0	. 064 706	. 117 762 9
	v_beF	34	. 000 0	. 800 0	. 506 463	. 204 068 1
	v_doT	34	. 0	. 6	. 047	. 130 8
	v_haveT	34	. 0	. 4	. 112	. 132 0
	v_beT	34	. 000 0	. 800 0	. 367 476	. 230 944 8
中级预备组	v_doF	57	. 0	1. 0	. 537	. 316 6
	v_haveF	57	. 000 0	1. 000 0	. 473 684	. 308 525 5
	v_beF	57	. 285 7	1. 000 0	. 643 999	. 188 536 3
	v_doT	57	. 0	1. 0	. 449	. 340 8
	v_haveT	57	. 0	1. 0	. 382	. 259 9
	v_beT	57	. 000 0	1. 000 0	. 602 594	. 231 614 6
	isT	57	. 200 0	1. 000 0	. 672 723	. 182 281 0
中级组	v_doF	33	. 2	1. 0	. 842	. 198 5
	v_haveF	33	. 400 0	1. 000 0	. 825 253	. 216 511 2
	v_beF	33	. 454 5	1. 000 0	. 777 483	. 168 026 1
	v_doT	33	. 2	1. 0	. 733	. 253 3
	v_haveT	33	. 2	1. 0	. 624	. 204 7
	v_beT	33	. 500 0	1. 000 0	. 744 228	. 138 953 1

5.1.2.1 节受试组间差异性比较

ANOVA						
		平方和	df	均方	F	显著性
v_doF	组间	9. 709	2	4. 854	77. 199	. 000
	组内	7. 609	121	. 063		
	总数	17. 317	123			

续表

ANOVA						
		平方和	df	均方	F	显著性
v_haveF	组间	9.723	2	4.861	80.711	.000
	组内	7.288	121	.060		
	总数	17.011	123			
v_beF	组间	1.231	2	.615	17.442	.000
	组内	4.268	121	.035		
	总数	5.499	123			
v_doT	组间	8.013	2	4.007	53.156	.000
	组内	9.120	121	.075		
	总数	17.134	123			
v_haveT	组间	4.408	2	2.204	46.805	.000
	组内	5.698	121	.047		
	总数	10.107	123			
v_beT	组间	2.453	2	1.226	27.570	.000
	组内	5.382	121	.044		
	总数	7.835	123			

事后多重比较							
LSD							
因变量	(I) group	(J) group	均值差 (I-J)	标准误	显著性	95% 置信区间	
						下限	上限
v_doF	1	2	−.448 6	.054 3	.000	−.556	−.341
		3	−.754 2	.061 3	.000	−.876	−.633
	2	1	.448 6	.054 3	.000	.341	.556
		3	−.305 6	.054 9	.000	−.414	−.197
	3	1	.754 2	.061 3	.000	.633	.876
		2	.305 6	.054 9	.000	.197	.414

续表

事后多重比较							
LSD							
因变量	(I) group	(J) group	均值差 (I-J)	标准误	显著性	95% 置信区间	
						下限	上限
v_haveF	1	2	−. 408 978 3	. 053 181 7	. 000	−. 514 266	−. 303 691
		3	−. 760 546 6	. 059 973 5	. 000	−. 879 280	−. 641 813
	2	1	. 408 978 3	. 053 181 7	. 000	. 303 691	. 514 266
		3	−. 351 568 3	. 053 684 1	. 000	−. 457 850	−. 245 287
	3	1	. 760 546 6	. 059 973 5	. 000	. 641 813	. 879 280
		2	. 351 568 3	. 053 684 1	. 000	. 245 287	. 457 850
v_beF	1	2	−. 137 536 1	. 040 698 4	. 001	−. 218 109	−. 056 963
		3	−. 271 019 9	. 045 895 9	. 000	−. 361 883	−. 180 157
	2	1	. 137 536 1	. 040 698 4	. 001	. 056 963	. 218 109
		3	−. 133 483 7	. 041 082 8	. 001	−. 214 818	−. 052 150
	3	1	. 271 019 9	. 045 895 9	. 000	. 180 157	. 361 883
		2	. 133 483 7	. 041 082 8	. 001	. 052 150	. 214 818
v_doT	1	2	−. 402 1	. 059 5	. 000	−. 520	−. 284
		3	−. 686 3	. 067 1	. 000	−. 819	−. 553
	2	1	. 402 1	. 059 5	. 000	. 284	. 520
		3	−. 284 2	. 060 1	. 000	−. 403	−. 165
	3	1	. 686 3	. 067 1	. 000	. 553	. 819
		2	. 284 2	. 060 1	. 000	. 165	. 403
v_haveT	1	2	−. 270 7	. 047 0	. 000	−. 364	−. 178
		3	−. 512 5	. 053 0	. 000	−. 617	−. 407
	2	1	. 270 7	. 047 0	. 000	. 178	. 364
		3	−. 241 8	. 047 5	. 000	−. 336	−. 148
	3	1	. 512 5	. 053 0	. 000	. 407	. 617
		2	. 241 8	. 047 5	. 000	. 148	. 336

续表

事后多重比较							
LSD							
因变量	(I) group	(J) group	均值差 (I-J)	标准误	显著性	95% 置信区间	
						下限	上限
v_beT	1	2	−. 235 118 0	. 045 701 0	. 000	−. 325 595	−. 144 641
		3	−. 376 751 8	. 051 537 4	. 000	−. 478 784	−. 274 720
	2	1	. 235 118 0	. 045 701 0	. 000	. 144 641	. 325 595
		3	−. 141 633 8	. 046 132 7	. 003	−. 232 966	−. 050 302
	3	1	. 376 751 8	. 051 537 4	. 000	. 274 720	. 478 784
		2	. 141 633 8	. 046 132 7	. 003	. 050 302	. 232 966

5.1.2.2 节双因素重复测量——检验交互效应（*v*-F）

主体内因子	
度量 :MEASURE_1	
处理	因变量
1	v_doF
2	v_haveF
3	v_beF

描述性统计量				
	Group	均值	标准偏差	N
v_doF	1	. 088	. 149 3	34
	2	. 537	. 316 6	57
	3	. 842	. 198 5	33
	总计	. 495	. 375 2	124
v_haveF	1	. 064 706	. 117 762 9	34
	2	. 473 684	. 308 525 5	57
	3	. 825 253	. 216 511 2	33
	总计	. 455 108	. 371 890 5	124

续表

描述性统计量				
	Group	均值	标准偏差	N
v_beF	1	. 506 463	. 204 068 1	34
	2	. 643 999	. 188 536 3	57
	3	. 777 483	. 168 026 1	33
	总计	. 641 811	. 211 437 5	124

Mauchly 的球形度检验							
度量 :MEASURE_1							
主体内效应	Mauchly 的 W	近似卡方	df	Sig.	Epsilona		
					Greenhouse-Geisser	Huynh-Feldt	下限
处理	. 918	10. 295	2	. 006	. 924	. 953	. 500

主体内效应的检验									
度量 :MEASURE_1									
源		III 型平方和	df	均方	F	Sig.	偏 Eta 方	非中心参数	观测到的幂 a
处理	采用的球形度	2. 335	2	1. 168	41. 737	. 000	. 256	83. 475	1. 000
	Greenhouse-Geisser	2. 335	1. 848	1. 264	41. 737	. 000	. 256	77. 133	1. 000
	Huynh-Feldt	2. 335	1. 906	1. 225	41. 737	. 000	. 256	79. 571	1. 000
	下限	2. 335	1. 000	2. 335	41. 737	. 000	. 256	41. 737	1. 000
处理 * group	采用的球形度	2. 724	4	. 681	24. 345	. 000	. 287	97. 379	1. 000
	Greenhouse-Geisser	2. 724	3. 696	. 737	24. 345	. 000	. 287	89. 981	1. 000
	Huynh-Feldt	2. 724	3. 813	. 714	24. 345	. 000	. 287	92. 825	1. 000
	下限	2. 724	2. 000	1. 362	24. 345	. 000	. 287	48. 690	1. 000
误差（处理）	采用的球形度	6. 770	242	. 028					
	Greenhouse-Geisser	6. 770	223. 615	. 030					
	Huynh-Feldt	6. 770	230. 682	. 029					
	下限	6. 770	121. 000	. 056					

单因素重复测量——分组观察事后检验（v-F）

Mauchly 的球形度检验								
度量 :MEASURE_1								
Group	主体内效应	Mauchly 的 W	近似卡方	df	Sig.	Epsilona		
						Greenhouse-Geisser	Huynh-Feldt	下限
1	处理	.626	15.007	2	.001	.728	.753	.500
2	处理	.681	21.160	2	.000	.758	.775	.500
3	处理	.960	1.277	2	.528	.961	1.000	.500

主体内效应的检验										
度量 :MEASURE_1										
Group	源		III 型平方和	df	均方	F	Sig.	偏 Eta 方	非中心参数	观测到的幂 a
1	处理	采用的球形度	4.200	2	2.100	85.681	.000	.722	171.362	1.000
		Greenhouse-Geisser	4.200	1.455	2.886	85.681	.000	.722	124.686	1.000
		Huynh-Feldt	4.200	1.505	2.791	85.681	.000	.722	128.958	1.000
		下限	4.200	1.000	4.200	85.681	.000	.722	85.681	1.000
	误差（处理）	采用的球形度	1.618	66	.025					
		Greenhouse-Geisser	1.618	48.023	.034					
		Huynh-Feldt	1.618	49.668	.033					
		下限	1.618	33.000	.049					
2	处理	采用的球形度	.845	2	.423	12.929	.000	.188	25.858	.997
		Greenhouse-Geisser	.845	1.516	.557	12.929	.000	.188	19.599	.986
		Huynh-Feldt	.845	1.549	.546	12.929	.000	.188	20.030	.988
		下限	.845	1.000	.845	12.929	.001	.188	12.929	.942
	误差（处理）	采用的球形度	3.660	112	.033					
		Greenhouse-Geisser	3.660	84.889	.043					
		Huynh-Feldt	3.660	86.754	.042					
		下限	3.660	56.000	.065					

续表

主体内效应的检验										
度量 :MEASURE_1										
Group	源		III 型平方和	df	均方	F	Sig.	偏 Eta 方	非中心参数	观测到的幂 a
3	处理	采用的球形度	.075	2	.037	1.603	.209	.048	3.207	.327
		Greenhouse-Geisser	.075	1.922	.039	1.603	.210	.048	3.082	.320
		Huynh-Feldt	.075	2.000	.037	1.603	.209	.048	3.207	.327
		下限	.075	1.000	.075	1.603	.215	.048	1.603	.233
	误差（处理）	采用的球形度	1.492	64	.023					
		Greenhouse-Geisser	1.492	61.517	.024					
		Huynh-Feldt	1.492	64.000	.023					
		下限	1.492	32.000	.047					

事后多重比较							
度量 :MEASURE_1							
Group	(I) 处理	(J) 处理	均值差值 (I-J)	标准误差	Sig. a	差分的 95% 置信区间 a	
						下限	上限
1	do	have	.024	.026	.379	−.030	.077
		be	−.418	.047	.000	−.514	−.322
	have	do	−.024	.026	.379	−.077	.030
		be	−.442	.038	.000	−.518	−.365
	be	do	.418	.047	.000	.322	.514
		have	.442	.038	.000	.365	.518
2	do	have	.063	.042	.135	−.020	.147
		be	−.107	.033	.002	−.173	−.041
	have	do	−.063	.042	.135	−.147	.020
		be	−.170	.025	.000	−.220	−.121
	be	do	.107	.033	.002	.041	.173
		have	.170	.025	.000	.121	.220

续表

事后多重比较							
度量 :MEASURE_1							
Group	(I) 处理	(J) 处理	均值差值 (I-J)	标准误差	Sig. a	差分的 95% 置信区间 a	
						下限	上限
3	do	have	.017	.041	.680	−.067	.101
		be	.065	.036	.078	−.008	.138
	have	do	−.017	.041	.680	−.101	.067
		be	.048	.036	.190	−.025	.120
	be	do	−.065	.036	.078	−.138	.008
		have	−.048	.036	.190	−.120	.025

双因素重复测量——检验交互效应（*v*-T）

主体内因子	
度量 :MEASURE_1	
处理	因变量
1	v_doT
2	v_haveT
3	v_beT

描述性统计量				
	Group	均值	标准偏差	N
v_doT	1	.047	.130 8	34
	2	.449	.340 8	57
	3	.733	.253 3	33
	总计	.415	.373 2	124
v_haveT	1	.112	.132 0	34
	2	.382	.259 9	57
	3	.624	.204 7	33
	总计	.373	.286 7	124

续表

描述性统计量				
	Group	均值	标准偏差	N
v_beT	1	. 367 476	. 230 944 8	34
	2	. 602 594	. 231 614 6	57
	3	. 744 228	. 138 953 1	33
	总计	. 575 819	. 252 382 0	124

Mauchly 的球形度检验							
度量 :MEASURE_1							
主体内效应	Mauchly 的 W	近似卡方	df	Sig.	Epsilona		
					Greenhouse-Geisser	Huynh-Feldt	下限
处理	. 930	8. 707	2	. 013	. 935	. 964	. 500

主体内效应的检验									
源		III 型平方和	df	均方	F	Sig.	偏 Eta 方	非中心参数	观测到的幂 a
处理	采用的球形度	2. 599	2	1. 299	36. 667	. 000	. 233	73. 334	1. 000
	Greenhouse-Geisser	2. 599	1. 869	1. 390	36. 667	. 000	. 233	68. 538	1. 000
	Huynh-Feldt	2. 599	1. 929	1. 347	36. 667	. 000	. 233	70. 724	1. 000
	下限	2. 599	1. 000	2. 599	36. 667	. 000	. 233	36. 667	1. 000
处理 * group	采用的球形度	. 840	4	. 210	5. 925	. 000	. 089	23. 701	. 983
	Greenhouse-Geisser	. 840	3. 738	. 225	5. 925	. 000	. 089	22. 150	. 978
	Huynh-Feldt	. 840	3. 858	. 218	5. 925	. 000	. 089	22. 857	. 981
	下限	. 840	2. 000	. 420	5. 925	. 004	. 089	11. 850	. 870
误差（处理）	采用的球形度	8. 576	242	. 035					
	Greenhouse-Geisser	8. 576	226. 171	. 038					
	Huynh-Feldt	8. 576	233. 384	. 037					
	下限	8. 576	121. 000	. 071					

单因素重复测量——分组观察事后检验（ν-T）

Mauchly 的球形度检验								
group	主体内效应	Mauchly 的 W	近似卡方	df	Sig.	Epsilona		
						Greenhouse-Geisser	Huynh-Feldt	下限
1	处理	. 774	8. 183	2	. 017	. 816	. 852	. 500
2	处理	. 831	10. 152	2	. 006	. 856	. 880	. 500
3	处理	. 689	11. 552	2	. 003	. 763	. 793	. 500

主体内效应的检验 度量 :MEASURE_1										
group	源		III 型平方和	df	均方	F	Sig.	偏 Eta 方	非中心参数	观测到的幂 a
1	处理	采用的球形度	1. 952	2	. 976	36. 101	. 000	. 522	72. 202	1. 000
		Greenhouse-Geisser	1. 952	1. 632	1. 196	36. 101	. 000	. 522	58. 909	1. 000
		Huynh-Feldt	1. 952	1. 705	1. 145	36. 101	. 000	. 522	61. 550	1. 000
		下限	1. 952	1. 000	1. 952	36. 101	. 000	. 522	36. 101	1. 000
	误差（处理）	采用的球形度	1. 784	66	. 027					
		Greenhouse-Geisser	1. 784	53. 850	. 033					
		Huynh-Feldt	1. 784	56. 264	. 032					
		下限	1. 784	33. 000	. 054					
2	处理	采用的球形度	1. 453	2	. 726	15. 251	. 000	. 214	30. 502	. 999
		Greenhouse-Geisser	1. 453	1. 712	. 849	15. 251	. 000	. 214	26. 103	. 998
		Huynh-Feldt	1. 453	1. 760	. 825	15. 251	. 000	. 214	26. 844	. 998
		下限	1. 453	1. 000	1. 453	15. 251	. 000	. 214	15. 251	. 970
	误差（处理）	采用的球形度	5. 334	112	. 048					
		Greenhouse-Geisser	5. 334	95. 845	. 056					
		Huynh-Feldt	5. 334	98. 570	. 054					
		下限	5. 334	56. 000	. 095					

续表

主体内效应的检验										
度量 :MEASURE_1										
group	源		III 型平方和	df	均方	F	Sig.	偏 Eta 方	非中心参数	观测到的幂 a
3	处理	采用的球形度	. 291	2	. 145	6. 379	. 003	. 166	12. 758	. 888
		Greenhouse-Geisser	. 291	1. 525	. 190	6. 379	. 007	. 166	9. 731	. 815
		Huynh-Feldt	. 291	1. 586	. 183	6. 379	. 006	. 166	10. 118	. 827
		下限	. 291	1. 000	. 291	6. 379	. 017	. 166	6. 379	. 688
	误差（处理）	采用的球形度	1. 458	64	. 023					
		Greenhouse-Geisser	1. 458	48. 814	. 030					
		Huynh-Feldt	1. 458	50. 759	. 029					
		下限	1. 458	32. 000	. 046					

事后多重比较							
度量 :MEASURE_1							
Group	(I) 处理	(J) 处理	均值差值 (I-J)	标准误差	Sig. a	差分的 95% 置信区间 a	
						下限	上限
1	do	have	-. 065	. 029	. 032	-. 124	-. 006
		be	-. 320	. 045	. 000	-. 411	-. 229
	have	do	. 065	. 029	. 032	. 006	. 124
		be	-. 256	. 044	. 000	-. 345	-. 166
	be	do	. 320	. 045	. 000	. 229	. 411
		have	. 256	. 044	. 000	. 166	. 345
2	do	have	. 067	. 048	. 167	-. 029	. 162
		be	-. 153	. 041	. 000	-. 235	-. 072
	have	do	-. 067	. 048	. 167	-. 162	. 029
		be	-. 220	. 033	. 000	-. 286	-. 154
	be	do	. 153	. 041	. 000	. 072	. 235
		have	. 220	. 033	. 000	. 154	. 286

续表

事后多重比较							
度量:MEASURE_1							
Group	(I) 处理	(J) 处理	均值差值 (I-J)	标准误差	Sig. a	差分的 95%置信区间 a	
						下限	上限
3	do	have	.109	.046	.024	.015	.203
		be	−.011	.034	.752	−.080	.059
	have	do	−.109	.046	.024	−.203	−.015
		be	−.120	.029	.000	−.179	−.061
	be	do	.011	.034	.752	−.059	.080
		have	.120	.029	.000	.061	.179

5.1.3 节相关分析

相关性(翻译题)			
		v_F	v_F 错误率
v-Ø	Pearson 相关性	1	.885
	显著性(双侧)		.000
	N	124	124
v 错误率	Pearson 相关性	.885	1
	显著性(双侧)	.000	
	N	124	124

相关性(填空题)			
		v_T	v_T 错误率
v-Ø	Pearson 相关性	1	.517
	显著性(双侧)		.000
	N	124	124
v 错误率	Pearson 相关性	.517	1
	显著性(双侧)	.000	
	N	124	124

4-3 AGR 功能语素

5.2 节研究结果

AGR 功能语素试题信度系数

可靠性统计量			
Cronbach's Alpha	项数	Cronbach's Alpha	项数
.875	15	.855	15

AGR 功能语素试题分测验信度系数

	Cronbach's Alpha	项数		Cronbach's Alpha	项数
AGR 功能语素 are 填空题	. 700	5	AGR 功能语素 are 选择题	. 702	5
AGR 功能语素 is 填空题	. 768	5	AGR 功能语素 is 选择题	. 715	5
AGR 功能语素 am 填空题	. 690	5	AGR 功能语素 am 选择题	. 665	5

5.2.2 节受试作答描述性分析

描述统计量						
Group		N	极小值	极大值	均值	标准差
1	isT	34	. 000 0	. 800 0	. 414 519	. 288 270 8
	amT	34	. 0	. 6	. 188	. 219 9
	areT	34	. 000 0	. 800 0	. 401 499	. 201 018 5
	isX	34	. 142 9	. 800 0	. 502 113	. 223 831 8
	amX	34	. 000 0	. 800 0	. 476 821	. 224 763 3
	areX	34	. 166 7	. 833 3	. 425 029	. 190 735 7
2	isT	57	. 200 0	1. 000 0	. 672 723	. 182 281 0
	amT	57	. 2	1. 0	. 625	. 236 3
	areT	57	. 200 0	1. 000 0	. 726 218	. 180 379 1
	isX	57	. 285 7	1. 000 0	. 750 884	. 196 214 4
	amX	57	. 200 0	1. 000 0	. 680 702	. 213 339 6
	areX	57	. 333 3	1. 000 0	. 727 917	. 179 678 5
3	isT	33	. 571 4	1. 000 0	. 861 328	. 155 003 3
	amT	33	. 2	1. 0	. 861	. 226 3
	areT	33	. 400 0	1. 000 0	. 881 385	. 1 564 485
	isX	33	. 375 0	1. 000 0	. 874 675	. 1 808 658
	amX	33	. 000 0	1. 000 0	. 878 788	. 2 287 979
	areX	33	. 400 0	1. 000 0	. 892 496	. 1 644 411

5.2.2.1 节三组受试习得 AGR 功能语素之各目标句法项习得之组间比较

ANOVA						
		平方和	df	均方	F	显著性
isT	组间	3. 388	2	1. 694	38. 157	. 000
	组内	5. 372	121	. 044		
	总数	8. 760	123			
amT	组间	7. 911	2	3. 956	75. 260	. 000
	组内	6. 360	121	. 053		
	总数	14. 271	123			
areT	组间	4. 097	2	2. 048	62. 930	. 000
	组内	3. 939	121	. 033		
	总数	8. 036	123			
isX	组间	2. 456	2	1. 228	30. 594	. 000
	组内	4. 856	121	. 040		
	总数	7. 312	123			
amX	组间	2. 707	2	1. 353	27. 799	. 000
	组内	5. 891	121	. 049		
	总数	8. 598	123			
areX	组间	3. 822	2	1. 911	59. 692	. 000
	组内	3. 874	121	. 032		
	总数	7. 696	123			

事后多重比较							
LSD							
因变量	(I) group	(J) group	均值差 (I-J)	标准误	显著性	95% 置信区间	
						下限	上限
isT	1	2	−. 258 204 3	. 045 657 4	. 000	−. 348 595	−. 167 813
		3	−. 446 808 4	. 051 488 3	. 000	−. 548 743	−. 344 874
	2	1	. 258 204 3	. 045 657 4	. 000	. 167 813	. 348 595
		3	−. 188 604 1	. 046 088 7	. 000	−. 279 849	−. 097 359

续表

事后多重比较							
LSD							
因变量	(I) group	(J) group	均值差 (I-J)	标准误	显著性	95% 置信区间	
						下限	上限
isT	3	1	. 446 808 4	. 051 488 3	. 000	. 344 874	. 548 743
		2	. 188 604 1	. 046 088 7	. 000	. 097 359	. 279 849
amT	1	2	−. 436 3	. 049 7	. 000	−. 535	−. 338
		3	−. 672 4	. 056 0	. 000	−. 783	−. 561
	2	1	. 436 3	. 049 7	. 000	. 338	. 535
		3	−. 236 0	. 050 1	. 000	−. 335	−. 137
	3	1	. 672 4	. 056 0	. 000	. 561	. 783
		2	. 236 0	. 050 1	. 000	. 137	. 335
areT	1	2	−. 324 719 1	. 039 095 9	. 000	−. 402 120	−. 247 318
		3	−. 479 886 0	. 044 088 8	. 000	−. 567 171	−. 392 601
	2	1	. 324 719 1	. 039 095 9	. 000	. 247 318	. 402 120
		3	−. 155 167 0	. 039 465 2	. 000	−. 233 299	−. 077 035
	3	1	. 479 886 0	. 044 088 8	. 000	. 392 601	. 567 171
		2	. 155 167 0	. 039 465 2	. 000	. 077 035	. 233 299
isX	1	2	−. 248 771 6	. 043 410 6	. 000	−. 334 714	−. 162 829
		3	−. 372 562 8	. 048 954 6	. 000	−. 469 481	−. 275 644
	2	1	. 248 771 6	. 043 410 6	. 000	. 162 829	. 334 714
		3	−. 123 791 2	. 043 820 7	. 006	−. 210 546	−. 037 037
	3	1	. 372 562 8	. 048 954 6	. 000	. 275 644	. 469 481
		2	. 123 791 2	. 043 820 7	. 006	. 037 037	. 210 546
amX	1	2	−. 203 881 0	. 047 813 1	. 000	−. 298 540	−. 109 222
		3	−. 401 967 2	. 053 919 3	. 000	−. 508 715	−. 295 220
	2	1	. 203 881 0	. 047 813 1	. 000	. 109 222	. 298 540
		3	−. 198 086 1	. 048 264 7	. 000	−. 293 639	−. 102 533

续表

事后多重比较							
LSD							
因变量	(I) group	(J) group	均值差 (I-J)	标准误	显著性	95% 置信区间	
						下限	上限
amX	3	1	. 401 967 2	. 053 919 3	. 000	. 295 220	. 508 715
		2	. 198 086 1	. 048 264 7	. 000	. 102 533	. 293 639
areX	1	2	−. 302 888 4	. 038 772 0	. 000	−. 379 648	−. 226 129
		3	−. 467 467 7	. 043 723 6	. 000	−. 554 030	−. 380 905
	2	1	. 302 888 4	. 038 772 0	. 000	. 226 129	. 379 648
		3	−. 164 579 4	. 039 138 3	. 000	−. 242 064	−. 087 095
	3	1	. 467 467 7	. 043 723 6	. 000	. 380 905	. 554 030
		2	. 164 579 4	. 039 138 3	. 000	. 087 095	. 242 064

5.2.2.2 节受试习得 AGR 功能语素之组内差异性比较

双因素重复测量——检验交互效应 (AGR-T)

度量 :MEASURE_1	
处理	因变量
1	isT
2	amT
3	areT

描述性统计量				
	group	均值	标准偏差	N
isT	1	. 414 519	. 288 270 8	34
	2	. 672 723	. 182 281 0	57
	3	. 861 328	. 155 003 3	33
	总计	. 652 119	. 266 866 6	124

续表

描述性统计量				
	group	均值	标准偏差	N
amT	1	.188	.219 9	34
	2	.625	.236 3	57
	3	.861	.226 3	33
	总计	.568	.340 6	124
areT	1	.401 499	.201 018 5	34
	2	.726 218	.180 379 1	57
	3	.881 385	.156 448 5	33
	总计	.678 477	.255 599 4	124

Mauchly 的球形度检验							
度量:MEASURE_1							
主体内效应	Mauchly 的 W	近似卡方	df	Sig.	Epsilona		
					Greenhouse-Geisser	Huynh-Feldt	下限
处理	.976	2.966	2	.227	.976	1.000	.500

主体内效应的检验									
度量:MEASURE_1									
源		III 型平方和	df	均方	F	Sig.	偏 Eta 方	非中心参数	观测到的幂 a
处理	采用的球形度	.829	2	.414	17.835	.000	.128	35.670	1.000
	Greenhouse-Geisser	.829	1.952	.424	17.835	.000	.128	34.820	1.000
	Huynh-Feldt	.829	2.000	.414	17.835	.000	.128	35.670	1.000
	下限	.829	1.000	.829	17.835	.000	.128	17.835	.987
处理 * group	采用的球形度	.572	4	.143	6.153	.000	.092	24.613	.987
	Greenhouse-Geisser	.572	3.905	.146	6.153	.000	.092	24.027	.985
	Huynh-Feldt	.572	4.000	.143	6.153	.000	.092	24.613	.987
	下限	.572	2.000	.286	6.153	.003	.092	12.307	.883

续表

主体内效应的检验									
度量 :MEASURE_1									
源		III 型平方和	df	均方	F	Sig.	偏 Eta 方	非中心参数	观测到的幂 a
误差（处理）	采用的球形度	5. 622	242	. 023					
	Greenhouse-Geisser	5. 622	236. 232	. 024					
	Huynh-Feldt	5. 622	242. 000	. 023					
	下限	5. 622	121. 000	. 046					

单因素重复测量——分组观察事后检验（AGR-T）

Mauchly 的球形度检验								
度量 :MEASURE_1								
Group	主体内效应	Mauchly 的 W	近似卡方	df	Sig.	Epsilona		
						Greenhouse-Geisser	Huynh-Feldt	下限
1	处理	. 979	. 695	2	. 706	. 979	1. 000	. 500
2	处理	. 955	2. 552	2	. 279	. 957	. 990	. 500
3	处理	. 924	2. 454	2	. 293	. 929	. 984	. 500

主体内效应的检验										
度量 :MEASURE_1										
Group	源		III 型平方和	df	均方	F	Sig.	偏 Eta 方	非中心参数	观测到的幂 a
1	处理	采用的球形度	1. 098	2	. 549	17. 488	. 000	. 346	34. 976	1. 000
		Greenhouse-Geisser	1. 098	1. 958	. 561	17. 488	. 000	. 346	34. 240	1. 000
		Huynh-Feldt	1. 098	2. 000	. 549	17. 488	. 000	. 346	34. 976	1. 000
		下限	1. 098	1. 000	1. 098	17. 488	. 000	. 346	17. 488	. 982
	误差（处理）	采用的球形度	2. 071	66	. 031					
		Greenhouse-Geisser	2. 071	64. 612	. 032					
		Huynh-Feldt	2. 071	66. 000	. 031					
		下限	2. 071	33. 000	. 063					

续表

主体内效应的检验										
度量 :MEASURE_1										
Group	源		III 型平方和	df	均方	F	Sig.	偏 Eta 方	非中心参数	观测到的幂 a
2	处理	采用的球形度	. 295	2	. 147	6. 389	. 002	. 102	12. 777	. 895
		Greenhouse-Geisser	. 295	1. 913	. 154	6. 389	. 003	. 102	12. 223	. 884
		Huynh-Feldt	. 295	1. 979	. 149	6. 389	. 002	. 102	12. 645	. 892
		下限	. 295	1. 000	. 295	6. 389	. 014	. 102	6. 389	. 700
	误差(处理)	采用的球形度	2. 584	112	. 023					
		Greenhouse-Geisser	2. 584	107. 143	. 024					
		Huynh-Feldt	2. 584	110. 843	. 023					
		下限	2. 584	56. 000	. 046					
3	处理	采用的球形度	. 009	2	. 005	. 304	. 739	. 009	. 608	. 096
		Greenhouse-Geisser	. 009	1. 859	. 005	. 304	. 723	. 009	. 565	. 095
		Huynh-Feldt	. 009	1. 968	. 005	. 304	. 736	. 009	. 598	. 096
		下限	. 009	1. 000	. 009	. 304	. 585	. 009	. 304	. 083
	误差(处理)	采用的球形度	. 967	64	. 015					
		Greenhouse-Geisser	. 967	59. 474	. 016					
		Huynh-Feldt	. 967	62. 991	. 015					
		下限	. 967	32. 000	. 030					

双因素重复测量——检验交互效应 (AGR-X)

主体内因子	
度量 :MEASURE_1	
处理	因变量
1	isX
2	amX
3	areX

描述性统计量				
	group	均值	标准偏差	N
isX	1	. 502 113	. 223 831 8	34
	2	. 750 884	. 196 214 4	57
	3	. 874 675	. 180 865 8	33
	总计	. 715 617	. 243 814 0	124
amX	1	. 476 821	. 224 763 3	34
	2	. 680 702	. 213 339 6	57
	3	. 878 788	. 228 797 9	33
	总计	. 677 515	. 264 389 6	124
areX	1	. 425 029	. 190 735 7	34
	2	. 727 917	. 179 678 5	57
	3	. 892 496	. 164 441 1	33
	总计	. 688 666	. 250 134 9	124

Mauchly 的球形度检验							
度量 :MEASURE_1							
主体内效应	Mauchly 的 W	近似卡方	df	Sig.	Epsilona		
					Greenhouse-Geisser	Huynh-Feldt	下限
处理	. 943	7. 104	2	. 029	. 946	. 976	. 500

主体内效应的检验									
度量 :MEASURE_1									
源		III 型平方和	df	均方	F	Sig.	偏 Eta 方	非中心参数	观测到的幂 a
处理	采用的球形度	. 066	2	. 033	1. 402	. 248	. 011	2. 804	. 299
	Greenhouse-Geisser	. 066	1. 891	. 035	1. 402	. 248	. 011	2. 652	. 291
	Huynh-Feldt	. 066	1. 952	. 034	1. 402	. 248	. 011	2. 737	. 296
	下限	. 066	1. 000	. 066	1. 402	. 239	. 011	1. 402	. 217

续表

主体内效应的检验									
度量 :MEASURE_1									
源		III 型平方和	df	均方	F	Sig.	偏 Eta 方	非中心参数	观测到的幂 a
处理 * group	采用的球形度	. 162	4	. 040	1. 728	. 144	. 028	6. 910	. 525
	Greenhouse-Geisser	. 162	3. 783	. 043	1. 728	. 148	. 028	6. 535	. 509
	Huynh-Feldt	. 162	3. 904	. 041	1. 728	. 146	. 028	6. 745	. 518
	下限	. 162	2. 000	. 081	1. 728	. 182	. 028	3. 455	. 357
误差（处理）	采用的球形度	5. 657	242	. 023					
	Greenhouse-Geisser	5. 657	228. 846	. 025					
	Huynh-Feldt	5. 657	236. 212	. 024					
	下限	5. 657	121. 000	. 047					

单因素重复测量——分组观察事后检验 (AGR-X)

Mauchly 的球形度检验								
度量 :MEASURE_1								
Group	主体内效应	Mauchly 的 W	近似卡方	df	Sig.	Epsilona		
						Greenhouse-Geisser	Huynh-Feldt	下限
1	处理	. 973	. 879	2	. 645	. 974	1. 000	. 500
2	处理	. 922	4. 466	2	. 107	. 928	. 958	. 500
3	处理	. 713	10. 495	2	. 005	. 777	. 809	. 500

主体内效应的检验										
度量 :MEASURE_1										
Group	源		III 型平方和	df	均方	F	Sig.	偏 Eta 方	非中心参数	观测到的幂 a
1	处理	采用的球形度	. 105	2	. 052	1. 270	. 288	. 037	2. 540	. 267
		Greenhouse-Geisser	. 105	1. 947	. 054	1. 270	. 287	. 037	2. 473	. 263
		Huynh-Feldt	. 105	2. 000	. 052	1. 270	. 288	. 037	2. 540	. 267
		下限	. 105	1. 000	. 105	1. 270	. 268	. 037	1. 270	. 194
	误差(处理)	采用的球形度	2. 728	66	. 041					
		Greenhouse-Geisser	2. 728	64. 260	. 042					
		Huynh-Feldt	2. 728	66. 000	. 041					
		下限	2. 728	33. 000	. 083					
2	处理	采用的球形度	. 146	2	. 073	3. 526	. 033	. 059	7. 052	. 646
		Greenhouse-Geisser	. 146	1. 855	. 079	3. 526	. 036	. 059	6. 542	. 623
		Huynh-Feldt	. 146	1. 916	. 076	3. 526	. 035	. 059	6. 757	. 633
		下限	. 146	1. 000	. 146	3. 526	. 066	. 059	3. 526	. 455
	误差(处理)	采用的球形度	2. 318	112	. 021					
		Greenhouse-Geisser	2. 318	103. 897	. 022					
		Huynh-Feldt	2. 318	107. 307	. 022					
		下限	2. 318	56. 000	. 041					
3	处理	采用的球形度	. 006	2	. 003	. 301	. 741	. 009	. 602	. 096
		Greenhouse-Geisser	. 006	1. 554	. 004	. 301	. 686	. 009	. 468	. 091
		Huynh-Feldt	. 006	1. 618	. 004	. 301	. 695	. 009	. 487	. 091
		下限	. 006	1. 000	. 006	. 301	. 587	. 009	. 301	. 083
	误差(处理)	采用的球形度	. 611	64	. 010					
		Greenhouse-Geisser	. 611	49. 721	. 012					
		Huynh-Feldt	. 611	51. 789	. 012					
		下限	. 611	32. 000	. 019					

事后多重比较							
度量 :MEASURE_1							
group	(I) 处理	(J) 处理	均值差值 (I-J)	标准误差	Sig. a	差分的 95% 置信区间 a	
						下限	上限
1	is	am	. 025	. 052	. 627	−. 080	. 130
		are	. 077	. 045	. 097	−. 015	. 169
	am	is	−. 025	. 052	. 627	−. 130	. 080
		are	. 052	. 051	. 317	−. 052	. 156
	are	is	−. 077	. 045	. 097	−. 169	. 015
		am	−. 052	. 051	. 317	−. 156	. 052
2	is	am	. 070	. 030	. 024	. 010	. 131
		are	. 023	. 024	. 340	−. 025	. 071
	am	is	−. 070	. 030	. 024	−. 131	−. 010
		are	−. 047	. 026	. 078	−. 100	. 006
	are	is	−. 023	. 024	. 340	−. 071	. 025
		am	. 047	. 026	. 078	−. 006	. 100
3	is	am	−. 004	. 027	. 881	−. 060	. 052
		are	−. 018	. 016	. 285	−. 051	. 016
	am	is	. 004	. 027	. 881	−. 052	. 060
		are	−. 014	. 027	. 613	−. 068	. 041
	are	is	. 018	. 016	. 285	−. 016	. 051
		am	. 014	. 027	. 613	−. 041	. 068

5.2.3 节 AGR 功能语素默认形态特征 are 与错误率的相关分析

相关性				相关性			
		areT	areT 错误率			areX	areX 错误率
areT	Pearson 相关性	1	−. 267	areX	Pearson 相关性	1	. 269
	显著性(双侧)		. 003		显著性(双侧)		. 002
	N	124	124		N	124	124
areT 错误率	Pearson 相关性	−. 267	1	areX 错误率	Pearson 相关性	. 269	1
	显著性(双侧)	. 003			显著性(双侧)	. 002	
	N	124	124		N	124	124

4-4　T 复合功能语素

5.3 节研究结果

可靠性统计量			
Cronbach's Alpha		项数	
. 982		60	
Cronbach's Alpha	项数	Cronbach's Alpha	项数
. 911	30	. 916	30

分测验信度系数

	Cronbach's Alpha	项数		Cronbach's Alpha	项数
T-present 填空	. 523	5	T-present 选择	. 577	5
T-past 填空	. 801	5	T-past 选择	. 746	5
T-pres+prog 填空	. 875	5	T-pres+prog 选择	. 871	5
T-pres+perf 填空	. 687	5	T-pres+perf 选择	. 722	5
T-past+prog 填空	. 834	5	T-past+prog 选择	. 724	5
T-past+perf 填空	. 433	5	T-past+perf 选择	. 782	5

5.3.2.1 节受试组间差异性比较

描述统计量					
T_T_present	34	. 000 0	. 800 0	. 235 304	. 142 023 4
T_T_past	34	. 000 0	. 800 0	. 274 747	. 227 731 0
T_T_pres_prog	34	. 000 0	. 400 0	. 011 765	. 068 599 4
T_T_past_prog	34	. 0	. 2	. 006	. 034 3
T_T_pres_perf	34	. 0	. 0	. 000	. 000 0
T_T_past_perf	34	. 0	. 0	. 000	. 000 0
T_P_present	34	. 000 0	. 250 0	. 109 532	. 048 147 9
T_P_past	34	. 000 0	. 400 0	. 095 051	. 141 938 0
T_P_pres_prog	34	. 000 0	. 200 0	. 005 882	. 034 299 7
T_P_pres_perf	34	. 000 0	. 000 0	. 000 000	. 000 000 0
T_P_past_prog	34	. 0	. 0	. 000	. 000 0
T_P_past_perf	34	. 0	. 0	. 000	. 000 0
T_T_present	57	. 125 0	1. 000 0	. 542 077	. 233 820 0
T_T_past	57	. 000 0	. 800 0	. 403 962	. 160 163 8
T_T_pres_prog	57	. 000 0	1. 000 0	. 358 730	. 323 846 2
T_T_past_prog	57	. 0	. 8	. 126	. 202 2
T_T_pres_perf	57	. 0	. 8	. 158	. 216 3
T_T_past_perf	57	. 0	. 6	. 067	. 138 0
T_P_present	57	. 000 0	. 833 3	. 286 641	. 175 738 3
T_P_past	57	. 000 0	. 800 0	. 317 076	. 155 847 4
T_P_pres_prog	57	. 000 0	1. 000 0	. 177 778	. 271 484 3
T_P_pres_perf	57	. 000 0	. 500 0	. 069 925	. 139 702 0
T_P_past_prog	57	. 0	. 4	. 063	. 126 3
T_P_past_perf	57	. 0	. 0	. 000	. 000 0
T_T_present	33	. 333 3	1. 000 0	. 755 729	. 212 599 7
T_T_past	33	. 294 1	. 833 3	. 557 343	. 146 299 3
T_T_pres_prog	33	. 000 0	1. 000 0	. 727 706	. 247 812 0
T_T_past_prog	33	. 0	. 8	. 364	. 297 7

续表

描述统计量					
T_T_pres_perf	33	.0	.8	.297	.308 7
T_T_past_perf	33	.0	.8	.212	.217 6
T_P_present	33	.200 0	1.000 0	.574 551	.209 783 2
T_P_past	33	.181 8	.833 3	.524 372	.177 219 1
T_P_pres_prog	33	.000 0	1.000 0	.638 384	.307 218 8
T_P_pres_perf	33	.000 0	.800 0	.446 465	.256 842 4
T_P_past_prog	33	.0	1.0	.448	.260 0
T_P_past_perf	33	.0	.6	.079	.193 3

ANOVA

		平方和	df	均方	F	显著性
T_T_present	组间	4.614	2	2.307	53.956	.000
	组内	5.174	121	.043		
	总数	9.788	123			
T_T_past	组间	1.340	2	.670	21.158	.000
	组内	3.833	121	.032		
	总数	5.173	123			
T_T_pres_prog	组间	8.585	2	4.292	64.974	.000
	组内	7.994	121	.066		
	总数	16.578	123			
T_T_past_prog	组间	2.239	2	1.120	26.224	.000
	组内	5.166	121	.043		
	总数	7.405	123			
T_T_pres_perf	组间	1.481	2	.741	15.807	.000
	组内	5.669	121	.047		
	总数	7.150	123			
T_T_past_perf	组间	.798	2	.399	18.689	.000
	组内	2.582	121	.021		
	总数	3.379	123			

续表

		平方和	df	均方	F	显著性
T_P_present	组间	3. 704	2	1. 852	69. 724	. 000
	组内	3. 214	121	. 027		
	总数	6. 919	123			
T_P_past	组间	3. 090	2	1. 545	61. 699	. 000
	组内	3. 030	121	. 025		
	总数	6. 120	123			
T_P_pres_prog	组间	7. 300	2	3. 650	61. 455	. 000
	组内	7. 187	121	. 059		
	总数	14. 486	123			
T_P_pres_perf	组间	4. 031	2	2. 015	76. 114	. 000
	组内	3. 204	121	. 026		
	总数	7. 235	123			
T_P_past_prog	组间	4. 135	2	2. 067	81. 879	. 000
	组内	3. 055	121	. 025		
	总数	7. 190	123			
T_P_past_perf	组间	. 150	2	. 075	7. 610	. 001
	组内	1. 195	121	. 010		
	总数	1. 345	123			

事后多重比较 (LSD)							
T_T_present	1	2	−. 306 772 8	. 044 807 2	. 000	−. 395 480	−. 218 065
		3	−. 520 425 2	. 050 529 5	. 000	−. 620 462	−. 420 389
	2	1	. 306 772 8	. 044 807 2	. 000	. 218 065	. 395 480
		3	−. 213 652 4	. 045 230 5	. 000	−. 303 198	−. 124 107
	3	1	. 520 425 2	. 050 529 5	. 000	. 420 389	. 620 462
		2	. 213 652 4	. 045 230 5	. 000	. 124 107	. 303 198

续表

事后多重比较 (LSD)							
T_T_past	1	2	-. 129 214 4	. 038 566 8	. 001	-. 205 568	-. 052 861
		3	-. 282 596 0	. 043 492 1	. 000	-. 368 700	-. 196 492
	2	1	. 129 214 4	. 038 566 8	. 001	. 052 861	. 205 568
		3	-. 153 381 6	. 038 931 1	. 000	-. 230 456	-. 076 307
	3	1	. 282 596 0	. 043 492 1	. 000	. 196 492	. 368 700
		2	. 153 381 6	. 038 931 1	. 000	. 076 307	. 230 456
T_T_pres_prog	1	2	-. 346 965 5	. 055 695 5	. 000	-. 457 229	-. 236 702
		3	-. 715 940 9	. 062 808 3	. 000	-. 840 287	-. 591 595
	2	1	. 346 965 5	. 055 695 5	. 000	. 236 702	. 457 229
		3	-. 368 975 5	. 056 221 6	. 000	-. 480 281	-. 257 670
	3	1	. 715 940 9	. 062 808 3	. 000	. 591 595	. 840 287
		2	. 368 975 5	. 056 221 6	. 000	. 257 670	. 480 281
T_T_past_prog	1	2	-. 120 4	. 044 8	. 008	-. 209	-. 032
		3	-. 357 8	. 050 5	. 000	-. 458	-. 258
	2	1	. 120 4	. 044 8	. 008	. 032	. 209
		3	-. 237 3	. 045 2	. 000	-. 327	-. 148
	3	1	. 357 8	. 050 5	. 000	. 258	. 458
		2	. 237 3	. 045 2	. 000	. 148	. 327
T_T_pres_perf	1	2	-. 157 9	. 046 9	. 001	-. 251	-. 065
		3	-. 297 0	. 052 9	. 000	-. 402	-. 192
	2	1	. 157 9	. 046 9	. 001	. 065	. 251
		3	-. 139 1	. 047 3	. 004	-. 233	-. 045
	3	1	. 297 0	. 052 9	. 000	. 192	. 402
		2	. 139 1	. 047 3	. 004	. 045	. 233

续表

事后多重比较 (LSD)							
T_T_past_perf	1	2	-.066 7	.031 7	.037	-.129	-.004
		3	-.212 1	.035 7	.000	-.283	-.141
	2	1	.066 7	.031 7	.037	.004	.129
		3	-.145 5	.032 0	.000	-.209	-.082
	3	1	.212 1	.035 7	.000	.141	.283
		2	.145 5	.032 0	.000	.082	.209
T_P_present	1	2	-.177 108 9	.035 317 8	.000	-.247 030	-.107 188
		3	-.465 019 6	.039 828 2	.000	-.543 870	-.386 169
	2	1	.177 108 9	.035 317 8	.000	.107 188	.247 030
		3	-.287 910 7	.035 651 4	.000	-.358 492	-.217 329
	3	1	.465 019 6	.039 828 2	.000	.386 169	.543 870
		2	.287 910 7	.035 651 4	.000	.217 329	.358 492
T_P_past	1	2	-.222 024 9	.034 290 4	.000	-.289 912	-.154 138
		3	-.429 321 1	.038 669 5	.000	-.505 878	-.352 765
	2	1	.222 024 9	.034 290 4	.000	.154 138	.289 912
		3	-.207 296 2	.034 614 3	.000	-.275 824	-.138 768
	3	1	.429 321 1	.038 669 5	.000	.352 765	.505 878
		2	.207 296 2	.034 614 3	.000	.138 768	.275 824
T_P_pres_prog	1	2	-.171 895 4	.052 809 2	.001	-.276 445	-.067 346
		3	-.632 501 5	.059 553 5	.000	-.750 403	-.514 600
	2	1	.171 895 4	.052 809 2	.001	.067 346	.276 445
		3	-.460 606 1	.053 308 1	.000	-.566 143	-.355 069
	3	1	.632 501 5	.059 553 5	.000	.514 600	.750 403
		2	.460 606 1	.053 308 1	.000	.355 069	.566 143

事后多重比较 (LSD)							
T_P_pres_perf	1	2	−. 069 924 8	. 035 260 7	. 050	−. 139 733	−. 000 117
		3	−. 446 464 6	. 039 763 8	. 000	−. 525 188	−. 367 742
	2	1	. 069 924 8	. 035 260 7	. 050	. 000 117	. 139 733
		3	−. 376 539 8	. 035 593 8	. 000	−. 447 007	−. 306 073
	3	1	. 446 464 6	. 039 763 8	. 000	. 367 742	. 525 188
		2	. 376 539 8	. 035 593 8	. 000	. 306 073	. 447 007
T_P_past_prog	1	2	−. 063 2	. 034 4	. 069	−. 131	. 005
		3	−. 448 5	. 038 8	. 000	−. 525	−. 372
	2	1	. 063 2	. 034 4	. 069	−. 005	. 131
		3	−. 385 3	. 034 8	. 000	−. 454	−. 317
	3	1	. 448 5	. 038 8	. 000	. 372	. 525
		2	. 385 3	. 034 8	. 000	. 317	. 454
T_P_past_perf	1	2	. 000 0	. 021 5	1. 000	−. 043	. 043
		3	−. 078 8	. 024 3	. 002	−. 127	−. 031
	2	1	. 000 0	. 021 5	1. 000	−. 043	. 043
		3	−. 078 8	. 021 7	. 000	−. 122	−. 036
	3	1	. 078 8	. 024 3	. 002	. 031	. 127
		2	. 078 8	. 021 7	. 000	. 036	. 122

5.3.2.2 节组内差异性比较

双因素重复测量——检验交互效应 (T-P)

主体内因子	
度量 :MEASURE_1	
处理	因变量
1	T_P_present
2	T_P_past
3	T_P_pres_prog
4	T_P_pres_perf
5	T_P_past_prog
6	T_P_past_perf

描述性统计量				
	group	均值	标准偏差	N
T_P_present	1	. 109 532	. 048 147 9	34
	2	. 286 641	. 175 738 3	57
	3	. 574 551	. 209 783 2	33
	总计	. 314 700	. 237 168 5	124
T_P_past	1	. 095 051	. 141 938 0	34
	2	. 317 076	. 155 847 4	57
	3	. 524 372	. 177 219 1	33
	总计	. 311 366	. 223 061 6	124
T_P_pres_prog	1	. 005 882	. 034 299 7	34
	2	. 177 778	. 271 484 3	57
	3	. 638 384	. 307 218 8	33
	总计	. 253 226	. 343 185 5	124
T_P_pres_perf	1	. 000 000	. 000 000 0	34
	2	. 069 925	. 139 702 0	57
	3	. 446 465	. 256 842 4	33
	总计	. 150 960	. 242 525 5	124
T_P_past_prog	1	. 000	. 000 0	34
	2	. 063	. 126 3	57
	3	. 448	. 260 0	33
	总计	. 148	. 241 8	124
T_P_past_perf	1	. 000	. 000 0	34
	2	. 000	. 000 0	57
	3	. 079	. 193 3	33
	总计	. 021	. 104 6	124

Mauchly 的球形度检验							
度量 :MEASURE_1							
主体内效应	Mauchly 的 W	近似卡方	df	Sig.	Epsilona		
					Greenhouse-Geisser	Huynh-Feldt	下限
处理	.533	74.991	14	.000	.766	.807	.200

主体内效应的检验									
度量 :MEASURE_1									
源		III 型平方和	df	均方	F	Sig.	偏 Eta 方	非中心参数	观测到的幂 a
处理	采用的球形度	7.470	5	1.494	70.402	.000	.368	352.010	1.000
	Greenhouse-Geisser	7.470	3.831	1.950	70.402	.000	.368	269.703	1.000
	Huynh-Feldt	7.470	4.037	1.850	70.402	.000	.368	284.225	1.000
	下限	7.470	1.000	7.470	70.402	.000	.368	70.402	1.000
处理 * group	采用的球形度	3.530	10	.353	16.632	.000	.216	166.320	1.000
	Greenhouse-Geisser	3.530	7.662	.461	16.632	.000	.216	127.431	1.000
	Huynh-Feldt	3.530	8.074	.437	16.632	.000	.216	134.292	1.000
	下限	3.530	2.000	1.765	16.632	.000	.216	33.264	1.000
误差（处理）	采用的球形度	12.839	605	.021					
	Greenhouse-Geisser	12.839	463.538	.028					
	Huynh-Feldt	12.839	488.497	.026					
	下限	12.839	121.000	.106					

单因素重复测量——分组观察事后检验

Mauchly 的球形度检验								
度量 :MEASURE_1								
Group	主体内效应	Mauchly 的 W	近似卡方	df	Sig.	Epsilona		
						Greenhouse-Geisser	Huynh-Feldt	下限
1	处理	.000	.	14	.000	.265	.272	.200
2	处理	.267	71.501	14	.000	.649	.694	.200
3	处理	.522	19.560	14	.146	.774	.893	.200

主体内效应的检验										
度量:MEASURE_1										
group	源		III 型平方和	df	均方	F	Sig.	偏 Eta 方	非中心参数	观测到的幂 a
1	处理	采用的球形度	.465	5	.093	24.532	.000	.426	122.660	1.000
		Greenhouse-Geisser	.465	1.325	.351	24.532	.000	.426	32.515	1.000
		Huynh-Feldt	.465	1.360	.342	24.532	.000	.426	33.353	1.000
		下限	.465	1.000	.465	24.532	.000	.426	24.532	.998
	误差(处理)	采用的球形度	.626	165	.004					
		Greenhouse-Geisser	.626	43.738	.014					
		Huynh-Feldt	.626	44.866	.014					
		下限	.626	33.000	.019					
2	处理	采用的球形度	4.775	5	.955	44.892	.000	.445	224.458	1.000
		Greenhouse-Geisser	4.775	3.245	1.471	44.892	.000	.445	145.694	1.000
		Huynh-Feldt	4.775	3.469	1.377	44.892	.000	.445	155.716	1.000
		下限	4.775	1.000	4.775	44.892	.000	.445	44.892	1.000
	误差(处理)	采用的球形度	5.957	280	.021					
		Greenhouse-Geisser	5.957	181.745	.033					
		Huynh-Feldt	5.957	194.248	.031					
		下限	5.957	56.000	.106					
3	处理	采用的球形度	6.413	5	1.283	32.799	.000	.506	163.995	1.000
		Greenhouse-Geisser	6.413	3.868	1.658	32.799	.000	.506	126.866	1.000
		Huynh-Feldt	6.413	4.466	1.436	32.799	.000	.506	146.487	1.000
		下限	6.413	1.000	6.413	32.799	.000	.506	32.799	1.000
	误差(处理)	采用的球形度	6.257	160	.039					
		Greenhouse-Geisser	6.257	123.775	.051					
		Huynh-Feldt	6.257	142.918	.044					
		下限	6.257	32.000	.196					

事后多重比较							
度量 :MEASURE_1							
group	(I) 处理	(J) 处理	均值差值 (I-J)	标准误差	Sig. a	差分的 95% 置信区间 a	
						下限	上限
1	T_P_Present	past	.014	.025	.559	-.035	.064
		pres_prog	.104	.009	.000	.086	.122
		past_prog	.110	.008	.000	.093	.126
		pres_perf	.110	.008	.000	.093	.126
		past_perf	.110	.008	.000	.093	.126
	T_P_Past	present	-.014	.025	.559	-.064	.035
		pres_prog	.089	.024	.001	.040	.138
		past_prog	.095	.024	.000	.046	.145
		pres_perf	.095	.024	.000	.046	.145
		past_perf	.095	.024	.000	.046	.145
	T_P_pres_prog	present	-.104	.009	.000	-.122	-.086
		past	-.089	.024	.001	-.138	-.040
		past_prog	.006	.006	.325	-.006	.018
		pres_perf	.006	.006	.325	-.006	.018
		past_perf	.006	.006	.325	-.006	.018
	T_P_past_prog	present	-.110	.008	.000	-.126	-.093
		past	-.095	.024	.000	-.145	-.046
		pres_prog	-.006	.006	.325	-.018	.006
		pres_perf	.000	.000	.	.000	.000
		past_perf	.000	.000	.	.000	.000
	T_P_pres_perf	present	-.110	.008	.000	-.126	-.093
		past	-.095	.024	.000	-.145	-.046
		pres_prog	-.006	.006	.325	-.018	.006
		past_prog	.000	.000	.	.000	.000
		past_perf	.000	.000	.	.000	.000

续表

事后多重比较							
度量 :MEASURE_1							
group	(I) 处理	(J) 处理	均值差值 (I-J)	标准误差	Sig. a	差分的 95% 置信区间 a	
						下限	上限
1	T_P_past_perf	present	−. 110	. 008	. 000	−. 126	−. 093
		past	−. 095	. 024	. 000	−. 145	−. 046
		pres_prog	−. 006	. 006	. 325	−. 018	. 006
		past_prog	. 000	. 000	.	. 000	. 000
		pres_perf	. 000	. 000	.	. 000	. 000
2	T_P_present	past	−. 030	. 030	. 312	−. 090	. 029
		pres_prog	. 109	. 036	. 004	. 037	. 181
		past_prog	. 217	. 027	. 000	. 163	. 270
		pres_perf	. 223	. 023	. 000	. 177	. 270
		past_perf	. 287	. 023	. 000	. 240	. 333
	T_P_Past	present	. 030	. 030	. 312	−. 029	. 090
		pres_prog	. 139	. 038	. 001	. 063	. 215
		past_prog	. 247	. 024	. 000	. 198	. 296
		pres_perf	. 254	. 022	. 000	. 209	. 299
		past_perf	. 317	. 021	. 000	. 276	. 358
	T_P_pres_prog	present	−. 109	. 036	. 004	−. 181	−. 037
		past	−. 139	. 038	. 001	−. 215	−. 063
		past_prog	. 108	. 033	. 002	. 042	. 174
		pres_perf	. 115	. 030	. 000	. 054	. 175
		past_perf	. 178	. 036	. 000	. 106	. 250
	T_P_past_prog	present	−. 217	. 027	. 000	−. 270	−. 163
		past	−. 247	. 024	. 000	−. 296	−. 198
		pres_prog	−. 108	. 033	. 002	−. 174	−. 042
		pres_perf	. 007	. 019	. 720	−. 031	. 044
		past_perf	. 070	. 019	. 000	. 033	. 107

续表

事后多重比较							
度量 :MEASURE_1							
group	(I) 处理	(J) 处理	均值差值 (I-J)	标准误差	Sig. a	差分的 95% 置信区间 a	
						下限	上限
2	T_P_pres_perf	present	-.223	.023	.000	-.270	-.177
		past	-.254	.022	.000	-.299	-.209
		pres_prog	-.115	.030	.000	-.175	-.054
		past_prog	-.007	.019	.720	-.044	.031
		past_perf	.063	.017	.000	.030	.097
	T_P_past_perf	present	-.287	.023	.000	-.333	-.240
		past	-.317	.021	.000	-.358	-.276
		pres_prog	-.178	.036	.000	-.250	-.106
		past_prog	-.070	.019	.000	-.107	-.033
		pres_perf	-.063	.017	.000	-.097	-.030
3	T_P_present	past	.050	.043	.257	-.038	.139
		pres_prog	-.064	.047	.180	-.159	.031
		past_prog	.128	.045	.007	.037	.219
		pres_perf	.126	.040	.003	.045	.207
		past_perf	.496	.040	.000	.414	.578
	T_P_Past	present	-.050	.043	.257	-.139	.038
		pres_prog	-.114	.065	.088	-.246	.018
		past_prog	.078	.050	.132	-.025	.181
		pres_perf	.076	.049	.134	-.025	.176
		past_perf	.446	.038	.000	.368	.524
	T_P_pres_prog	present	.064	.047	.180	-.031	.159
		past	.114	.065	.088	-.018	.246
		past_prog	.192	.058	.002	.074	.309
		pres_perf	.190	.046	.000	.096	.284
		past_perf	.560	.056	.000	.446	.673

续表

事后多重比较							
度量 :MEASURE_1							
group	(I) 处理	(J) 处理	均值差值 (I-J)	标准误差	Sig. a	差分的 95% 置信区间 a	
						下限	上限
3	T_P_past_prog	present	−. 128	. 045	. 007	−. 219	−. 037
		past	−. 078	. 050	. 132	−. 181	. 025
		pres_prog	−. 192	. 058	. 002	−. 309	−. 074
		pres_perf	−. 002	. 049	. 967	−. 102	. 098
		past_perf	. 368	. 050	. 000	. 265	. 470
	T_P_pres_perf	present	−. 126	. 040	. 003	−. 207	−. 045
		past	−. 076	. 049	. 134	−. 176	. 025
		pres_prog	−. 190	. 046	. 000	−. 284	−. 096
		past_prog	. 002	. 049	. 967	−. 098	. 102
		past_perf	. 370	. 046	. 000	. 276	. 464
	T_P_past_perf	present	−. 496	. 040	. 000	−. 578	−. 414
		past	−. 446	. 038	. 000	−. 524	−. 368
		pres_prog	−. 560	. 056	. 000	−. 673	−. 446
		past_prog	−. 368	. 050	. 000	−. 470	−. 265
		pres_perf	−. 370	. 046	. 000	−. 464	−. 276

双因素重复测量——检验交互效应 (T-T)

主体内因子	
度量 :MEASURE_1	
处理	因变量
1	T_T_present
2	T_T_past
3	T_T_pres_prog
4	T_T_past_prog
5	T_T_pres_perf
6	T_T_past_perf

描述性统计量				
	group	均值	标准偏差	N
T_T_present	1	. 235 304	. 142 023 4	34
	2	. 542 077	. 233 820 0	57
	3	. 755 729	. 212 599 7	33
	总计	. 514 821	. 282 088 3	124
T_T_past	1	. 274 747	. 227 731 0	34
	2	. 403 962	. 160 163 8	57
	3	. 557 343	. 146 299 3	33
	总计	. 409 351	. 205 083 9	124
T_T_pres_prog	1	. 011 765	. 068 599 4	34
	2	. 358 730	. 323 846 2	57
	3	. 727 706	. 247 812 0	33
	总计	. 361 790	. 367 126 4	124
T_T_past_prog	1	. 006	. 034 3	34
	2	. 126	. 202 2	57
	3	. 364	. 297 7	33
	总计	. 156	. 245 4	124
T_T_pres_perf	1	. 000	. 000 0	34
	2	. 158	. 216 3	57
	3	. 297	. 308 7	33
	总计	. 152	. 241 1	124
T_T_past_perf	1	. 000	. 000 0	34
	2	. 067	. 138 0	57
	3	. 212	. 217 6	33
	总计	. 087	. 165 8	124

Mauchly 的球形度检验							
度量 :MEASURE_1							
主体内效应	Mauchly 的 W	近似卡方	df	Sig.	Epsilona		
					Greenhouse-Geisser	Huynh-Feldt	下限
处理	. 744	35. 288	14	. 001	. 915	. 971	. 200

主体内效应的检验									
度量 :MEASURE_1									
源		III 型平方和	df	均方	F	Sig.	偏 Eta 方	非中心参数	观测到的幂 a
处理	采用的球形度	16. 634	5	3. 327	91. 949	. 000	. 432	459. 746	1. 000
	Greenhouse-Geisser	16. 634	4. 576	3. 635	91. 949	. 000	. 432	420. 729	1. 000
	Huynh-Feldt	16. 634	4. 856	3. 425	91. 949	. 000	. 432	446. 526	1. 000
	下限	16. 634	1. 000	16. 634	91. 949	. 000	. 432	91. 949	1. 000
处理 * group	采用的球形度	3. 158	10	. 316	8. 730	. 000	. 126	87. 297	1. 000
	Greenhouse-Geisser	3. 158	9. 151	. 345	8. 730	. 000	. 126	79. 888	1. 000
	Huynh-Feldt	3. 158	9. 712	. 325	8. 730	. 000	. 126	84. 787	1. 000
	下限	3. 158	2. 000	1. 579	8. 730	. 000	. 126	17. 459	. 967
误差（处理）	采用的球形度	21. 890	605	. 036					
	Greenhouse-Geisser	21. 890	553. 656	. 040					
	Huynh-Feldt	21. 890	587. 604	. 037					
	下限	21. 890	121. 000	. 181					

单因素重复测量——分组观察事后检验（T-T）

Mauchly 的球形度检验								
度量 :MEASURE_1								
group	主体内效应	Mauchly 的 W	近似卡方	df	Sig.	Epsilona		
						Greenhouse-Geisser	Huynh-Feldt	下限
1	处理	. 000	.	14	. 000	. 383	. 406	. 200
2	处理	. 477	40. 082	14	. 000	. 803	. 873	. 200
3	处理	. 437	24. 921	14	. 036	. 746	. 857	. 200

主体内效应的检验										
度量 :MEASURE_1										
group	源		III 型平方和	df	均方	F	Sig.	偏 Eta 方	非中心参数	观测到的幂 a
1	处理	采用的球形度	2. 877	5	. 575	46. 656	. 000	. 586	233. 278	1. 000
		Greenhouse-Geisser	2. 877	1. 916	1. 501	46. 656	. 000	. 586	89. 412	1. 000
		Huynh-Feldt	2. 877	2. 032	1. 416	46. 656	. 000	. 586	94. 800	1. 000
		下限	2. 877	1. 000	2. 877	46. 656	. 000	. 586	46. 656	1. 000
	误差（处理）	采用的球形度	2. 035	165	. 012					
		Greenhouse-Geisser	2. 035	63. 242	. 032					
		Huynh-Feldt	2. 035	67. 053	. 030					
		下限	2. 035	33. 000	. 062					
2	处理	采用的球形度	9. 929	5	1. 986	52. 465	. 000	. 484	262. 325	1. 000
		Greenhouse-Geisser	9. 929	4. 017	2. 472	52. 465	. 000	. 484	210. 734	1. 000
		Huynh-Feldt	9. 929	4. 366	2. 274	52. 465	. 000	. 484	229. 053	1. 000
		下限	9. 929	1. 000	9. 929	52. 465	. 000	. 484	52. 465	1. 000
	误差（处理）	采用的球形度	10. 598	280	. 038					
		Greenhouse-Geisser	10. 598	224. 933	. 047					
		Huynh-Feldt	10. 598	244. 486	. 043					
		下限	10. 598	56. 000	. 189					
3	处理	采用的球形度	8. 645	5	1. 729	29. 886	. 000	. 483	149. 430	1. 000
		Greenhouse-Geisser	8. 645	3. 732	2. 316	29. 886	. 000	. 483	111. 538	1. 000
		Huynh-Feldt	8. 645	4. 286	2. 017	29. 886	. 000	. 483	128. 095	1. 000
		下限	8. 645	1. 000	8. 645	29. 886	. 000	. 483	29. 886	1. 000
	误差（处理）	采用的球形度	9. 257	160	. 058					
		Greenhouse-Geisser	9. 257	119. 427	. 078					
		Huynh-Feldt	9. 257	137. 156	. 067					
		下限	9. 257	32. 000	. 289					

事后多重比较							
度量 :MEASURE_1							
group	(I) 处理	(J) 处理	均值差值 (I-J)	标准误差	Sig. a	差分的 95% 置信区间 a	
						下限	上限
1	T_T_Present	past	-. 039	. 043	. 364	-. 127	. 048
		pres_prog	. 224	. 026	. 000	. 171	. 276
		past_prog	. 229	. 025	. 000	. 178	. 280
		pres_perf	. 235	. 024	. 000	. 186	. 285
		past_perf	. 235	. 024	. 000	. 186	. 285
	T_T_Past	present	. 039	. 043	. 364	-. 048	. 127
		pres_prog	. 263	. 040	. 000	. 181	. 345
		past_prog	. 269	. 037	. 000	. 193	. 344
		pres_perf	. 275	. 039	. 000	. 195	. 354
		past_perf	. 275	. 039	. 000	. 195	. 354
	T_T_pres_prog	present	-. 224	. 026	. 000	-. 276	-. 171
		past	-. 263	. 040	. 000	-. 345	-. 181
		past_prog	. 006	. 013	. 661	-. 021	. 033
		pres_perf	. 012	. 012	. 325	-. 012	. 036
		past_perf	. 012	. 012	. 325	-. 012	. 036
	T_T_past_prog	present	-. 229	. 025	. 000	-. 280	-. 178
		past	-. 269	. 037	. 000	-. 344	-. 193
		pres_prog	-. 006	. 013	. 661	-. 033	. 021
		pres_perf	. 006	. 006	. 325	-. 006	. 018
		past_perf	. 006	. 006	. 325	-. 006	. 018
	T_T_pres_perf	present	-. 235	. 024	. 000	-. 285	-. 186
		past	-. 275	. 039	. 000	-. 354	-. 195
		pres_prog	-. 012	. 012	. 325	-. 036	. 012
		past_prog	-. 006	. 006	. 325	-. 018	. 006
		past_perf	. 000	. 000	.	. 000	. 000

续表

事后多重比较							
度量 :MEASURE_1							
group	(I) 处理	(J) 处理	均值差值 (I-J)	标准误差	Sig. a	差分的 95% 置信区间 a	
						下限	上限
1	T_T_past_perf	present	−. 235	. 024	. 000	−. 285	−. 186
		past	−. 275	. 039	. 000	−. 354	−. 195
		pres_prog	−. 012	. 012	. 325	−. 036	. 012
		past_prog	−. 006	. 006	. 325	−. 018	. 006
		pres_perf	. 000	. 000	.	. 000	. 000
2	T_T_Present	past	. 138	. 040	. 001	. 058	. 218
		pres_prog	. 183	. 045	. 000	. 093	. 274
		past_prog	. 416	. 036	. 000	. 344	. 488
		pres_perf	. 384	. 034	. 000	. 316	. 452
		past_perf	. 475	. 030	. 000	. 416	. 535
	T_T_Past	present	−. 138	. 040	. 001	−. 218	−. 058
		pres_prog	. 045	. 044	. 306	−. 042	. 133
		past_prog	. 278	. 033	. 000	. 212	. 343
		pres_perf	. 246	. 034	. 000	. 179	. 313
		past_perf	. 337	. 025	. 000	. 287	. 388
	T_T_pres_prog	present	−. 183	. 045	. 000	−. 274	−. 093
		past	−. 045	. 044	. 306	−. 133	. 042
		past_prog	. 232	. 042	. 000	. 149	. 316
		pres_perf	. 201	. 039	. 000	. 123	. 279
		past_perf	. 292	. 041	. 000	. 209	. 375
	T_T_past_prog	present	−. 416	. 036	. 000	−. 488	−. 344
		past	−. 278	. 033	. 000	−. 343	−. 212
		pres_prog	−. 232	. 042	. 000	−. 316	−. 149
		pres_perf	−. 032	. 037	. 402	−. 106	. 043
		past_perf	. 060	. 031	. 058	−. 002	. 121

续表

事后多重比较							
度量 :MEASURE_1							
group	(I) 处理	(J) 处理	均值差值 (I-J)	标准误差	Sig. a	差分的 95% 置信区间 a	
						下限	上限
2	T_T_pres_perf	present	−. 384	. 034	. 000	−. 452	−. 316
		past	−. 246	. 034	. 000	−. 313	−. 179
		pres_prog	−. 201	. 039	. 000	−. 279	−. 123
		past_prog	. 032	. 037	. 402	−. 043	. 106
		past_perf	. 091	. 030	. 003	. 032	. 151
	T_T_past_perf	present	−. 475	. 030	. 000	−. 535	−. 416
		past	−. 337	. 025	. 000	−. 388	−. 287
		pres_prog	−. 292	. 041	. 000	−. 375	−. 209
		past_prog	−. 060	. 031	. 058	−. 121	. 002
		pres_perf	−. 091	. 030	. 003	−. 151	−. 032
3	T_T_Present	past	. 198	. 047	. 000	. 103	. 294
		pres_prog	. 028	. 045	. 541	−. 064	. 120
		past_prog	. 392	. 059	. 000	. 272	. 513
		pres_perf	. 459	. 069	. 000	. 317	. 600
		past_perf	. 544	. 043	. 000	. 457	. 631
	T_T_Past	present	−. 198	. 047	. 000	−. 294	−. 103
		pres_prog	−. 170	. 051	. 002	−. 274	−. 067
		past_prog	. 194	. 056	. 002	. 080	. 307
		pres_perf	. 260	. 061	. 000	. 136	. 385
		past_perf	. 345	. 045	. 000	. 253	. 437
	T_T_pres_prog	present	−. 028	. 045	. 541	−. 120	. 064
		past	. 170	. 051	. 002	. 067	. 274
		past_prog	. 364	. 068	. 000	. 225	. 503
		pres_perf	. 431	. 075	. 000	. 279	. 583
		past_perf	. 516	. 045	. 000	. 423	. 608

续表

事后多重比较							
度量 :MEASURE_1							
group	(I) 处理	(J) 处理	均值差值 (I-J)	标准误差	Sig. a	差分的 95% 置信区间 a	
						下限	上限
3	T_T_past_prog	present	-. 392	. 059	. 000	-. 513	-. 272
		Past	-. 194	. 056	. 002	-. 307	-. 080
		pres_prog	-. 364	. 068	. 000	-. 503	-. 225
		pres_perf	. 067	. 079	. 406	-. 095	. 228
		past_perf	. 152	. 062	. 021	. 025	. 278
	T_T_pres_perf	present	-. 459	. 069	. 000	-. 600	-. 317
		Past	-. 260	. 061	. 000	-. 385	-. 136
		pres_prog	-. 431	. 075	. 000	-. 583	-. 279
		past_prog	-. 067	. 079	. 406	-. 228	. 095
		past_perf	. 085	. 066	. 206	-. 049	. 219
	T_T_past_perf	present	-. 544	. 043	. 000	-. 631	-. 457
		Past	-. 345	. 045	. 000	-. 437	-. 253
		pres_prog	-. 516	. 045	. 000	-. 608	-. 423
		past_prog	-. 152	. 062	. 021	-. 278	-. 025
		pres_perf	-. 085	. 066	. 206	-. 219	. 049

5.3.3 节 T 复合功能语素默认形态特征与错误率的相关分析

相关性			
		T_finte	T_finte 错误率
T_finte	Pearson 相关性	1	. 674
	显著性(双侧)		. 000
	N	124	124
T_finte 错误率	Pearson 相关性	. 674	1
	显著性(双侧)	. 000	
	N	124	124

4-5　C 功能语素

5.4 节研究结果

C 功能语素试题信度系数

可靠性统计量			
Cronbach's Alpha	项数	Cronbach's Alpha	项数
. 914	15	. 902	15

C 功能语素分测验试题信度系数

	Cronbach's Alpha	项数		Cronbach's Alpha	项数
C 功能语素 be 翻译题	. 782	5	C 功能语素 be 句型转换	. 833	5
C 功能语素 have 翻译题	. 823	5	C 功能语素 have 句型转换	. 77	5
C 功能语素翻译题	. 873	5	C 功能语素句型转换	. 803	5

5.4.2.1 受试习得 C 功能语素之组间差异性比较

描述统计量						
Group		N	极小值	极大值	均值	标准差
1	C_beF	34	. 000 0	. 800 0	. 198 708	. 250 787 3
	C_haveF	34	. 000 0	. 200 0	. 011 765	. 047 766 5
	C_doF	34	. 000 0	. 600 0	. 047 059	. 130 814 0
	C_beZ	34	. 000 0	. 833 3	. 385 574	. 282 695 7
	C_haveZ	34	. 0	. 4	. 053	. 102 2
	C_doZ	34	. 000 0	. 800 0	. 058 824	. 159 768 1
2	C_beF	57	. 000 0	1. 000 0	. 490 887	. 249 589 6
	C_haveF	57	. 000 0	1. 000 0	. 385 965	. 339 873 2
	C_doF	57	. 000 0	1. 000 0	. 548 705	. 301 921 3
	C_beZ	57	. 000 0	1. 000 0	. 658 480	. 207 516 7
	C_haveZ	57	. 0	1. 0	. 393	. 313 9
	C_doZ	57	. 000 0	1. 000 0	. 342 690	. 303 076 4
3	C_beF	33	. 200 0	1. 000 0	. 733 694	. 201 364 6

续表

描述统计量						
Group		N	极小值	极大值	均值	标准差
3	C_haveF	33	. 000 0	1. 000 0	. 645 887	. 290 666 0
	C_doF	33	. 000 0	1. 000 0	. 732 684	. 212 031 0
	C_beZ	33	. 444 4	1. 000 0	. 788 131	. 177 006 9
	C_haveZ	33	. 0	1. 0	. 630	. 287 8
	C_doZ	33	. 000 0	1. 000 0	. 679 401	. 226 524 8

ANOVA						
		平方和	df	均方	F	显著性
C_beF	组间	4. 818	2	2. 409	42. 484	. 000
	组内	6. 862	121	. 057		
	总数	11. 680	123			
C_haveF	组间	6. 852	2	3. 426	44. 826	. 000
	组内	9. 248	121	. 076		
	总数	16. 099	123			
C_doF	组间	8. 700	2	4. 350	74. 049	. 000
	组内	7. 108	121	. 059		
	总数	15. 808	123			
C_beZ	组间	2. 885	2	1. 443	28. 846	. 000
	组内	6. 051	121	. 050		
	总数	8. 937	123			
C_haveZ	组间	5. 678	2	2. 839	40. 357	. 000
	组内	8. 512	121	. 070		
	总数	14. 189	123			
C_doZ	组间	6. 464	2	3. 232	51. 265	. 000
	组内	7. 628	121	. 063		
	总数	14. 092	123			

事后多重比较							
LSD							
因变量	(I) group	(J) group	均值差 (I-J)	标准误	显著性	95% 置信区间	
						下限	上限
C_beF	1	2	−. 292 179 3	. 051 601 5	. 000	−. 394 338	−. 190 020
		3	−. 534 986 4	. 058 191 5	. 000	−. 650 192	−. 419 781
	2	1	. 292 179 3	. 051 601 5	. 000	. 190 020	. 394 338
		3	−. 242 807 1	. 052 088 9	. 000	−. 345 931	−. 139 683
	3	1	. 534 986 4	. 058 191 5	. 000	. 419 781	. 650 192
		2	. 242 807 1	. 052 088 9	. 000	. 139 683	. 34 593 1
C_haveF	1	2	−. 374 200 2	. 059 905 5	. 000	−. 492 799	−. 255 601
		3	−. 634 122 7	. 067 556 0	. 000	−. 767 868	−. 500 378
	2	1	. 374 200 2	. 059 905 5	. 000	. 255 601	. 492 799
		3	−. 259 922 5	. 060 471 3	. 000	−. 379 642	−. 140 204
	3	1	. 634 122 7	. 067 556 0	. 000	. 500 378	. 767 868
		2	. 259 922 5	. 060 471 3	. 000	. 140 204	. 379 642
C_doF	1	2	−. 501 646 3	. 052 520 4	. 000	−. 605 624	−. 397 668
		3	−. 685 625 2	. 059 227 7	. 000	−. 802 882	−. 568 368
	2	1	. 501 646 3	. 052 520 4	. 000	. 397 668	. 605 624
		3	−. 183 978 9	. 053 016 5	. 001	−. 288 939	−. 079 019
	3	1	. 685 625 2	. 059 227 7	. 000	. 568 368	. 802 882
		2	. 183 978 9	. 053 016 5	. 001	. 079 019	. 288 939
C_beZ	1	2	−. 272 905 3	. 048 459 5	. 000	−. 368 844	−. 176 967
		3	−. 402 557 1	. 054 648 2	. 000	−. 510 748	−. 294 366
	2	1	. 272 905 3	. 048 459 5	. 000	. 176 967	. 368 844
		3	−. 129 651 8	. 048 917 3	. 009	−. 226 496	−. 032 807
	3	1	. 402 557 1	. 054 648 2	. 000	. 294 366	. 510 748
		2	. 129 651 8	. 048 917 3	. 009	. 032 807	. 226 496

续表

事后多重比较							
LSD							
因变量	(I) group	(J) group	均值差 (I-J)	标准误	显著性	95% 置信区间	
						下限	上限
C_haveZ	1	2	-. 340 0	. 057 5	. 000	-. 454	-. 226
		3	-. 577 4	. 064 8	. 000	-. 706	-. 449
	2	1	. 340 0	. 057 5	. 000	. 226	. 454
		3	-. 237 3	. 058 0	. 000	-. 352	-. 122
	3	1	. 577 4	. 064 8	. 000	. 449	. 706
		2	. 237 3	. 058 0	. 000	. 122	. 352
C_doZ	1	2	-. 283 866 5	. 054 408 2	. 000	-. 391 582	-. 176 151
		3	-. 620 577 6	. 061 356 7	. 000	-. 742 049	-. 499 106
	2	1	. 283 866 5	. 054 408 2	. 000	. 176 151	. 391 582
		3	-. 336 711 1	. 054 922 2	. 000	-. 445 444	-. 227 978
	3	1	. 620 577 6	. 061 356 7	. 000	. 499 106	. 742 049
		2	. 336 711 1	. 054 922 2	. 000	. 227 978	. 445 444

5.4.2.2 节受试习得 C 功能语素之组内差异性比较

双因素重复测量——检验交互效应（C-F）

主体内因子	
度量 :MEASURE_1	
处理	因变量
1	C_doF
2	C_haveF
3	C_beF

描述性统计量				
	Group	均值	标准偏差	N
C_doF	1	. 047 059	. 130 814 0	34
	2	. 548 705	. 301 921 3	57
	3	. 732 684	. 212 031 0	33
	总计	. 460 119	. 358 498 1	124
C_haveF	1	. 011 765	. 047 766 5	34
	2	. 385 965	. 339 873 2	57
	3	. 645 887	. 290 666 0	33
	总计	. 352 535	. 361 786 5	124
C_beF	1	. 198 708	. 250 787 3	34
	2	. 490 887	. 249 589 6	57
	3	. 733 694	. 201 364 6	33
	总计	. 473 91	. 308 152 7	124

Mauchly 的球形度检验							
度量 :MEASURE_1							
主体内效应	Mauchly 的 W	近似卡方	df	Sig.	Epsilona		
					Greenhouse-Geisser	Huynh-Feldt	下限
处理	. 997	. 319	2	. 852	. 997	1. 000	. 500

主体内效应的检验									
度量 :MEASURE_1									
源		III 型平方和	df	均方	F	Sig.	偏 Eta 方	非中心参数	观测到的幂 a
处理	采用的球形度	1. 011	2	. 505	14. 078	. 000	. 104	28. 156	. 998
	Greenhouse-Geisser	1. 011	1. 995	. 507	14. 078	. 000	. 104	28. 082	. 998
	Huynh-Feldt	1. 011	2. 000	. 505	14. 078	. 000	. 104	28. 156	. 998
	下限	1. 011	1. 000	1. 011	14. 078	. 000	. 104	14. 078	. 961

续表

主体内效应的检验									
度量 :MEASURE_1									
源		III 型平方和	df	均方	F	Sig.	偏 Eta 方	非中心参数	观测到的幂 a
处理 * group	采用的球形度	.502	4	.126	3.499	.008	.055	13.997	.859
	Greenhouse-Geisser	.502	3.989	.126	3.499	.009	.055	13.960	.858
	Huynh-Feldt	.502	4.000	.126	3.499	.008	.055	13.997	.859
	下限	.502	2.000	.251	3.499	.033	.055	6.998	.644
误差(处理)	采用的球形度	8.688	242	.036					
	Greenhouse-Geisser	8.688	241.358	.036					
	Huynh-Feldt	8.688	242.000	.036					
	下限	8.688	121.000	.072					

单因素重复测量——分组观察事后检验 (C-F)

Mauchly 的球形度检验								
度量 :MEASURE_1								
group	主体内效应	Mauchly 的 W	近似卡方	df	Sig.	Epsilona		
						Greenhouse-Geisser	Huynh-Feldt	下限
1	处理	.587	17.033	2	.000	.708	.730	.500
2	处理	.981	1.073	2	.585	.981	1.000	.500
3	处理	.938	1.989	2	.370	.942	.998	.500

主体内效应的检验										
度量 :MEASURE_1										
group	源		III 型平方和	df	均方	F	Sig.	偏 Eta 方	非中心参数	观测到的幂 a
1	处理	采用的球形度	. 671	2	. 335	15. 650	. 000	. 322	31. 301	. 999
		Greenhouse-Geisser	. 671	1. 416	. 474	15. 650	. 000	. 322	22. 156	. 993
		Huynh-Feldt	. 671	1. 461	. 459	15. 650	. 000	. 322	22. 860	. 994
		下限	. 671	1. 000	. 671	15. 650	. 000	. 322	15. 650	. 970
	误差（处理）	采用的球形度	1. 414	66	. 021					
		Greenhouse-Geisser	1. 414	46. 718	. 030					
		Huynh-Feldt	1. 414	48. 202	. 029					
		下限	1. 414	33. 000	. 043					
2	处理	采用的球形度	. 776	2	. 388	7. 798	. 001	. 122	15. 595	. 947
		Greenhouse-Geisser	. 776	1. 962	. 395	7. 798	. 001	. 122	15. 300	. 943
		Huynh-Feldt	. 776	2. 000	. 388	7. 798	. 001	. 122	15. 595	. 947
		下限	. 776	1. 000	. 776	7. 798	. 007	. 122	7. 798	. 784
	误差（处理）	采用的球形度	5. 572	112	. 050					
		Greenhouse-Geisser	5. 572	109. 877	. 051					
		Huynh-Feldt	5. 572	112. 000	. 050					
		下限	5. 572	56. 000	. 100					
3	处理	采用的球形度	. 168	2	. 084	3. 155	. 049	. 090	6. 310	. 586
		Greenhouse-Geisser	. 168	1. 883	. 089	3. 155	. 053	. 090	5. 941	. 567
		Huynh-Feldt	. 168	1. 997	. 084	3. 155	. 049	. 090	6. 300	. 585
		下限	. 168	1. 000	. 168	3. 155	. 085	. 090	3. 155	. 406
	误差（处理）	采用的球形度	1. 701	64	. 027					
		Greenhouse-Geisser	1. 701	60. 256	. 028					
		Huynh-Feldt	1. 701	63. 899	. 027					
		下限	1. 701	32. 000	. 053					

事后多重比较							
度量:MEASURE_1							
group	(I) 处理	(J) 处理	均值差值 (I-J)	标准误差	Sig. a	差分的 95% 置信区间 a	
						下限	上限
1	do	have	.035	.021	.110	−.008	.079
		be	−.152	.039	.001	−.232	−.072
	have	do	−.035	.021	.110	−.079	.008
		be	−.187	.042	.000	−.273	−.101
	be	do	.152	.039	.001	.072	.232
		have	.187	.042	.000	.101	.273
2	do	have	.163	.045	.001	.073	.252
		be	.058	.041	.160	−.023	.139
	have	do	−.163	.045	.001	−.252	−.073
		be	−.105	.040	.011	−.185	−.025
	be	do	−.058	.041	.160	−.139	.023
		have	.105	.040	.011	.025	.185
3	do	have	.087	.043	.050	.000	.174
		be	−.001	.035	.977	−.072	.070
	have	do	−.087	.043	.050	−.174	.000
		be	−.088	.043	.047	−.174	−.001
	be	do	.001	.035	.977	−.070	.072
		have	.088	.043	.047	.001	.174

双因素重复测量——检验交互效应(C-Z)

主体内因子	
度量:MEASURE_1	
处理	因变量
1	C_doZ
2	C_haveZ
3	C_beZ

描述性统计量				
	group	均值	标准偏差	N
C_doZ	1	. 058 824	. 159 768 1	34
	2	. 342 690	. 303 076 4	57
	3	. 679 401	. 226 524 8	33
	总计	. 354 464	. 338 482 7	124
C_haveZ	1	. 053	. 102 2	34
	2	. 393	. 313 9	57
	3	. 630	. 287 8	33
	总计	. 363	. 339 6	124
C_beZ	1	. 385 574	. 282 695 7	34
	2	. 658 480	. 207 516 7	57
	3	. 788 131	. 177 006 9	33
	总计	. 618 155	. 269 548 1	124

Mauchly 的球形度检验							
度量 :MEASURE_1							
主体内效应	Mauchly 的 W	近似卡方	df	Sig.	Epsilona		
					Greenhouse-Geisser	Huynh-Feldt	下限
处理	. 978	2. 659	2	. 265	. 979	1. 000	. 500

主体内效应的检验									
度量 :MEASURE_1									
源		III 型平方和	df	均方	F	Sig.	偏 Eta 方	非中心参数	观测到的幂 a
处理	采用的球形度	4. 901	2	2. 450	69. 778	. 000	. 366	139. 556	1. 000
	Greenhouse-Geisser	4. 901	1. 957	2. 504	69. 778	. 000	. 366	136. 564	1. 000
	Huynh-Feldt	4. 901	2. 000	2. 450	69. 778	. 000	. 366	139. 556	1. 000
	下限	4. 901	1. 000	4. 901	69. 778	. 000	. 366	69. 778	1. 000

续表

主体内效应的检验									
度量 :MEASURE_1									
源		III 型平方和	df	均方	F	Sig.	偏 Eta 方	非中心参数	观测到的幂 a
处理 * group	采用的球形度	. 607	4	. 152	4. 322	. 002	. 067	17. 287	. 928
	Greenhouse-Geisser	. 607	3. 914	. 155	4. 322	. 002	. 067	16. 916	. 924
	Huynh-Feldt	. 607	4. 000	. 152	4. 322	. 002	. 067	17. 287	. 928
	下限	. 607	2. 000	. 304	4. 322	. 015	. 067	8. 643	. 742
误差（处理）	采用的球形度	8. 498	242	. 035					
	Greenhouse-Geisser	8. 498	236. 811	. 036					
	Huynh-Feldt	8. 498	242. 000	. 035					
	下限	8. 498	121. 000	. 070					

单因素重复测量——分组观察事后检验 (C-F)

Mauchly 的球形度检验								
度量 :MEASURE_1								
group	主体内效应	Mauchly 的 W	近似卡方	df	Sig.	Epsilona		
						Greenhouse-Geisser	Huynh-Feldt	下限
1	处理	. 692	11. 803	2	. 003	. 764	. 794	. 500
2	处理	. 949	2. 900	2	. 235	. 951	. 984	. 500
3	处理	. 669	12. 451	2	. 002	. 751	. 780	. 500

主体内效应的检验										
度量 :MEASURE_1										
group	源		III 型平方和	df	均方	F	Sig.	偏 Eta 方	非中心参数	观测到的幂 a
1	处理	采用的球形度	2. 464	2	1. 232	47. 648	. 000	. 591	95. 297	1. 000
		Greenhouse-Geisser	2. 464	1. 528	1. 612	47. 648	. 000	. 591	72. 831	1. 000
		Huynh-Feldt	2. 464	1. 588	1. 552	47. 648	. 000	. 591	75. 654	1. 000
		下限	2. 464	1. 000	2. 464	47. 648	. 000	. 591	47. 648	1. 000
	误差（处理）	采用的球形度	1. 707	66	. 026					
		Greenhouse-Geisser	1. 707	50. 440	. 034					
		Huynh-Feldt	1. 707	52. 396	. 033					
		下限	1. 707	33. 000	. 052					
2	处理	采用的球形度	3. 282	2	1. 641	36. 439	. 000	. 394	72. 878	1. 000
		Greenhouse-Geisser	3. 282	1. 902	1. 725	36. 439	. 000	. 394	69. 317	1. 000
		Huynh-Feldt	3. 282	1. 967	1. 668	36. 439	. 000	. 394	71. 689	1. 000
		下限	3. 282	1. 000	3. 282	36. 439	. 000	. 394	36. 439	1. 000
	误差（处理）	采用的球形度	5. 044	112	. 045					
		Greenhouse-Geisser	5. 044	106. 529	. 047					
		Huynh-Feldt	5. 044	110. 174	. 046					
		下限	5. 044	56. 000	. 090					
3	处理	采用的球形度	. 431	2	. 215	7. 884	. 001	. 198	15. 767	. 945
		Greenhouse-Geisser	. 431	1. 503	. 286	7. 884	. 003	. 198	11. 848	. 887
		Huynh-Feldt	. 431	1. 561	. 276	7. 884	. 002	. 198	12. 303	. 896
		下限	. 431	1. 000	. 431	7. 884	. 008	. 198	7. 884	. 777
	误差（处理）	采用的球形度	1. 748	64	. 027					
		Greenhouse-Geisser	1. 748	48. 092	. 036					
		Huynh-Feldt	1. 748	49. 940	. 035					
		下限	1. 748	32. 000	. 055					

事后多重比较							
度量 :MEASURE_1							
group	(I) 处理	(J) 处理	均值差值 (I-J)	标准误差	Sig. a	差分的 95% 置信区间 a	
						上限	下限
1	do	have	. 006	. 026	. 822	−. 047	. 059
		be	−. 327	. 044	. 000	−. 416	−. 237
	have	do	−. 006	. 026	. 822	−. 059	. 047
		be	−. 333	. 044	. 000	−. 422	−. 243
	be	do	. 327	. 044	. 000	. 237	. 416
		have	. 333	. 044	. 000	. 243	. 422
2	do	have	−. 050	. 044	. 258	−. 138	. 038
		be	−. 316	. 037	. 000	−. 390	−. 242
	have	do	. 050	. 044	. 258	−. 038	. 138
		be	−. 265	. 038	. 000	−. 342	−. 189
	be	do	. 316	. 037	. 000	. 242	. 390
		have	. 265	. 038	. 000	. 189	. 342
3	do	have	. 049	. 049	. 325	−. 051	. 149
		be	−. 109	. 028	. 000	−. 165	−. 052
	have	do	−. 049	. 049	. 325	−. 149	. 051
		be	−. 158	. 042	. 001	−. 244	−. 072
	be	do	. 109	. 028	. 000	. 052	. 165
		have	. 158	. 042	. 001	. 072	. 244

5.4.3 节 C 复合功能语素默认形态特征 Ø 与错误率的相关分析

相关性			
		C_FZ	C_FZ 错误率
C-Ø	Pearson 相关性	1	. 894
	显著性（双侧）		. 000
	N	124	124

续表

相关性			
		C_FZ	C_FZ 错误率
C 错误率	Pearson 相关性	.894	1
	显著性(双侧)	.000	
	N	124	124